Kohlhammer

Lehren und Lernen

Herausgegeben von Andreas Gold, Uta Klusmann, Cornelia Rosebrock und Rose Vogel

Begründet von Andreas Gold, Cornelia Rosebrock, Renate Valtin und Rose Vogel

Eine Übersicht aller lieferbaren und im Buchhandel angekündigten Bände der Reihe finden Sie unter:

 https://shop.kohlhammer.de/lehren+lernen

Der Autor

Prof. Josef Leisen, OStD a.D. ist ehemaliger Leiter des Studienseminars für das Lehramt an Gymnasien in Koblenz und Professor für Didaktik der Physik an der Universität Mainz. Zu seinen Arbeitsgebieten zählen u. a. Sprache und Sprachbildung im Unterricht, Lese- und Schreibdidaktik von Sachtexten, kompetenzorientierter Unterricht und Konzepte des Lehrens und Lernens. Er hält regelmäßig Vorträge und Fortbildungen sowie Online-Seminare.

Josef Leisen

Sprachbildung und sprachsensibler Fachunterricht in den Naturwissenschaften

Verlag W. Kohlhammer

Dieses Werk einschließlich aller seiner Teile ist urheberrechtlich geschützt. Jede Verwendung außerhalb der engen Grenzen des Urheberrechts ist ohne Zustimmung des Verlags unzulässig und strafbar. Das gilt insbesondere für Vervielfältigungen, Übersetzungen, Mikroverfilmungen und für die Einspeicherung und Verarbeitung in elektronischen Systemen.

Die Wiedergabe von Warenbezeichnungen, Handelsnamen und sonstigen Kennzeichen in diesem Buch berechtigt nicht zu der Annahme, dass diese von jedermann frei benutzt werden dürfen. Vielmehr kann es sich auch dann um eingetragene Warenzeichen oder sonstige geschützte Kennzeichen handeln, wenn sie nicht eigens als solche gekennzeichnet sind.

Es konnten nicht alle Rechtsinhaber von Abbildungen ermittelt werden. Sollte dem Verlag gegenüber der Nachweis der Rechtsinhaberschaft geführt werden, wird das branchenübliche Honorar nachträglich gezahlt.

Dieses Werk enthält Hinweise/Links zu externen Websites Dritter, auf deren Inhalt der Verlag keinen Einfluss hat und die der Haftung der jeweiligen Seitenanbieter oder -betreiber unterliegen. Zum Zeitpunkt der Verlinkung wurden die externen Websites auf mögliche Rechtsverstöße überprüft und dabei keine Rechtsverletzung festgestellt. Ohne konkrete Hinweise auf eine solche Rechtsverletzung ist eine permanente inhaltliche Kontrolle der verlinkten Seiten nicht zumutbar. Sollten jedoch Rechtsverletzungen bekannt werden, werden die betroffenen externen Links soweit möglich unverzüglich entfernt.

1. Auflage 2022

Alle Rechte vorbehalten
© W. Kohlhammer GmbH, Stuttgart
Gesamtherstellung: W. Kohlhammer GmbH, Heßbrühlstr. 69, 70565 Stuttgart
produktsicherheit@kohlhammer.de

Print:
ISBN 978-3-17-040712-1

E-Book-Formate:
pdf: ISBN 978-3-17-040713-8
epub: ISBN 978-3-17-040714-5

Geleitwort

Die nationalen und internationalen Schulleistungsstudien haben die unterrichtsbezogene Lehr-Lern-Forschung in hohem Maße stimuliert und spürbare Innovationen im gesamten Bildungssystem bis hinein in die konkreten unterrichtlichen Praktiken mit sich gebracht. Rund um das Lehren und Lernen hat sich eine interdisziplinär verstandene Empirische Bildungsforschung etabliert, die zu einem besseren Verständnis der Lehr-Lern-Prozesse und zu einer nachhaltigen Förderung individueller Lernpotenziale beizutragen vermag. Die Erziehungswissenschaft, die Fachdidaktiken und die Pädagogische Psychologie sind daran beteiligt. Nun geht es darum, die wissenschaftlichen Erkenntnisse empirischer Forschung für die pädagogische Praxis nutzbar zu machen.

Lehren und Lernen, wissenschaftlich basiert betrieben, kann nur durch das Zusammenspiel pädagogischer, psychologischer, fachwissenschaftlicher und fachdidaktischer Theorien und Befunde befriedigend erklärt, gesteuert und optimiert werden. In der pädagogischen Praxis kann keine Lerntheorie ohne Bezug auf eine konkrete Inhaltsdomäne und keine Lehrmethode ohne Bezug auf ein Curriculum und jeweils individuelle Lernvoraussetzungen erfolgreich sein.

Die je eigenen Perspektiven und Erkenntnisse der Psychologie, der Pädagogik und der beiden schulisch zentralen Fachdidaktiken Mathematik und Deutsch sollen in den einzelnen Bänden dieser Reihe verständlich und kompakt zu einem kohärenten Gesamtbild zusammengeführt werden. Neben der Interdisziplinarität liegt ein besonderer Wert auf einer empirischen Fundierung: Erfahrungswissenschaftlich gewonnene Erkenntnisse zum Lehren und Lernen liegen den jeweiligen Darstellungen zugrunde. Schließlich fokussieren alle Bände der Reihe den Anwendungsbezug: Die entfalteten Themen, Diskurse und Fachgebiete sind jeweils unmittelbar bedeutend für Kindergarten, Schule und Unterricht.

Die vorliegende Reihe adressiert das Lehren und Lernen vom Vorschul- bis zum jungen Erwachsenenalter. Konzipiert ist sie für (zukünftige) Lehrende, aber auch für Pädagoginnen und Pädagogen sowie Psychologinnen und Psychologen in weiteren Anwendungsfeldern im Bildungssystem. Auch für die Fort- und Weiterbildung von Lehrerinnen und Lehrern sind die Bände gedacht.

Nach mehr als zehn Jahren Mitherausgeberschaft ist Renate Valtin (Berlin) im Dezember 2021 ausgeschieden. Die Herausgeber bedanken sich bei ihr und begrüßen Uta Klusmann (Kiel), die ihren Platz eingenommen hat.

Andreas Gold, Uta Klusmann, Cornelia Rosebrock & Rose Vogel

Inhalt

Geleitwort		5
1	**Sprachbildung in den Naturwissenschaften**	**9**
	1.1 Sprachbildung und sprachliche Bildung	9
	1.2 Der Begriff der Bildungssprache	12
	1.3 Register der Mündlichkeit und der Schriftlichkeit	16
	1.4 Sprachbezogener Fachunterricht oder fachbezogener Sprachunterricht	17
	1.5 Sprachsensibler Fachunterricht und CLILiG	19
	1.6 Denken und Sprache	23
	1.7 Sprachbildung und Darstellungsformen (Symbolisierungsformen, Repräsentationsformen)	25
	1.8 Merkmale besonderer Darstellungsformen im naturwissenschaftlichen Unterricht	30
2	**Sprache und Sprachhürden in den Naturwissenschaften**	**34**
	2.1 Fachsprache und Bildungssprache	34
	2.2 Sprachhürden im naturwissenschaftlichen Unterricht	43
	2.3 Konkrete und abstrakte Begriffe – einfache und komplexe Sachverhalte	45
	2.4 Die Sprachhürden der DaZ-Lernenden	48
3	**Drei Wege im Umgang mit den Sprachhürden**	**51**
	3.1 Ein Beispiel zum defensiven Vorgehen	55
	3.2 Ein Beispiel zum offensiven Vorgehen	58
	3.3 Das stärkende Vorgehen – Die Sprachschatzerweiterung	66
4	**Bildungssprache lehren und lernen**	**81**
	4.1 Lernen der Fachsprache und Sprachlernen im Fach	81
	4.2 Klassifizierung von Sprachhandlungen im Fach	84
	4.3 Die Relevanz von Sprachhandlungen beim Lernen der Bildungssprache	89
	4.4 Spracherwerb und Sprachlernen im Licht der Langzeitgedächtnissysteme	91
	4.5 Sprechen im Zusammenwirken von Arbeitsgedächtnis und Langzeitgedächtnis	93
	4.6 Sprachrichtigkeit, Sprachflüssigkeit und Sprachkomplexität	94

4.7	Sprachliche Fehlerkorrektur im Licht der Langzeitgedächtnissysteme	95
4.8	Schriftliche Fehlerkorrektur	97
4.9	Sprachhandlungen in der Bildungssprache automatisieren	98
4.10	Wie viel Grammatik braucht der sprachsensible Fachunterricht?	99

5 Sprachbildenden Unterricht planen und gestalten ... 101

5.1	Ein Lehr-Lern-Modell zur Gestaltung von sprachbildenden Lernumgebungen	101
5.2	Analoge Methoden-Werkzeuge	105
5.3	Digitale Methoden-Werkzeuge	117
5.4	Empfehlungen zur Unterrichtsplanung	123
5.5	Exkurs: Umgang mit Subjektiven Theorien im sprachsensiblen Unterricht	128
5.6	Wirksamkeit eines sprachsensiblen Unterrichts	132

6 Lesen analoger und digitaler Sachtexte im naturwissenschaftlichen Unterricht ... 135

6.1	Lesen analoger Sachtexte	135
6.2	Lesen digitaler Sachtexte	149

7 Schreiben im naturwissenschaftlichen Fachunterricht ... 156

7.1	Was ist das Besondere am Schreiben?	156
7.2	Wie gelingt das materialgestützte Schreiben?	157
7.3	Warum fällt das Schreiben so schwer?	161
7.4	Warum im naturwissenschaftlichen Unterricht schreiben?	162
7.5	Wann im naturwissenschaftlichen Unterricht schreiben?	164
7.6	Was im naturwissenschaftlichen Unterricht schreiben?	165
7.7	Wie lernt man das Schreiben im naturwissenschaftlichen Unterricht?	166
7.8	Wie lehrt man das Schreiben im naturwissenschaftlichen Unterricht?	167
7.9	Beispiele zu Methoden-Werkzeugen als Schreibhilfen	168
7.10	Schreibhilfen für DaZ-Lernende	178

8 Literatur ... 181

1 Sprachbildung in den Naturwissenschaften

1.1 Sprachbildung und sprachliche Bildung

Warum rücken Sprachbildung, Bildungssprache, sprachsensibler Unterricht zunehmend in den Fokus der Bildungspolitik, der Bildungssysteme, der Schulen, der Aus- und Fortbildung? Sprache ist kein Phänomen, das plötzlich und unerwartet in der schulischen Bildung und Ausbildung auftaucht und dem sich Schule neuerdings annehmen müsste. Unterricht war schon immer an Sprache jedweder Form gebunden. Ist es ein altes Thema, dem aus welchen Gründen auch immer, mehr Aufmerksamkeit geschenkt wird? Untersuchungen belegen die Relevanz von Sprache beim Lernen, zeigen die Abhängigkeit des Schulerfolgs von den sprachlichen Kompetenzen der Lernenden.[1] Die Sensibilität dafür, dass sich Fachlernen und Sprachlernen im Fach gegenseitig bedingen, ist bei den Lehrpersonen vor Ort und bei den für Bildungspolitik, Bildungssysteme, Aus- und Fortbildung verantwortlichen Personen gewachsen. Die Dringlichkeit zeigt sich den Lehrkräften in der Tatsache, dass die sprachliche Heterogenität in den Lerngruppen durch die Mehrsprachigkeit der Zuwanderungsgesellschaft größer ist als früher, sodass diese nicht mehr unreflektiert davon ausgehen können, dass alle Lernenden gut »Deutsch können«. Über die Themen Deutsch als Zweitsprache (= DaZ) und Sprachförderung wuchs die Erkenntnis, dass sprachliche Bildung ein Thema für alle Lernenden ist, dass der Unterricht per se sprachsensibel sein muss und bereits immer hätte sein müssen.

> Bildungssprachliche Kompetenzen in der deutschen Sprache sind für alle Schülerinnen und Schüler die wesentliche Voraussetzung zum Lernen und für den Schulerfolg. Sie haben daher herausragende Bedeutung bei der Verbesserung der Chancengleichheit und Bildungsgerechtigkeit. (Kultusministerkonferenz, 2019, S. 2)

Dieses Zitat der Kultusministerkonferenz aus dem Beschluss »Bildungssprachliche Kompetenzen in der deutschen Sprache stärken« vom 9.12.2019 ist bildungspolitisch wegweisend. Demzufolge hat die Kultusministerkonferenz zehn Grundsätze (ebd., S. 4-5) für die Stärkung bildungssprachlicher Kompetenzen in der deutschen Sprache formuliert, die als Orientierung für die Arbeit und Bilanzierung der Maßnahmen der Länder dienen.

---

1 Zugunsten einer lesefreundlichen und einheitlichen Darstellung wird in der Regel eine neutrale Form (substantivierte Adjektive oder Partizipien) verwendet. Diese gilt für alle Geschlechtsformen (weiblich, männlich, divers).

1 Sprachbildung in den Naturwissenschaften

Mit dieser Beschlussfassung ist ein Bedeutungsrahmen gleichermaßen für den vorschulischen Bereich, den schulischen Bereich über alle Schulformen und Schulstufen hinweg, für die Lehreraus- und -weiterbildung und für die Schulentwicklung gegeben. Die Begriffe ›Sprachbildung‹ und ›sprachliche Bildung‹ werden im Folgenden synonym verwendet.

> Sprachliche Bildung [...] erfolgt alltagsintegriert, aber nicht beiläufig, sondern gezielt. Sprachliche Bildung bezeichnet alle durch das Bildungssystem systematisch angeregten Sprachentwicklungsprozesse und ist allgemeine Aufgabe im Elementarbereich und des Unterrichts in allen Fächern. Die Erzieherin [bzw. der Erzieher] oder [die] Lehrperson greift geeignete Situationen auf, plant und gestaltet sprachlich bildende Kontexte und integriert sprachliche Förderstrategien in das Sprachangebot für alle Kinder und Jugendlichen. (ebd., S. 3)

Sprachbildung ist an Unterweisung und Unterricht gekoppelt, also an systematisch geplante und gesteuerte Bildungsveranstaltungen, die im Wesentlichen als Unterricht vorkommen. Sprachbildung ist nicht auf den Sprachunterricht, also den Deutschunterricht, den Deutsch-als-Fremdsprachen-Unterricht (= DaF-Unterricht) und den Deutsch-als-Zweitsprachen-Unterricht (= DaZ-Unterricht) beschränkt, sondern ist Aufgabe aller Fächer und aller an der Bildung beteiligten Institutionen und Personen. Damit ist es eine Querschnittsaufgabe der Institutionen und läuft somit Gefahr, dass die beauftragte und die persönlich empfundene Zuständigkeit divergieren und die Querschnittsaufgabe im »Schwarzen Loch der Nichtzuständigkeit« versinkt. Sprachliche Bildung wird dieses Schicksal anderer Querschnittsaufgaben jedoch nicht erleiden, geht es hier doch um eine Herausforderung, die von fast allen Lehrkräften wahrgenommen wird und diese in einen täglich akuten Handlungsnotstand bringt. Sprachliche Bildung ist in der Wahrnehmung der Lehrkräfte ein dringliches Desiderat der Unterrichts- und Schulentwicklung mit großen Erwartungen an Unterstützung und Hilfe. Denn die Zuständigkeit der Fachlehrkraft für diese Querschnittsaufgabe in den eigenen Lerngruppen ist immanent und kann nicht delegiert werden.

Die Antwort auf die Herausforderungen der sprachlichen Heterogenität ist der sprachsensible Unterricht. Der Begriff »Sprachsensibler Fachunterricht« geht auf das Handbuch »Sprachförderung im Fach - Sprachsensibler Fachunterricht in der Praxis« (Leisen, 2010) zurück und hat sich in fast allen Bundesländern flächendeckend durchgesetzt (Röttger, 2019). Das Thema des sprachsensiblen Fachunterrichts ist die Sprachbildung in allen Fächern und der Erwerb der Bildungssprache (▶ Kap. 2.1). In der Bildungssprache treffen Fachlernen und Sprachlernen zusammen und bedingen einander.

Neben dem Begriff der Sprachsensibilität sind weitere Begriffe in Verwendung: Sprachförderung, Sprachunterstützung, Sprachbegleitung, Sprachaktivierung, Sprachaufmerksamkeit, Sprachbildung:

- Der Begriff »Sprachförderung« war lange Zeit vorherrschend und resultierte aus den Beobachtungen und Erfahrungen mit Schülerinnen und Schülern mit Migrationshintergrund und wurde auf sprachschwache Lernende erweitert. Dem Fördergedanke liegt die Auffassung zugrunde, dass die festgestellten Defizite durch Fördermaßnahmen ausgeglichen werden können und müssen. Das Sprachförderkonzept resultiert aus der Defizitsicht und verfolgt die Idee des Defizitausgleichs durch Förderung und Unterstützung durch Zusatzunterricht und spezifische Fördermaßnahmen.

Sprachförderung bezeichnet in Abgrenzung zur sprachlichen Bildung gezielte Fördermaßnahmen, die sich insbesondere an Kinder und Jugendliche mit besonderen Schwierigkeiten oder Entwicklungsverzögerungen richten, die diagnostisch ermittelt wurden. Die Maßnahmen können in der Schule unterrichtsintegriert oder additiv erfolgen. Sprachförderung ist häufig ausgerichtet auf bestimmte Adressatengruppen und basiert auf spezifischen sprachdidaktischen Konzepten und Ansätzen, die den besonderen Förderbedarf berücksichtigen […]. Sprachförderung erfolgt oftmals in der Kleingruppe, aber nicht zwingend, und hat kompensatorische Ziele. (Kultusministerkonferenz, 2019, S. 4)

- Die Begriffe »Sprachunterstützung« und »Sprachbegleitung« sind weniger von den Sprachdefiziten geprägt als mehr von der Auffassung, dass das Lernen der Sprache im Fach begleitet und unterstützt werden muss, sie sind also dem Prinzip des Scaffoldings verschrieben.
- Der Begriff »Sprachaktivierung« suggeriert eine stärker unterrichtsmethodische Sicht. Die Lerner sollen im Unterricht - wie auch immer das methodisch angegangen wird - sprachlich aktiviert werden. Der Auffassung ist insofern zutreffend, da Sprache durch sprachliches Handeln in einem bildungssprachlichen »Sprachbad« gelernt wird. Die Lernenden werden im sprachaktivierenden Unterricht in sprachwirksame Sprachhandlungen gebracht.
- Der Begriff »sprachintensiver Unterricht« verweist ebenfalls auf die methodische Seite des Unterrichts und setzt auf einen intensiven Gebrauch der Sprache mit dem Ziel eines intensiven Sprachlernens.
- Die Begriffe »Sprachaufmerksamkeit« und »Sprachbewusstheit« haben Ähnlichkeit zum Begriff »Sprachsensibilität« und fokussieren stark auf die Wahrnehmung der Lehrkraft im sprachlichen Handeln. Auf die Lernenden bezogen verweisen die Begriffe darauf, dass sie sprachlichen Phänomenen gegenüber aufmerksam sind und Sprachbewusstheit entwickeln. In der Fremdsprachenforschung ist die sprachförderliche Relevanz der Sprachbewusstheit belegt.
- Der Begriff »Sprachsensibilität« umfasst die Wahrnehmung, die Diagnose und das sprachliche Handeln aller Akteure im Unterricht, verbunden mit der Maßgabe eines sensiblen, d. h. genau passenden und herausfordernden Sprachhandelns, das sprachbildend wirkt.
- Der Begriff »Sprachbildung« ist auf das Ziel hin ausgerichtet, nämlich in der »(Bildungs)Sprache zu bilden«, also Bildungssprache zu lernen und bildungssprachliche Kompetenzen zu erwerben. Dieser Begriff lässt den Weg im Unterricht offen und ist frei von Aussagen über das Sprachlernen im Fach.

Für jeden Begriff gibt es gute Argumente und jede Sicht ist legitim und vernünftig. Fasst man die Überlegungen zusammen, dann wird das Thema des vorliegenden Bandes am besten ausgedrückt durch folgende Formulierungen:

- Sprachbildung im sprachsensiblen Fachunterricht
- Sprachlernen und Fachlernen im sprachsensiblen Fachunterricht.

1 Sprachbildung in den Naturwissenschaften

Im sprachsensiblen Unterricht geht es um das untrennbar miteinander verbundene, integrierte Fachlernen und Sprachlernen. Fachlernen und Sprachlernen bedingen einander. Daraus folgt, dass es kein Sprachlernen auf Vorrat geben kann, sondern die Sprache zusammen mit dem Fach gelernt wird. »Sprache ist wie ein Werkzeug, das man benutzt, während man es noch schmiedet« (Butzkamm, 1989, S. 110). Den Zusammenhang von Sprache und Lernen formuliert Ahrenholz treffend: »Lernen heißt – in welchem Fach auch immer – Aneignung von Sprache. Gleichzeitig ist sie aber auch immer Voraussetzung für Lernen« (Ahrenholz, 2010, S. 17).

Im sprachsensiblen Fachunterricht treffen somit drei didaktische Bereiche zusammen:

- Fachdidaktik: Lehren und Lernen des Faches
- Bildungssprachendidaktik: Lehren und Lernen der Bildungssprache im Fach (▶ Kap. 1.2 und ▶ Kap. 2.1).
- Fremdsprachendidaktik: Lehren und Lernen der Fremdsprache Deutsch

Lehrkräfte, die über Expertise in allen drei didaktischen Bereichen verfügen, sind prädestiniert für den sprachsensiblen Unterricht. Mit Fug und Recht darf behauptet werden: Sprachsensibel werden heißt von der Fremdsprachendidaktik lernen. Die Fremdsprachendidaktik kennt Prinzipien, die in jedem Fachunterricht lernwirksam sind. Der Unterricht gemäß den oben aufgeführten Begrifflichkeiten findet ausschließlich in der Sprache Deutsch statt, die sowohl Zielsprache im Sinne von Bildungssprache als auch Vermittlungssprache ist. Das Ziel der Sprachbildung ist die Vermittlung der Bildungssprache in und mit der Sprache Deutsch.

1.2 Der Begriff der Bildungssprache

In der Sprachbildung erwerben die Lernenden Kompetenzen in der Bildungssprache. Im letzten Jahrzehnt wurde von verschiedenen Seiten (Leseman, Scheele, Mayo & Messer, 2007; Gogolin, 2009; Vollmer & Thürmann, 2010; Leisen, 2010; Gogolin & Lange, 2011; Morek & Heller, 2012; Tajmel, 2013; Kempert, Schalk & Saalbach, 2018) um eine Definition des Begriffs Bildungssprache gerungen, »allerdings steht eine eindeutige und operationalisierbare Definition von Bildungssprache noch aus; eine klare Abgrenzung zur sogenannten Alltagssprache ist nach wie vor schwierig« (Kempert, Schalk & Saalbach, 2018, S. 11). Das in der Diskussion befindliche Spektrum der Definitionen wird in diesem Kapitel gezeichnet. Zuvor wird die Bildungssprache von anderen sprachlichen Registern abgegrenzt.

Die »Standardsprache« ist durch die Allgemeinverbindlichkeit einer sprachlichen Norm vom Rat für deutsche Rechtschreibung definiert, die in Grammatiken und Wörterbüchern (z. B. Duden) für alle wichtigen Lebensbereiche festgeschrieben ist. Als Hochsprache bezeichnet erhält sie eine soziale Wertung und ist der gebildeten Ober- und Mittelschicht zugeordnet. Das damit einhergehende soziale Prestige ist für

1.2 Der Begriff der Bildungssprache

bestimmte gesellschaftliche Schichten ein kulturelles Kapital und gleichzeitig ein Instrument der Diskriminierung und sozialen Abgrenzung, was gleichermaßen für die Bildungssprache gilt. Darüber hinaus lässt sich Deutsch in nationale Standards (Deutschland, Österreich, Schweiz etc.) und Dialekte ausdifferenzieren.

Die »Umgangs- oder Alltagssprache« umfasst die Sprachmuster, die Kommunikation in Alltagssituationen ausmachen. Es handelt sich um wiederkehrende und meist triviale Themen, Inhalte und Handlungen, meist mit redundanten, oft auch grammatisch unvollständigen Formulierungen, die mit Gestik und Mimik begleitet wird. Die Alltagssprache wird als »Sprache der Nähe« (Koch & Oesterreicher, 1986, S. 22) bezeichnet, worin sich das Ziel ausdrückt, nämlich die gelingende alltägliche Kommunikation in Alltagssituationen: »Alltagssprache ist die Sprache, die in Diskursen der alltäglichen Lebenspraxis gesprochen und zur unproblematischen Verständigung bei geteiltem Hintergrundwissen jederzeit verwendet werden kann« (Hoffmann 2019, S. 1).

Feilke verweist darauf, dass der Begriff »Schulsprache« in drei unterschiedlichen Begriffsbedeutungen verwendet wird. Im Kontext der Mehrsprachigkeit der Lernenden wird unter Schulsprache die Sprache verstanden, in der der Unterricht gesetzlich geregelt stattfindet (hier die Amtssprache Deutsch). Im englischen Sprachraum wird der Begriff »language of schooling« (Schleppegrell, 2004) verwendet, der allerdings das umschreibt, was im deutschen Sprachraum unter Bildungssprache verstanden wird. Schulsprache im dritten engeren Sinn wird definiert »als die Gesamtheit der sprachbezogenen Praktiken, Maximen, Erwartungen, Inhalte und Formen, die für Zwecke des sprachbezogenen Fachlernens und der unterrichtlichen Kompetenzentwicklung didaktisch konstruiert und großenteils curricular verbindlich gemacht werden« (Feilke, 2012, 2019, S. 1). Im folgenden Zitat ist der Begriff »Schulsprache« weit gefasst und bezieht sich auf das gesamte sprachliche Handeln im Bildungsraum Schule.

> Schulsprache = betrifft gesamte sprachliche Handeln im Bildungsraum Schule in unterschiedlichen Funktionen, also in *sozialer Funktion* zur Herstellung und Aufrechterhaltung von informellen Beziehungen (zum Beispiel in der Pause zwischen den Schülerinnen und Schüler [sic], zwischen Lehrkräften und Schülerinnen und Schüler [sic] zur Stärkung von Motivation), in *direktiver Funktion* (zum Beispiel Pausenregelungen, Versetzungsordnungen, Abmahnungen), in *informierender Funktion* (zum Beispiel Mitteilungen über Leistungsstände, Einladungen zu Konferenzen und Schulfahrten) und in *kognitiver Funktion* (zum Beispiel in formalen Situationen des unterrichtlichen Lehrens und Lernens, Aushandeln von fachunterrichtlichen Bedeutungen und Konzepten). (Thürmann, Krabbe, Platz & Schumacher, 2017, S. 36, kursiv i. O.)

Die »Unterrichtssprache« als Teil der Schulsprache umfasst die sprachlichen Muster, die im Unterricht zum Zwecke des Lehrens und Lernens in Verwendung sind. Die Unterrichtssprache besteht aus viel Alltagssprache versetzt mit Versatzstücken aus der Fach- und Bildungssprache. Die Unterrichtssprache ist Sprache des Verstehens, während die Fachsprache die Sprache des Verstandenen ist. Der Unterrichtssprache kommt eine zentrale Zwischenfunktion in der Sprachbildung zu, auf dem Weg von der Alltagssprache zur Fachsprache. Im Sinne Wittgensteins, ist sie »die Leiter, die man verbrennen kann, wenn man oben angekommen ist« (Wittgenstein, 1998, 6.54).

Die »Fachsprache« und »Wissenschaftssprache« umfassen die Gesamtheit aller sprachlichen Mittel, die von Expertinnen und Experten in einem fachlich oder beruflich begrenzbaren Kommunikationsbereich verwendet werden, um die schriftliche und mündliche Verständigung zwischen den in diesem Bereich tätigen Personen zu gewährleisten (Hoffmann, 1985, S. 53). Die Begrifflichkeit ist über einen Zeitraum hinweg von der Kommunität der Disziplin ausgehandelt und definiert festgelegt. Dasselbe gilt für spezifische Textsorten (Genres) und ihre Konventionen (Hoffmann, Kalverkämper & Wiegand, 1989; Feilke, 2019).

Die »Bildungssprache« umfasst die Gesamtheit aller »Sprachen« und sprachlichen Mittel im Kontext des Lehrens und Lernens, des Erkennens und Verstehens. Es ist die Sprache in Bildungssituationen, solche des Kompetenzerwerbens wie des Kompetenznutzens. Bildungssprache betrifft das Erkenntnis-herstellende, -austauschende und -nachweisende Sprachhandeln in formalen Situationen des unterrichtlichen Lehrens und Lernens über alle Fächer und Lernbereiche hinweg. Sie ist gleichsam das sprachliche Werkzeug für kognitive Prozesse in allen Fächern und Lernbereichen. In der Literatur findet sich ein ganzes Spektrum an Definitionen.

Fürstenau bindet den Begriff an die Registermerkmale:

> Das bildungssprachliche Register zeichnet sich durch sprachliche Mittel und Strukturen aus, mit denen komplexe und abstrakte Inhalte unabhängig von der konkreten Interaktionssituation ausgedrückt werden können. Es besitzt Merkmale konzeptioneller Schriftlichkeit [nach Koch & Oesterreicher, 1985, vgl. auch ▶ Kap. 1.3] und dient der sprachlichen Konstruktion universaler Bedeutungen. Das bildungssprachliche Register kommt v. a. in schulspezifischen Sprachhandlungen zur Anwendung. (Fürstenau, 2011, S. 42)

Die Kultusministerkonferenz definiert den Begriff durch Abgrenzung und Registermerkmale: »Bildungssprache unterscheidet sich von der sogenannten Umgangs- oder Alltagssprache durch ein hohes Maß an konzeptioneller Schriftlichkeit und zeichnet sich durch ein spezifisches Inventar an lexikalischen, morphosyntaktischen und textlichen Mitteln aus« (Kultusministerkonferenz, 2019, S. 3).

Die Definition von Gogolin & Lange zielt auf die erwarteten Kompetenzen: »Auf der normativen Ebene ist mit Bildungssprache dasjenige Register bezeichnet, dessen Beherrschung von ›erfolgreichen Schülerinnen und Schülern‹ erwartet wird« (Gogolin & Lange, 2011, S. 111).

Tajmel bindet den Begriff an das Anforderungsprofil: »Bildungssprache bedeutet, dass sowohl fachliche als auch alltägliche Themen unabhängig von der Situation in eindeutiger Art und Weise, vollständig und in angemessener Form ausgedrückt werden. Dazu sind ein entsprechender Wortschatz (Eindeutigkeit, Situationsunabhängigkeit) und entsprechende grammatische Strukturen (angemessene Form) notwendig« (Tajmel, 2012, S. 9).

Feilke verweist darauf, dass sich der Diskurs zur Bildungssprache von den linguistischen Registermerkmalen auf die Einbettung von Wortschatz und Grammatik und auf die Textpragmatik verlagert hat. Der Blick richtet sich somit auf die bildungssprachlichen Funktionen. Nach Feilke »bezieht sich das Konzept der Bildungssprache auf die sprachlichen Formate und Prozeduren, die für Texthandlungen wie Beschreiben, Vergleichen, Erklären, Analysieren, Erörtern usw. gebraucht werden. Dies sind Handlungen, die in Lernzusammenhängen, gleich ob mündlich oder schriftlich, eine zentrale Rolle spielen« (Feilke, 2019, S. 1).

Ortner hebt Bildungssprache als Performanzphänomen in Bildungssituationen heraus:

1.2 Der Begriff der Bildungssprache

> Bildungssprache unter dem Gesichtspunkt der Performanz umfasst die ganze Sprache und die damit und dabei konstituierten Situationen sowie die Sprecher(innen)-/Schreiber(innen)persönlichkeit. Alle Merkmale der Bildungssprache resultieren aus den normativen Ansprüchen an die Art der Themenbehandlung, also an das, was die Disziplin des schriftlichen Ausdrucks/der konzeptionellen Schriftlichkeit verlangt: Breite, Differenzierung, Dichte, Tiefe. (Ortner, 2019, S. 1)

Nach Vollmer und Thürmann ist Bildungssprache »Ausdruck jener sprachlichen bzw. kommunikativen Anforderungen in fachlichen Lernkontexten, hinter denen sich komplexe Herausforderungen in der Verwendung von Sprache als kognitivem Werkzeug verbergen« (Vollmer & Thürmann, 2010, S. 110).

Bickes schlägt vor

> auf den Begriff der Bildungssprache ganz zu verzichten, stattdessen aber die flexible Förderung und den Ausbau sprachlicher Basisqualifikationen auf allen Ebenen und für unterschiedlichste Verwendungszusammenhänge zu unterstützen. Denn so könnten auch sprachliche Fertigkeiten ausgebaut und entwickelt werden, die nicht auf institutionell gebundene, eingeschränkte fachliche Domänen und dort geltende funktionale Anforderungen begrenzt sind, sondern generell zu kommunikativer und reflexiver Kompetenz beitragen. (Bickes, 2019, S. 501)

Kempert, Schalk & Saalbach verweisen auf die gemeinsamen Merkmale der verschiedenen Definitionen:

> Bildungssprache gilt als eigenes, insbesondere schulisch relevantes, sprachliches Register, das eine Reihe idiosynkratrischer schwierigkeitsgenerierender Merkmale aufweist. Dabei wird in der Regel auf einen reduzierten Kontext sowie auf komplexe lexikalische, grammatische und diskursive Merkmale verwiesen (z. B. Gogolin, 2009; Leseman, Scheele, Mayo & Messer, 2007; Morek & Heller, 2012). […]. Häufig wird bei der Beschreibung von Bildungssprache wenig darauf eingegangen, dass die Komplexität nicht zwingend exklusiver Teil der Sprache ist, sondern dass die Vermittlung zunehmend komplexer Konzepte (z. B. Kraft, Vektor, Evolution) im Unterricht die Verwendung anspruchsvoller oder sehr spezifischer Sprachstrukturen notwendig macht. (Kempert, Schalk & Saalbach, 2018, S. 11)

Den verschiedenen Definitionen ist gemeinsam, dass sie die besonderen Merkmale der Bildungssprache im Register der konzeptionellen Schriftlichkeit hervorheben und auf den Verwendungskontext in fachlichen und beruflichen Lehr-Lern-Situationen mit spezifischen Denkoperationen und Verwendungssituationen hinweisen. Darin sind auch die Formulierungs- und Verstehensschwierigkeiten von Lernenden in der Bildungssprache begründet (▶ Kap. 2.4). Nachfolgend wird der Begriff »Bildungssprache« folgendermaßen verwendet: Bildungssprache als Werkzeug des Denkens und als Kommunikationsmittel umfasst die Gesamtheit der mit den Darstellungsformen (▶ Kap. 1.6) verbundenen »Sprachen«, die in fachlichen und beruflichen Lehr-Lern-Situationen verwendet werden.

Es sei darauf hingewiesen, dass in anderen als schulischen Kontexten Bildungssprache oft auch mit abweichender Bedeutung verwendet wird, nämlich als Gelehrtensprache, im Sinne alltäglicher Wissenschaftssprache (Ehlich, 1999) oder als Bildungsergebnis und Voraussetzung für gesellschaftliche Partizipationsfähigkeit (Habermas, 1977, 1981), als »Verkehrssprache der Öffentlichkeit [und dient dazu,] sich mit den Mitteln der allgemeinen Schulbildung ein Orientierungswissen verschaffen [zu] können« (Habermas, 1981, S. 345).

1.3 Register der Mündlichkeit und der Schriftlichkeit

Bildungssprache ist ein sprachpädagogisches Konstrukt, das die Sprachverwendungsmuster umfasst, die für schulische Lehr- und Lernsituationen typisch sind. Bildungssprache ist das Werkzeug für kognitive Prozesse in allen Fächern und Lernbereichen. Die Unterschiede der Sprachhandlungen im Alltag und in der Bildungssprachwelt sind offensichtlich:

- Die Sprachhandlungen im Alltag umfassen: reden, erzählen, schimpfen, meckern, twittern, chatten, telefonieren, unterhalten, lesen, schreiben, …
- Die Sprachhandlungen in der Bildungssprachwelt umfassen: berichten, beschreiben, begründen, argumentieren, verbalisieren, modellieren, diskutieren, erläutern, protokollieren, fachsprachlich lesen, fachsprachlich schreiben, …

Die letzteren sind an die kognitiven Anforderungen in den entsprechenden fachlichen Aufgabenstellungen geknüpft und sind regelgebunden, standardisiert und ggf. normiert. Die Sprachkompetenz in der deutschen Alltagssprache allein reicht zur Bewältigung der Aufgaben nicht aus; die sprachliche Bewältigung ist verknüpft mit einer Sach- und Methodenkompetenz, die es im Unterricht zu erwerben gilt.

Tab. 1.1: Merkmale der Kommunikation im Alltag und im Bildungsbereich

Kommunikation im Alltag	Kommunikation im Bildungsbereich
- Sprechsituationen sind vertraut und bekannt - es wird vorwiegend über Persönliches gesprochen - konkrete Erfahrungen werden mitgeteilt - Sprachliche Ungenauigkeiten und Verstöße gegen die Regeln der Sprache verhindern die Kommunikation nicht - die Kommunikation ist fehlertolerant	- Sprechsituationen sind oft unvertraut und neu - es wird meist über Unpersönliches gesprochen - abstraktes Wissen wird kommuniziert - Sprachliche Ungenauigkeiten und Verstöße gegen die Regeln der Sprache entstellen den Sinn und führen zu fachlichen Fehlern - die Kommunikation ist nicht fehlertolerant

Beim Wechsel der Sprachhandlungen von der linken zur rechten Tabellenspalte tun sich alle Schülerinnen und Schüler schwer, da sie das Sprachregister von der sogenannten konzeptionellen Mündlichkeit in die konzeptionelle Schriftlichkeit, von der Alltagssprache in die Bildungssprache wechseln. Die Merkmale der beiden Register zeigt folgende Tabelle 1.2.

Das auf Koch und Oesterreicher zurückgehende Konzept der konzeptionellen Mündlichkeit und konzeptionellen Schriftlichkeit (Koch & Oesterreicher, 1985) beschreibt die hohen Anforderungen an die Lernenden beim Wechsel der Register.

Tab. 1.2: Merkmale der Alltags- und Bildungssprache

Merkmale der Alltagssprache (konzeptionelle Mündlichkeit)	Merkmale der Bildungssprache (konzeptionelle Schriftlichkeit)
• spontaner Sprachgebrauch • situationsgebunden • kontextualisiert • oft emotionsgeladen, subjektiv • einfache Sprachroutinen • geringer kognitiver Aufwand • oft ausschweifend und unpräzise • manchmal unstrukturiert • wenig komplex • fehlertolerant	• planvoller Sprachgebrauch • situationsungebunden • kontextreduziert • emotionsfrei und objektiv • formgebundene Sprache • hoher kognitiver Aufwand • prägnant und präzise • strukturiert • meistens komplex • nicht fehlertolerant

Das Begriffspaar »Sprache der Nähe« – »Sprache der Distanz« (ebd., S. 22) unterstreicht die räumliche und zeitliche Nähe bzw. Distanz des Sprechenden oder Schreibenden zur Sache aber auch der Kommunikationspartner untereinander, sowie ihre Vertrautheit zueinander. Ulrich & Michalak (2019) verweisen darauf, dass die Register keine Dichotomie, sondern ein Kontinuum mit vielen graduellen Abstufungen darstellen. Die Bildungssprache ist durch spezifische morphologische und syntaktische Merkmale gekennzeichnet, die in der Literatur hinreichend detailliert beschreiben sind (vgl. z. B. Leisen, 2013b, Bd. 1, S. 52). Lehrkräfte müssen sich vergegenwärtigen, dass die Verstehens- und Formulierungsschwierigkeiten weniger in den Fachbegriffen, sondern mehr in der mangelnden Vertrautheit mit grammatischen Konstrukten liegen,

- die Begriffe und Aussagen präzisieren (z. B. Adverbiale, Ergänzungen, Phrasen, …),
- die den logischen Zusammenhang der Aussagen herstellen (z. B. Pronomen, Präpositionen, Konjunktionen, Modalverben),
- die auf Textstellen verweisen und sie miteinander verknüpfen, die lokale Kohärenz erzeugen (z. B. Rückwärtsbezüge, Vorwärtsbezüge, …).

Die Sinnkonstruktion, die mentale Rekonstruktion (Repräsentation) von sprachlichen Verknüpfungen, fällt den Lernenden schwer (▶ Kap. 2.4, Beispiele). Das ist im Zusammenhang von Denken und Sprache (▶ Kap. 1.6) begründet.

1.4 Sprachbezogener Fachunterricht oder fachbezogener Sprachunterricht

Der sprachbildende Unterricht im Sinne des sprachsensiblen Unterrichts wird nachfolgend vom bilingualen Unterricht und CLIL-Unterricht (= Content and

Language Integrated Learning) abgegrenzt. Die Abgrenzung gründet auf der Frage, ob es sich um einen ›sprachbezogenen Fachunterricht‹ oder einen ›fachbezogenen Sprachunterricht‹ handelt. Was wie ein Sprachspiel daherkommt, ist bildungspolitisch von großer Tragweite. Darin verbirgt sich die entscheidende Frage, wem der Primat zukommt, dem Fach oder der Sprache. Die Antwort entscheidet darüber, ob die Fachlehrkraft oder die Sprachlehrkraft unterrichtet.

Die nachfolgende Tabelle stellt die Gemeinsamkeiten und die Unterschiede synoptisch vergleichend dar.

Tab. 1.3: Sprachbezogener Fachunterricht versus fachbezogenen Sprachunterricht

Sprachbezogener Fachunterricht (harter-CLILiG)	Fachbezogener Sprachunterricht (weicher-CLILiG)
1. Die Sprache wird für das Lernen der regulären Fachinhalte genutzt (Primat des Faches).	1. (Ausgewählte) Fachinhalte werden für das Lernen der Sprache genutzt (Primat der Sprache).
2. Die Lehrperson ist eine Fachlehrkraft.	2. Die Lehrperson ist eine Sprachlehrkraft.
3. Der Unterricht hält sich an die fachcurricularen Vorgaben und zielt auf die regulären Abschlüsse in den betreffenden Fächern ab und die fachlichen Lerninhalte sind bewertungsrelevant.	3. Der Unterricht braucht sich nicht an die fachcurricularen Vorgaben zu halten und zielt auf reguläre Sprachabschlüsse in der Zielsprache ab und die fachlichen Lerninhalte sind nicht bewertungsrelevant.
4. Der Unterricht ist didaktisch auf die fachliche Kompetenzentwicklung, das Fachwissen und die Bildungssprache hin ausgerichtet.	4. Der Unterricht nutzt für das Sprachlernen besonders geeignete fachaffine Sachthemen, die auf passendem Niveau behandelt werden.
5. Der Unterricht baut den (Fach)Wortschatz und das Fachwissen systematisch progressiv in einem modellhaften Bildungssprachbad auf.	5. Der Unterricht erweitert Wortschatz in der Alltagssprache an und mit fachbezogenen Inhalten und »Exkursionen« in das Bildungssprachbad.
6. Die Lehrkraft gestaltet die fachlichen Lernsituationen so, dass diese sprachlich bewältigt werden können (sprachlich offensiver und defensiver Ansatz).	6. Die Lehrkraft gestaltet die sprachlichen Lernsituationen so, dass diese sprachlich und fachlich bewältigt werden können (sprachlich offensiver und fachlich defensiver Ansatz).
7. Die Lehrperson kennt die typischen Sprachprobleme und Sprachfehler im Fachunterricht, orientiert sich an am Sprachstand der Lerngruppe und bemüht sich, dass sich fehlerhafte Sprachmuster nicht verfestigen (= fachsprachliche Fossilierung).	7. Die Lehrperson kennt die landestypischen Sprachprobleme und Sprachfehler, orientiert sich an der Spracherwerbsstufe und bemüht sich, dass sich fehlerhafte Sprachmuster nicht verfestigen (= sprachliche Fossilierung).
8. Die Lehrperson berücksichtigt die Prinzipien des Sprachlernens im Fach.	8. Die Lehrperson berücksichtigt die Prinzipien des Fremdsprachlernens.
9. Die Lehrperson nutzt an den Fach- und Sprachstand angepasste Materialien und Medien.	9. Die Lehrperson nutzt an den Sprachstand und Interessen der Lerner angepasste Materialien und Medien.
10. Die Lehrperson nutzt Darstellungsformen zum Fach- und Sprachlernen.	10. Die Lehrperson nutzt alle möglichen Formate zum Wissens- und Spracherwerb.
11. Die Lehrperson setzt Methoden-Werkzeuge im Sinne des Scaffolding ein.	11. Die Lehrperson setzt Methoden-Werkzeuge im Sinne des Scaffolding ein.

Der sprachsensible Fachunterricht ist damit per definitionem ein sprachbezogener Fachunterricht. Ein fachbezogener Sprachunterricht liegt vor, wenn beispielsweise der DaZ- bzw. DaF- (Deutsch als Fremdsprache) Unterricht in Exkursen oder dosiert durchgängig Sprachhandlungen in der Bildungssprache evoziert und fördert, wie der CLILiG (Content and Language Integrated Learning in German, vgl. dazu Goethe-Institut, 2011, 2018).

Wie die berufliche Identität der Lehrperson CLIL-BILI-Unterricht beeinflusst, zeigt eine Studie aus Hongkong (Kong, 2009):

- Wenn Sprachlehrkräfte CLIL/BILI unterrichten, zeigt sich eine deutliche Tendenz zur Trivialisierung der Fachinhalte.
- Lehrpersonen mit einer Qualifikation im Sachfach reagieren gewöhnlich unsensibel auf sprachliche Bedürfnisse der Lernenden.

Daraus muss geschlussfolgert werden, dass für den sprachbezogenen Fachunterricht die doppelte Qualifikation der Lehrperson, nämlich sowohl im Fach als auch in der Fremdsprache unverzichtbar ist. Bezogen auf den sprachsensiblen Fachunterricht in deutscher Sprache heißt das, dass die Lehrperson über die erforderliche Fachkompetenz verfügen muss und die Sprach- und Verstehenshürden (▸ Kap. 2.4) kennen muss, die sich allen Lernenden auftun und im Besonderen den DaZ-Lernenden.

1.5 Sprachsensibler Fachunterricht und CLILiG

»CLILiG« ist die Abkürzung von Content and Language Integrated Learning in German. Dabei handelt es sich um einen pädagogischen Ansatz, in dem die Erstsprache (L1) und eine zweite Sprache (L2, hier Deutsch) für die Vermittlung und das Lernen von Inhalten und von Sprache mit dem Ziel eingesetzt werden, sowohl die Beherrschung des Sachfachs als auch der Sprache im Hinblick auf vorab festgelegte Ziele zu fördern. Im Eurydice Bericht der Europäischen Union wird CLIL definiert als:

> The acronym CLIL is used as a generic term to describe all types of provision in which a second language (a foreign, regional or minority language and/or another official state language) is used to teach certain subjects in the curriculum other than the language lessons themselves. (European Commission Eurydice, 2006, S. 8)

Im Unterschied zum sprachbildenden, z. B. sprachsensiblen Fachunterricht werden nicht alle Fächer, sondern einige ausgewählte in der Fremdsprache durchgeführt. Dies kann in diesen Fächern durchgängig mit einem Abschlussziel, z. B. ABI-BAC geschehen oder temporär und sporadisch an geeigneten Themen. Die Dauer eines CLIL-Unterrichts ist verschieden und die Programme variieren von nur wenigen Wochen bis zu mehrjährigen Angeboten.

Für den CLIL-Unterricht finden sich verschiedene Bezeichnungen: »bilingualer Unterricht« (Bili), »bilingualer Sachfachunterricht«, »integriertes Sprachen- und

Fachlernen«, »Sprach- und Sachfachlernen«, »Integriertes Fremdsprachen- und Sachfachlernen«. Im deutschen Auslandsschulwesen wird er »Deutschsprachiger Fachunterricht« (DFU) genannt.

CLIL-Unterricht tritt in verschiedensten Organisationsformen auf, die regional- und sprachenpolitisch, bildungspolitisch, sprachdidaktisch oder interessensgeleitet begründet sind. An Schulen von deutschen Minderheiten (z. B. Sorben) ist CLIL-Unterricht in einer Minderheitssprache ein sprachenpolitisches Instrument, um die Sprache zu fördern, die nur von wenigen Menschen der Region gesprochen wird. CLIL-Unterricht wird auch in Regionalsprachen (Französisch im Aosta-Tal oder Deutsch in Elsass-Lothringen) oder andere offizielle Landessprachen (Luxemburgisch, Französisch in Luxemburg) durchgeführt. CLIL-Unterricht kann eine bildungspolitische Reaktion auf die Viel- oder Mehrsprachigkeit der Bewohner in einem Land sein. Dieser Anstoß kann aus dem Inland kommen, z. B. Unterricht in türkischer Sprache in Deutschland oder aus dem Ausland, z. B. im Bestreben der Türkei in Deutschland Türkische Schulen analog zu den Deutschen Schulen in der Türkei zu gründen.

Kooperationen und Austauschprogramme zwischen Ländern und Universitäten ziehen folgerichtig Sprachprogramme nach sich, z. B. Kurse an einer bulgarischen oder russischen Universität im studienbegleitenden Fachunterricht. Fachbezogene Deutschkurse oder Fachkurse in deutscher Sprache für ausländische Studierende an den Studienkollegs in Deutschland dienen als Vorbereitungskurse für ein Studium in Deutschland. Hinsichtlich Alter, Novizen- oder Expertentum im Fach, hinsichtlich der Handlungsziele, Lerninteressen, Lernvoraussetzungen, Lerngewohnheiten etc. der Lernenden ist die CLILiG-Landschaft ein reiches Biotop mit einer Vielfalt an Organisationsformen, Kurstypen, Lernzielen, Lerninhalten und Vermittlungsformen.

Bei der sprachdidaktischen Legitimation und Begründung für einen CLIL-Unterricht im allgemeinbildenden Bereich wird oft mit dem Lernmehrwert argumentiert: »Sachunterrichtliches Arbeiten leistet dabei durch mündliche und schriftsprachliche Bearbeitungsprozesse, durch Austausch und Erläuterung von Überlegungen und Ergebnissen und nicht zuletzt durch die Klärung von Fachbegriffen und fachlichen Zusammenhängen einen wichtigen Beitrag zur sprachlichen Entwicklung und Förderung« (MSW NRW, 2008, S. 6). So wird für einen CLIL-Unterricht das Argument angeführt, dass die Sachinhalte in einem bedeutungsorientierten und sinnstiftenden Verwendungskontext der Zielsprache stehen, der im herkömmlichen Fremdsprachenunterricht fehlt, jedoch für die Entwicklung der Sprachkompetenz von hoher Relevanz ist (Coyle, Hood & Marsh, 2010). Dalton-Puffer (2017) wendet ein, dass dies ein einseitiges Bild des modernen Fremdsprachenunterrichts zeichne und darüber hinaus übersehe, dass es sich doch »in beiden Fällen um schulische Sprachevents mit institutionell geprägten Zielsetzungen, Rollenverteilungen, Erwartungshaltungen und Kommunikationsbedingungen« handele.

Wolff (2011) fragt, was dafür spricht, den bilingualen Sachfachunterricht (CLIL) als ein innovatives didaktisches Konzept zu bezeichnen und fasst seine Begründungen in fünf Punkten zusammen:

> Der Bildungsgang CLIL eröffnet neue Perspektiven im Hinblick auf die Betrachtung des Sachfachs und der Sprache. Er bricht das Schubladendenken des herkömmlichen Fächerkanons auf und führt zu interdisziplinären Formen des schulischen Arbeitens. [...]

Durch das methodische Erfordernis, reiche und authentische Lernumgebungen bereitzustellen, öffnet der bilinguale Sachfachunterricht Zugänge zu Handlungs- und Lernerorientierung und begründet die Notwendigkeit zu Projektarbeit als Grundlage sozialen Lernens. [...]

Der bilinguale Sachfachunterricht fördert die fremdsprachliche Kompetenz der Lernenden insbesondere im Hinblick auf ihre Diskursfähigkeit und ihre professionellen bzw. fachsprachlichen Register. [...]

Der bilinguale Sachfachunterricht gibt den Sachfächern neue Impulse, indem er die Lernleistungen der Schülerinnen und Schüler und ihre Motivation erhöht. [...]

Der bilinguale Unterricht kann aufgrund seines methodischen Zugangs des sprachsensiblen Unterrichtens Innovationen im schulsprachlichen Unterricht bewirken. Das Übertragen dieser Methode auf die anderen Fächer kann dazu führen, dass sich die schulsprachliche Kompetenz der Lernenden erweitert. (Wolff, 2011, S. 77-82)

Die Erwartungen an den CLIL-Unterricht sind ebenso hoch wie die Anforderungen an Lehrkräfte, CLIL-Lernende, die CLIL-Didaktik und die CLIL-Forschung. Wenn die Erwartungen erfüllt würden, dann wäre CLIL-Unterricht das didaktische Ei des Kolumbus.

Grundsätzlich wird in allen Empfehlungen betont, dass der bilinguale Sachfachunterricht in den Anforderungen, in den Zielen, Inhalten und Methoden an die geltenden Sachfachcurricula gebunden ist. Der muttersprachliche Sachfachunterricht ist die Grundlage des bilingualen Sachfachunterrichts.

- Die Schülerinnen und Schüler müssen nicht nur in der Fremdsprache, sondern auch in der Muttersprache über die Inhalte des fachlichen Lernens verfügen können. Das heißt, die fachspezifische Begrifflichkeit ist in beiden Sprachen zu vermitteln.
- Die Diskrepanz zwischen den kognitiven und den fremdsprachlichen Möglichkeiten des Lernenden wird als zentrales Problem im bilingualen Sachfachunterricht gesehen. Dieses muss curricular durch die Integration von sachfachlichem und fremdsprachlichem Lernen gelöst werden.
- Die Förderung des interkulturellen Lernens, die ein zentrales Anliegen des bilingualen Sachfachunterrichts ist, soll »durch kontrastierende Betrachtungsweisen, durch Perspektivenwechsel und damit durch Reflexion der eigenen Lebenswirklichkeit aus der Sicht anderer« erreicht werden.
- Als zentrales Anliegen des bilingualen Sachfachunterrichts wird die Förderung von sprachlichen Fähigkeiten gesehen, die der Arbeit im Sachfach dienen sollen. Diese werden unter den Kategorien Beschreiben, Erklären, Schlussfolgern und Bewerten zusammengefasst.
- Es wird in allen Empfehlungen darauf abgehoben, dass sachfachrelevante Fertigkeiten zwar fachspezifisch sind, aber auch allgemeinere Fertigkeiten einschließen, wie sie in allen Sachfächern benötigt werden. Dazu gehört zum Beispiel der Umgang mit Bildern, Grafiken, Tabellen, dessen fachsprachliche Spezifika in der Fremdsprache für alle Sachfächer gemeinsam erworben werden können.
- In allen Empfehlungen wird die große Bedeutung der Textarbeit betont. Die fremdsprachliche Lesefähigkeit muss vertieft gefördert werden. Im Sinne einer fachspezifischen Schreibdidaktik ist es ebenso wichtig, das fachsprachliche Schreiben angemessen zu fördern. (Goethe-Institut, 2011, 2018)

CLIL-Forschung muss untersuchen, ob die Erwartungen erfüllt werden und ob sie überhaupt erfüllt werden können. In diesem Zusammenhang ist auch nach Verlusteffekten zu fragen. In der zweijährigen Längsschnittstudie DENOCS (Development of North Rhine-Westphalian CLIL Students) mit knapp 1000 gymnasialen Lernenden in 38 Klassen ist Rumlich der Frage nachgegangen, inwiefern bilingualer

Sachfachunterricht an Gymnasien in der Sekundarstufe I in NRW die Englischkompetenzen der Lernenden verbessert und wie sich das Ergebnis erklären lässt (Rumlich, 2016). In der Studie wurden verbesserte Englischkompetenzen festgestellt. Sind die Effekte auf die Wirkung des CLIL-Unterrichts zurückzuführen oder sind andere Faktoren mitbestimmend? Ein Denkansatz ist der folgende:

1. der kognitive Anregungsgrad des CLIL-Unterrichts ist größer,
2. die Herausforderungen erhöhen die Anstrengungsbereitschafft der Lernenden und
3. das erhöhte Wissen zeigt transversale Lerneffekte in anderen Bereichen.

Nachweislich erreichen diese Schülerinnen und Schüler nämlich weiterführende Fertigkeiten in der Fremdsprache. Das Matthäus-Prinzip – »Wer hat, dem wird gegeben« – verstärkt den Effekt. Hinzu kommt der Stolz darauf, besser als andere und etwas Besonderes zu sein. Das spornt an und erhöht die Anstrengungsbereitschaft. CLIL-Unterricht ist de facto selektiv, denn diese Programme ziehen verstärkt lerninteressierte und sprachlich begabte Lernende aus bildungsnahen Familien an. So stellt sich die Forschungsfrage, ob die positiven Effekte auch auftreten, wenn der Modellversuch in die Fläche geht (Dalton-Puffer, 2017).

Eine weitere Untersuchung von Rumlich geht dieser Frage in den Fächern Politik, Geschichte und Geografie nach:

> Um die potentiell vorhandenen Effekte gegen den Zufall absichern zu können, d. h. tatsächlich vorhandene Unterschiede in Form statistischer Signifikanz sichtbar zu machen, ist eine hinreichend große Stichprobe vonnöten. Insgesamt nahmen 1.400 Lernende teil, die sich in der Hauptstichprobe auf die Gruppen CLIL (414 Lernende), PARA (360 Lernende) und REGEL (179 Lernende) verteilten. (Rumlich, 2018, S. 41)

Auch wenn die Daten deutlich für positive Effekte sprechen, plädiert Rumlich dafür, einen kritisch-differenzierten Blick bzgl. Stärken und Schwächen, Chancen und Herausforderungen einzunehmen. »Die Daten legen nahe, dass die an vielen Stellen immer wieder proklamierten Effekte bilingualen Sachfachunterrichts wohl mitunter deutlich überschätzt werden« (Rumlich, 2018, S. 41). Er schlussfolgert: »Am Ende des Tages ist CLIL … eben auch ›ganz gewöhnlicher‹ Schulunterricht, der unterschiedlich gut durchgeführt wird und dabei seine Stärken und Schwächen bzw. Chancen und Herausforderungen für alle Beteiligten entfaltet« (Rumlich, 2018, S. 42).

Gibt es durch den CLIL-Unterricht auch positive Rückwirkungen auf die Erstsprache? Die Spracherwerbsforschung weist nach, dass Kinder, die unter guten sozialen und emotionalen Bedingungen die erste Fremdsprache erwarben, in Programmen mit dem CLIL-Ansatz höhere Kompetenzen in verbalen und nicht verbalen Problemlösungsstrategien, im kreativen Denken und im Sprachbewusstsein haben (Wode, 1999). Offensichtlich hat das integrierte Sprachenlernen auch positive Auswirkungen auf den differenzierten Gebrauch der Muttersprache (Haataja, 2005).

In welchem didaktischen Verhältnis zum DaF-Unterricht stehen CLILiG- und sprachsensibler Fachunterricht? Sowohl der CLILiG- als auch der sprachsensible

Fachunterricht folgen dem Focus-On-Form-Ansatz, der auf die inhaltlichen Aspekte fokussiert und weder auf die formalen Aspekte in einem grammatisch orientierten Fremdsprachenunterricht noch auf die kommunikativen Aspekte in einem kommunikativ orientierten Fremdsprachenunterricht ausgerichtet ist.

Somit nimmt der Formfokus des CLILiG und des sprachsensiblen Fachunterrichts eine Zwischenstellung zwischen den Formenfokus und dem Bedeutungsfokus ein.

Tab. 1.4: Formenfokus – Formfokus - Bedeutungsfokus

Formenfokus (focus-on-forms)	Formfokus (focus-on-form)	Bedeutungsfokus (focus-on-meaning
grammatischer DaF	CLILiG und DFU	kommunikativer DaF
Betonung formaler Aspekte	Betonung inhaltlicher Aspekte	Betonung kommunikativer Aspekte
Grammatisch relevante Sprachmerkmale werden von der Lehrperson modellierend eingeführt und von den Lernenden angewandt.	Inhaltlich relevante Sprachmerkmale werden den Lernenden bewusst gemacht, die sie in den inhaltlich orientierten Sprachhandlungen bereits kommunikativ verwenden.	Kommunikativ relevante Sprachmerkmale werden thematisiert; nämlich solche, die die Bedeutung der Sprachhandlungen beeinflussen und die Kommunikation fördern oder behindern.

1.6   Denken und Sprache

Die Beziehung zwischen Sprache und Denken ist ein gewaltiges Thema mit langer Geschichte in der Philosophie, Phänomenologie, Kognitionswissenschaft und Psycholinguistik und kann an dieser Stelle nicht erörtert werden (vgl. Rincke & Leisen, 2015). Wenn Fach- und Bildungssprache u. a. ein Werkzeug des Denkens und Erkennens sind (epistemische Funktion, ▶ Kap. 2.1), dann ist die Beziehung zwischen Sprache und Denken im Unterricht didaktisch relevant. Bei der Einführung eines Begriffs für einen konkreten Gegenstand, z. B. Thermometer, verweist der Begriff direkt auf den Gegenstand. Auch wenn der Begriff *Thermometer* als abstrakter Begriff für alle Objekte zur Messung der Temperatur aufgefasst wird, wird das Verhältnis im Sinne einer Repräsentation, eines Abbildungsverhältnisses gedacht. Man heftet den Begriff gewissermaßen an das reale oder bloß gedachte Objekt an und man kann es auf noch unbekannte Objekte zur Temperaturmessung erweitern.

Man kann auch eine andere Sehweise heranziehen: Bei der Verwendung des Thermometers zur Temperaturmessung zeigt sich dessen Bedeutung. Bei ausschließlich abstrakten Begriffen, wie beim Begriff *Energie*, wird das Verhältnis von Denken und Begriff nicht durch Abbildung, sondern durch Bedeutung bestimmt. Lehrkräfte wissen um den langwierigen Prozess des Verstehens abstrakter Begriffe. Es geht schließlich nicht um den bloßen Begriff, sondern um das dahinterstehende Konzept, z. B. *Energiekonzept*. Bei repräsentationalistischer Sehweise besteht ein Abbildverhältnis, bei instrumentalistischer Sehweise ein Bedeutungsverhältnis:

> Das Sprechen ist seiner Struktur nach keine spiegelhafte Abbildung der Struktur des Denkens. Es kann deshalb dem Denken nicht wie ein fertiges Kleid übergestülpt werden. Das Sprechen dient nicht als Ausdruck des fertigen Gedankens. Indem sich der Gedanke in Sprechen verwandelt, gestaltet er sich um, verändert er sich. Der Gedanke drückt sich im Wort nicht aus, sondern vollzieht sich im Wort. (Wygotski, 1969, S. 401)

Diese instrumentalistische Sprachauffassung beruft sich u. a. auf Wittgenstein: »Die Bedeutung eines Wortes ist sein Gebrauch in der Sprache« (Wittgenstein, 1984, § 43). Daraus folgt sprachdidaktisch, dass die Lernenden im Unterricht in einem bildungssprachlichen Sprachbad in Sprachsituationen gebracht werden, die Anlässe zum Sprachgebrauch in vielfältigen Sprachhandlungen schaffen und so Verstehen und Bedeutung ermöglichen.

Neben der epistemischen Funktion von Sprache muss bei der Begriffsbildung im Unterricht die kommunikative Funktion betrachtet werden (▶ Kap. 2.1). Im sprachbildenden Unterricht geht es immer gleichzeitig um Denk- und um Spracherweiterung. Maturana und Varela heben die Rolle der Sprache als soziales Kopplungsinstrument hervor: »Im Fluss rekursiver sozialer Interaktionen tritt Sprache dann auf, wenn die Operationen in einem sprachlichen Bereich zur Koordination von Handlungen in Hinsicht auf Handlungen führen, die zum sprachlichen Bereich selbst gehören« (Maturana & Varela 1987, S. 226.) Dies geschieht im *Bereich sozialer Koppelung*. In den sprachlichen Interaktionen des Unterrichts und in den gemeinsamen Aktivitäten passen die Lernenden ihr Verständnis von einem Begriff immer mehr den Bedeutungen an, die diesem von der Lehrperson und von den Mitlernenden zugeschrieben werden. In diesem Sinne wird Sprache kommunikativ ausgehandelt, genauso wie die Fachsprache in der *scientific community* in einem langen Prozess ausgehandelt wurde, z. B. die Bedeutungsverschiebungen des Energiebegriffs (▶ Kap. 2.1). Folglich muss Sprache im Unterricht als ein *Bereich sozialer Kopplung* durch Interaktionen an und über Inhalte bedeutungsgenerierend ausgehandelt werden. Lernen erfolgt in der kognitiven und sprachlichen Auseinandersetzung mit Inhalten im sozialen Gefüge einer unterrichtlichen Lernumgebung. Im Tractatus schreibt Wittgenstein: »Die Grenzen meiner Sprache sind die Grenzen meiner Welt« (Wittgenstein, 1998, § 5.6). Spracherweiterung ist Welt- und Denkerweiterung und damit eine originäre Aufgabe jeden Unterrichts. Sprache ist nicht vor den Inhalten da, sondern wächst gleichzeitig mit dem Lernen der Fachinhalte.

Allen philosophischen, kognitions- und kulturwissenschaftlichen und psycholinguistischen Theorien über das Verhältnis von Denken und Sprache ist eine wechselseitige Beeinflussung von Denken und Sprache gemeinsam. Die Frage, wem der Primat zukommt, bleibt offen. Die soziale Kopplung im Unterricht als konstitutives Element von Unterricht ist für die Sprachbildung im Unterricht von entscheidender Tragweite. Sprachbildung im Unterricht ist ein Prozess des sprachlichen Aushandelns von Bedeutungen und ist immer gleichzeitig Denk- und Spracherweiterung.

1.7 Sprachbildung und Darstellungsformen (Symbolisierungsformen, Repräsentationsformen)

Jedes Fach hat spezifische Formen entwickelt, um »seine« Sachverhalte darzustellen. So werden beispielsweise im Fach Erdkunde Bilder, Schnittzeichnungen, topografische Karten, Klimakarten, Profilschnitte, Klimadiagramme, Tabellen, Graphen, synoptische Darstellungen, Strukturdiagramme, Modelle usw. eingesetzt. Im Fach Biologie dagegen sind es Naturobjekte, Präparate, Bilder, Zeichnungen, Schnittskizzen, Funktionsmodelle, Strukturdiagramme, Flussdiagramme, Listen, Sachtexte, chemische Formeln, Modellbildungsdiagramme, mathematische Gleichungen usw. Diese unterschiedlichen Darstellungsformen (Symbolisierungsformen) gehören von ihrem Charakter her zu den Fachmethoden und sind somit – wie die fachlichen Inhalte selbst – Gegenstand des Fachlernens.

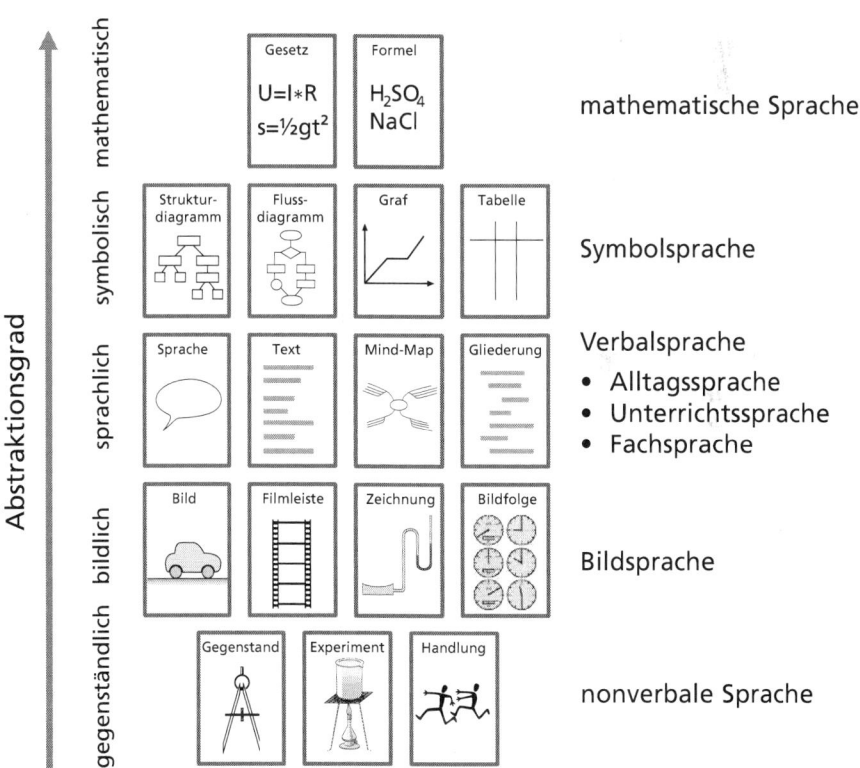

Abb. 1.1: Darstellungsebenen und Darstellungsformen

Die sprachliche Seite der Darstellungs- und Symbolisierungsformen

Darstellungsformen, auch Symbolisierungsformen genannt, stellen verschieden symbolisiertes »Wissen« dar. Es handelt sich hierbei zunächst um Informationen von Personen, z. B. der Lehrperson, der wissenschaftlichen Gemeinschaft, der Wissenschaft im abstrakten Sinn. Diese Informationen werden in den verschiedensten analogen und digitalen Medien, Personen und Gruppen inbegriffen, in den verschiedensten Formen verbreitet. Zum Wissen werden diese Informationen erst durch die informationsverarbeitende, nämlich lernende Person. Wissen ist etwas Selbsterarbeitetes und deutlich von reiner Information zu unterscheiden. Damit Informationen zum Wissen einer Person werden, muss sie eigene Wissensstrukturen aufbauen. Die gehirnphysiologische Seite des Wissens einer Person sind deren neuronalen Netze. Die Bildungssprache umfasst die Gesamtheit aller »Sprachen« und sprachlichen Mittel im Kontext des Lehrens und Lernens, des Erkennens und Verstehens. Diese Gesamtheit aller »Sprachen« ist als Gesamtheit aller »Darstellungsformen« zu verstehen. Die Verbalsprache ist eine davon.

- Die gegenständliche Darstellung ist konkret und »handgreiflich«. Gegenstände, Experimente und Handlungen sind häufig genutzte Formen der Darstellung im experimentellen Unterricht. Dadurch wird Sprache im wahrsten Sinne des Wortes »anschaulich«, was den Lernenden das Verstehen erleichtert und es oft überhaupt erst ermöglicht. Die gegenständliche Darstellung nutzt die nonverbale Sprache. Sie ist für viele fremdsprachige Lernenden ein ausgezeichnetes Ausdrucks- und Darstellungsmittel und erleichtert das Verstehen.
- Die bildliche Darstellung stellt meist Prozesse dar; sie bedient sich der Bildsprache, einer spezifischen Ausprägung der nonverbalen Sprache. Die Darstellung oder Symbolisierung erfolgt in Fotos, Bildern, Filmleisten, Zeichnungen und Piktogrammen.
- Auf der sprachlichen Ebene sind Texte eine bevorzugte Darstellungsform. Aber auch sprachlich und grafisch orientierte Darstellungen wie Mindmaps und Gliederungen gehören dieser Ebene an, wenn sie viele sprachliche Anteile enthalten. Nicht nur der geschriebene Text, sondern auch das gesprochene Wort gehört auf diese Ebene. In der sprachlichen Darstellung können Sachverhalte in der Alltagssprache oder in der Fachsprache formuliert sein. Darüber hinaus bietet sich unter didaktischen und methodischen Gesichtspunkten die Unterrichtssprache als methodische Zwischensprache an. Dabei bestimmt die Art der jeweils verwendeten Verbalsprache (Fach-, Unterrichts- oder Alltagssprache) das Sprachniveau.
- Die symbolische Darstellung nutzt Formen (Symbolisierungsformen) wie beispielsweise Strukturdiagramme, Flussdiagramme, Graphen, Tabellen usw. Der Umgang mit der Symbolsprache verlangt vom Lernenden ein höheres Abstraktionsvermögen. Dementsprechend bedarf der Lernende zur sinnvollen Nutzung dieser Darstellungsformen bereits einer beachtlichen Fachmethodenkompetenz. Bei fremdsprachigen Lernern erweist sich die symbolische Darstellung bei entsprechender Übung als hilfreiche Methode, Sprachprobleme aufzufangen, zu entschärfen oder zu umgehen.

- Die abstrakteste Symbolisierung eines Sachverhaltes findet z. B. in der Mathematik oder in den Naturwissenschaften in mathematischen Formeln, Gesetzen, chemischen Strukturformeln, Reaktionsgleichungen statt. Für viele Lernende stellt diese mathematische formelhafte Sprache eine besondere kognitive Hürde dar. Andererseits ist sie für manche Lernende ein ausgezeichnetes Ausdrucks- und Darstellungsmittel, das ohne Verbalisierung international verstanden und kommuniziert werden kann. Die symbolisch-formelhafte Darstellung steht meistens am Ende des Lernprozesses und drückt das Verstandene aus. Für den Prozess des Lernens und Verstehens müssen sie jedoch von Lehrenden und Lernenden verbalisiert werden.

Die aufgeführten Beispiele zeigen, dass einige Darstellungsformen sehr konkret und anschaulich, andere hingegen sehr abstrakt sind. Die unterschiedlichen Darstellungsformen liegen somit auf Ebenen unterschiedlicher Abstraktion. Dabei sind abstrakte Darstellungen für Lernende oft – aber nicht immer und nicht zwingend – schwieriger und unzugänglicher als konkrete Darstellungen.

Die Darstellungsformen gehören zum Begriffs- und Methodenrepertoire des jeweiligen Faches. Lehrkräfte wie Lernende, die ihr Fach beherrschen bzw. beherrschen wollen, müssen deshalb zwischen den verschiedenen Darstellungsformen wechseln und diese wechselseitig ineinander überführen können. Die Befähigung der Lernenden zum Wechsel der Darstellungsformen ist ein unverzichtbares fachliches Ziel des Fachunterrichts.

Die didaktische Seite der Darstellungs- und Symbolisierungsformen

Die didaktische Seite der Darstellungs- und Symbolisierungsformen erschließt sich aus der Notwendigkeit der Bedeutungskonstruktion im Schnittfeld von Situation, Gebrauch und Sprachgemeinschaft (Pöschek, 2005, S. 20). Innerhalb einer Sprachgemeinschaft (= Lerngruppe mit Lehrkraft) müssen Situationen (= fachbezogene Sprachsituationen) geschaffen werden, die den Gebrauch der Darstellungs- und Symbolisierungsformen erzwingen. Lernende müssen in den handelnden Umgang mit Fach- und Sprachwissen im Zusammenhang mit Darstellungs- und Symbolisierungsformen gebracht werden. Die Bedeutung ist immer nur die ausgehandelte Bedeutung innerhalb der Diskursgemeinschaft, hier nämlich die Lerngruppe zusammen mit der Lehrperson. Wygotski erkannte, dass Kinder vor allem von Menschen, in sozialen Interaktionen und durch emotionale Beziehungen zu ihnen lernen. Im Ansatz der Ko-Konstruktion findet Lernen durch Zusammenarbeit, d. h. in sozialer Kopplung statt, und Lernprozesse werden von Lernern und Lehrern gemeinsam konstruiert. Dies gilt es in die Gestaltung der Lehr-Lern-Prozesse einzubeziehen (Wygotski, 1969).

In der Mathematikdidaktik ist unter Bezug auf Piaget das EIS-Prinzip nach Jerome Bruner (Bruner, 1971) bekannt, wonach drei Repräsentationsebenen unterschieden werden:

1. Enaktiv: Erfassung von Sachverhalten durch eigene Handlungen.
2. Ikonisch: Erfassung von Sachverhalten durch Bilder.
3. Symbolisch: Erfassung von Sachverhalten durch Symbole (Text, Zeichen etc.).

Leisen (2004, 2005a, 2005b, 2010) hat das Prinzip auf die Didaktik des sprachsensiblen Unterrichts übertragen und erweitert. Der Wechsel der Darstellungsformen innerhalb einer Ebene und vor allem zwischen verschiedenen Ebenen bildet den Kern einer Didaktik des sprachsensiblen Fachunterrichts. Der Wechsel der Ebenen ist nach Leisen mit spezifischen allgemeinen hochwertigen kognitiven Operationen verknüpft, nämlich dem Verbalisieren, Visualisieren, Formalisieren und Konkretisieren.

Dadurch, dass Lernende Darstellungsformen wechseln, eröffnen sich didaktisch fruchtbare Chancen. Denn was ein Lernender in der einen Darstellungsform nicht versteht, erschließt sich ihm vielleicht in einer anderen besser oder überhaupt erst. Somit arbeiten die Darstellungsformen einander wechselseitig zu und deren Wechsel erweist sich oft als didaktischer Schlüssel zum fachlichen Verstehen. Zudem bietet jeder Wechsel einen Anlass zur fachlichen Kommunikation, denn immer dann, wenn eine Darstellungsform in eine andere überführt wird, eröffnen sich Gelegenheiten zum Sprechen, zum Schreiben und zum Lesen.

Darstellungsformen sind somit Mittel und Zweck zur Verbalisierung fachlicher Sachverhalte. Es ist deshalb didaktisch klug, ja sogar zwingend, die Methode »Wechsel der Darstellungsformen« in das Zentrum der Didaktik des sprachsensiblen Fachunterrichts zu stellen, da die hierdurch herbeigeführte Kommunikation einen ausgesprochen hohen Beitrag zur Sprachbildung und Sprachförderung leistet.

Beispiele für den Wechsel von Darstellungsformen sind:

- Man blendet zu einem aufgebauten Experiment eine Schaltskizze oder eine Versuchszeichnung auf Folie oder Whiteboard ein.
- Vorgänge und deren Bedingungen werden in Strukturdiagrammen und Tabellen übersichtlich dargestellt. Ein erläuternder Text und Lehrerkommentare eröffnen weitere Zugänge zu den Sachverhalten.
- Experimentelle Daten werden in einer Tabelle erfasst, als Graphen dargestellt und anschließend in einer mathematischen Formel als Gesetz formuliert. Das Gesetz selbst wird wiederum sprachlich als Text verfasst.
- Die zeitlichen Stationen in einem Versuchsablauf oder bei technischen Vorgängen können verständlich und einprägsam in einer Filmleiste oder Storyboard dargestellt werden und können die Arbeitsgrundlage für eine Versuchsbeschreibung in sprachlicher Form sein.
- Eine Versuchsanleitung in sprachlicher Darstellung wird meistens durch eine bildliche Darstellung ergänzt. Die Versuchsdurchführung überträgt die sprachliche Darstellung in eine Handlung.

Diese Liste lässt sich unschwer erweitern. Die systematische Zusammenstellung in der vorstehenden Abbildung zeigt, dass die verschiedenen Darstellungsformen auf unterschiedlichen Darstellungsebenen liegen; diese unterscheiden sich wiederum in Bezug auf das damit verbundene Abstraktionsniveau (Leisen, 2010, S. 33 ff.).

Für den Einsatz und den Wechsel der Darstellungsformen im Fachunterricht gibt es gute Argumente:

- fachlich: Es handelt sich um eine den Sachverhalten angemessene Darstellung.
- didaktisch: Ein Sachverhalt wird leichter und besser verstanden, wenn er über verschiedene Formen der Darstellung angegangen wird.
- methodisch: Ein Wechsel der Darstellungsformen ist motivierender.
- lernpsychologisch: Es werden mehrere Wahrnehmungskanäle benutzt und die verschiedenen Darstellungsformen sprechen Lernende unterschiedlich an.
- pädagogisch: Die Nutzung unterschiedlicher Darstellungsformen erlaubt eine ebenso angemessene wie leistbare Binnendifferenzierung und lässt die arbeitsteilige Bearbeitung in Gruppen zu.

Weitere Argumente sind:

- Der Wechsel der Darstellungsform dient der Vertiefung und Übung. Wenn z. B. ein Experiment als Bildfolge in Form einer Filmleiste vorliegt, so ist es im Rahmen einer Hausaufgabe eine sinnvolle Übung und Vertiefung, zu dieser Bildfolge einen Text zu formulieren und als kleines Referat vorzubereiten.
- Der Wechsel der Darstellungsform ist ein Beitrag zum Methodenlernen. Ein bekannter Sachverhalt, der z. B. als Text vorliegt, kann in eine Mind-Map »übersetzt« werden, die wiederum als »Spickzettel« für ein Referat dient. So vergrößert sich allmählich das eigene Methodenrepertoire.
- Der Wechsel der Darstellungsform fördert die Fachkompetenz. Ein bekannter Sachverhalt, der z. B. als Text vorliegt, kann in eine Tabelle übertragen werden. Dabei werden Begriffe und Sachverhalte in neue fachliche Zusammenhänge gebracht.
- Der Wechsel der Darstellungsform fördert die Sprachkompetenz. Häufig ist der Wechsel der Darstellungsform auch verbunden mit einem Wechsel der Sprachebene. Wenn z. B. gesetzesmäßige Zusammenhänge im Rahmen einer Versuchsbeschreibung in Textform vorliegen, so können diese in die mathematische Sprache (Formelzusammenhänge) übertragen werden. Ein Sachverhalt, der im Unterrichtsgespräch in der Unterrichtssprache erarbeitet und »ausgehandelt« wurde, kann unter Zuhilfenahme von Fachwortlisten in eine druckreife fachsprachliche Fassung überführt werden.
- Der Wechsel der Darstellungsformen fördert und stimuliert die kognitive Tätigkeit in besonderem Maße, da sie beim Lernenden Assoziationen, also Bilder und Vorstellungen hervorrufen.

Der Wechsel der Darstellungsebenen – von der gegenständlichen Anschauung über verbalsprachliche Texte bis hin zur formalen Symbolsprache der Sachfächer – stellt die entscheidende Brücke für die Verbindung von alltagsweltlichem und sachfachlich-wissenschaftlichem Verstehen – also die Verbindung von Basic Interpersonal Communications Skills (BICS) und Cognitive Academic Language Proficiency (CALP) – dar. Sie ist damit die Voraussetzung für die Reintegration fachlichen Wissens in die alltagssprachliche Weltsicht und die Teilhabe an alltagsweltlichen Diskursen auf der Grundlage des Fachwissens.

Die methodische Seite der Darstellungs- und Symbolisierungsformen

Die methodische Seite der Darstellungs- und Symbolisierungsformen zeigt sich in der unterrichtlichen Anwendung des didaktischen Prinzips vom Wechsel der Darstellungsformen. Durch geschickten Ebenen- und Formenwechsel stellt die Lehrkraft eine dem Könnens- und Sprachstand der Lerngruppe entsprechend abgestimmte Lernumgebung her. So bieten sich methodisch unterschiedliche Lehr- und Lernwege an (Leisen, 2013b, Bd. 1, S. 72-110).

Darstellungs- und Symbolisierungsformen haben als Leseprodukte im Umgang mit Texten eine hervorgehobene Bedeutung (Leisen, 2013b, Bd.1, S. 133). Lesen ist bekanntlich eine aktive konstruktive Tätigkeit des Lernenden im Sinne des »Herauslesens« aus dem Text und des »Hineinlesens« in den Text. Eine gute Aufgabenstellung zu einem Sachtext führt den Lernenden zu einem handelnden Umgang mit Wissen, sei es Vorwissen oder neu gelerntes Wissen. Es ist aus diagnostischer Sicht didaktisch wie methodisch sinnvoll, dem handelnden Umgang mit dem Wissen eine sichtbare Seite zu geben, nämlich ein vorzeigbares Leseprodukt. Dieses Leseprodukt kann eine andere Darstellungs- bzw. Symbolisierungsform sein. Der Wechsel der Darstellungsform erlaubt die Loslösung von einer Textvorlage und die Konstruktion eines eigenen Textes.

1.8 Merkmale besonderer Darstellungsformen im naturwissenschaftlichen Unterricht

Der naturwissenschaftliche Unterricht hat den Vorteil, viele Darstellungsformen nutzen zu können. Lehrkräfte müssen jedoch deren Funktion kennen und wissen, wo für Lernende die Schwierigkeiten bei der Entschlüsselung liegen (Leisen, 2020a, S. 43-48).
Bilder haben vielfache Funktionen. Sie sind

- informationstragend: Informationen, die im Text nur umfangreich und schwer verständlich dargestellt werden können, werden durch ein Bild einfach und verständlich präsentiert.
- informationsergänzend: Das Bild ergänzt die Informationen im Text und umgekehrt. Text und Bild spielen einander zu.
- veranschaulichend: Das Bild veranschaulicht einen Sachverhalt.
- erklärend: Erklärungen oder Begründungen, die im Text durch Verweise, Bezüge und Vernetzungen kognitiv und sprachlich anspruchsvoll sind, werden durch Bilder erklärt.
- kognitiv anregend: Bilder vermögen kognitive Konflikte hervorzurufen und zum Nachdenken herauszufordern.
- metaphorisch: Eine übertragene Bedeutung wird bildlich dargestellt.
- schmückend: Manche Bilder haben lediglich eine schmückende Funktion.

1.8 Merkmale besonderer Darstellungsformen im naturwissenschaftlichen Unterricht

Die Schwierigkeiten bei der Entschlüsselung von Bildern werden oft unterschätzt.

- Bilder verlangen im Gegensatz zu Sprache nicht weniger kognitive Prozesse, sondern andere.
- Das Verstehen logischer Bilder muss, wie das Lesen und Verstehen von Texten, gelernt werden.
- Lernende mit einem geringen inhaltsspezifischen Vorwissen haben oft Probleme mit der Koordination von Text und Bild.

Diagramme und Schaubilder sind abstrakte Darstellungsformen, die oft sehr komplex sind, viel inhaltliches Wissen voraussetzen, inhaltliche und begriffliche Zusammenhänge und Vernetzungen übersichtlich, aber dicht und kompakt auf hohem Niveau darstellen. Diagramm und Schaubilder sind

- informationstragend: Informationen, die im Text nur umfangreich und schwer verständlich dargestellt werden können, werden durch ein Diagramm einfach und verständlich präsentiert, z. B. Gewaltenteilung in der Bundesrepublik, Herrschafts- und Rechtssysteme, ...
- informationsergänzend: Das Diagramm ergänzt die Informationen im Text und umgekehrt. Text und Schaubild spielen einander zu, z. B. Belege durch konkrete Daten im Schaubild zu den generellen Aussagen im Text, ...
- veranschaulichend: Das Schaubild veranschaulicht einen Sachverhalt, z. B die Verteilung der Staatsausgaben im Kuchendiagramm, ...
- erklärend: Erklärungen oder Begründungen, die im Text durch Verweise, Bezüge und Vernetzungen kognitiv und sprachlich anspruchsvoll sind, werden durch Strukturdiagramme und Schaubilder veranschaulicht, z. B. die Sitzverteilung im Bundestag nach dem D'Hondt-Verfahren, ...
- kognitiv anregend: Schaubilder vermögen kognitive Konflikte hervorzurufen und zum Nachdenken herauszufordern, z. B. die Größenordnungen der Staatsausgaben für bestimmte Bereiche, Alterspyramide und Rentensystem, ...
- ergänzend: Manche Schaubilder wiederholen den Textinhalt in einer anderen Darstellungsform.

Die Schwierigkeiten bei der Entschlüsselung von Schaubildern und Diagrammen liegen auf der Hand.

- Die vielfältigen Steuerungscodes, z. B. Pfeile, Kästen, Striche, Farben, Piktogramme, Hervorhebungen, Schraffierungen, Beschriftungen, Ausschnittsvergrößerungen etc. stellen Verstehenshürden dar.
- Die vielfältigen Symbole erzeugen Zuordnungs- und Gliederungsschwierigkeiten.
- Die Armut der Diagramme und Schaubilder hinsichtlich der Verbalsprache erschwert eine Versprachlichung und den Diskurs.
- Die multiplen Repräsentationen fordern hohe kognitive Leistungen, die oft bereits viel Verstehen voraussetzen.

Tabellen sind ähnlich wie Diagramme und Schaubilder eine abstrakte Darstellungsform, die oft viel inhaltliches Wissen voraussetzen, »gelesen« und interpretiert werden müssen.
Tabellen sind

- informationstragend: Daten und Informationen, die im Text kaum dargestellt werden können, werden durch eine Tabelle synoptisch, übersichtlich präsentiert, z. B. Tabelle mit Militärausgaben in den Ländern über Jahre hinweg, …
- informationsergänzend: Die Tabelle ergänzt die Informationen im Text und umgekehrt. Text und Tabelle spielen einander zu, z. B. Belege durch konkrete Daten in der Tabelle zu den generellen Aussagen im Text, …
- erklärend und belegend: Erklärungen oder Begründungen, die im Text nur allgemein formuliert werden können, werden mit dem Datenmaterial in der Tabelle belegt, z. B. Belege für die Veränderungen in der Kriminalität durch die Kriminalitätsstatistik, …
- kognitiv anregend: Tabellen vermögen kognitive Konflikte hervorzurufen und zum Nachdenken herauszufordern, z. B. die Größenordnungen der Staatsausgaben für bestimmte Bereiche, Alterspyramide und Rentensystem, …
- ergänzend: Manche Tabellen wiederholen den Textinhalt in einer anderen Darstellungsform.

Die Schwierigkeiten bei der Entschlüsselung von Tabellen liegen auf der Hand.

- Der Tabellenaufbau, die Größenordnungen, die Vergleichsmaßstäbe, die Begrifflichkeiten, die Bezugsgrößen etc. können Verstehenshürden darstellen.
- Die Armut der Tabellen hinsichtlich der Verbalsprache erschwert eine Versprachlichung und den Diskurs.
- Tabellen fordern hohe kognitive Leistungen, die oft bereits viel Wissen und Verstehen voraussetzen.

Karten sind Endprodukte eines Forschungsprozesses und stellen die Ergebnisse in geografischen, historischen, thematischen Karten dar. Karten sind symbolsprachlich kodiert. Kartenkompetenzen umfassen die Fähigkeiten, Karten zu dekodieren, zu bewerten und zu erstellen.
Karten sind

- informationstragend: Informationen, Daten, Fakten werden symbolsprachlich kodiert dargestellt, die im Text kaum dargestellt werden können, z. B. Karten, die Wechselbeziehungen geben zwischen geografischen/ historischen/ politischen Bedingungen und Informationen über Zustände/Vorgänge angeben.
- informationsergänzend: Die Karte ergänzt die Informationen im Text und umgekehrt. Text und Tabelle spielen einander zu, z. B. Karten, die einen historischen und/oder politischen Zustand zu einem bestimmten Zeitpunkt bzw. in einem bestimmten Zeitabschnitt zeigen oder verschiedene Zustände in einer einzigen Karte darstellen.

1.8 Merkmale besonderer Darstellungsformen im naturwissenschaftlichen Unterricht

- erklärend und belegend: Erklärungen oder Begründungen, die im Text nur allgemein formuliert werden können, werden mit der Karte visualisierend belegt, z. B. dynamische Karten, die eine Entwicklung zwischen Zuständen durch Pfeil- oder Kreissymbole zeigen.
- kognitiv anregend: Karten vermögen kognitive Konflikte hervorzurufen und zum Nachdenken herauszufordern, z. B. Karten verschiedener Autoren aus verschiedenen Ländern/Kulturen zu demselben Thema zeigen die jeweilige Perspektive und Mitteilungsabsicht.
- ergänzend: Historische Karten beispielsweise präsentieren nicht den aktuellen Kenntnisstand, sondern dienen als Quellen. Außer den direkten Informationen geben sie Auskunft über den Kenntnisstand, das Weltbild, das Erkenntnisinteresse und die Informationsabsichten der Entstehungszeit.

Die Schwierigkeiten bei der Entschlüsselung von Karten liegen auf der Hand.

- Der Kartenaufbau, die Größenordnungen, die Vergleichsmaßstäbe, die Zeichen und Symbole, die Kartenausschnitte, die Raum- und Zeitstrukturen, die Maßstäbe etc. können Verstehenshürden darstellen.
- Die knappen Zeichenerläuterungen und Beschriftungen in den Karten erschweren eine Versprachlichung und den Diskurs über die Karte.
- Karten fordern aufgrund der symbolsprachlichen Kodierung kognitive Leistungen, die bereits viel Wissen und Verstehen voraussetzen

Wenn das Verhältnis der Textaussagen zum logischen Bild explizit ist, werden die genannten Schwierigkeiten reduziert; bleibt es implizit, wird es komplexer. Der Wechsel der Darstellungsformen spielt im sprachsensiblen Unterricht unter fachlichen wie unter sprachlichen Gesichtspunkten eine herausragende Rolle. Viele Methoden-Werkzeuge (▶ Kap. 5.2 und Tab. 5.2) basieren auf diesem Prinzip.

Zusammenfassung

Sprachbildung bzw. sprachliche Bildung ist ein originärer Aufgabenbereich des naturwissenschaftlichen Unterrichts. Fachlernen und Sprachlernen im Fach bedingen einander und folglich muss der auf Verstehen hin ausgerichtete naturwissenschaftliche Unterricht sprachsensibel gestaltet sein. Die besonders große Vielfalt an Darstellungsformen in den Naturwissenschaften ist aus didaktischer Sicht einerseits ein Geschenk, weil sie viele Wege zum Verstehen ermöglicht, andererseits muss der Umgang mit den Darstellungsformen gelernt und geübt werden. Jede Darstellungsebene ist an eine ihre eigene »Sprache« gebunden. Die Merkmalausprägungen der Kommunikation im Alltag und im Bildungsbereich unterscheiden sich und das Lernen der Bildungssprache ist folglich auf unterrichtliche Unterweisung angewiesen.

2 Sprache und Sprachhürden in den Naturwissenschaften

2.1 Fachsprache und Bildungssprache

Nach Nitz, Nerdel und Prechtl »ist eine eindeutige (linguistische) Definition [der Fachsprache, J.L.] bisher nicht gelungen – zu vielseitig und -schichtig sind mögliche Betrachtungsansätze« (Nitz, Nerdel & Prechtl, 2012, S. 121). Der Diskurs über Begriffe gehört zur Linguistik im Speziellen wie zur Wissenschaft im Allgemeinen. Ausgehandelte Festlegungen beenden den Diskurs vorübergehend und laden gleichzeitig zur Fortführung ein. So definiert DIN 2342 (Begriffe der Terminologielehre) die Fachsprache als »Bereich der Sprache, der auf eindeutige und widerspruchsfreie Kommunikation in einem Fachgebiet gerichtet ist und dessen Funktionieren durch eine festgelegte Terminologie entscheidend unterstützt wird« (DIN 2342: 1992-01) Gemäß dieser normativen Definition besteht die Aufgabe einer Fachsprache in der Ermöglichung einer möglichst präzisen und ökonomischen Verständigung über bestimmte Gegenstands- und Sachbereiche unter Personen im Fachgebiet (Fluck, 1996). Fachsprache in dem Sinne ist die Sprache von und für Expertinnen und Experten. In der deskriptiven Beschreibung ist die Fachsprache gekennzeichnet durch strukturelle und funktionale Eigenschaften (Fluck, 1996; Rincke, 2010; Roelcke, 2005). Die strukturellen Eigenschaften betreffen die Normierung in Lexik, Morphosyntax und Textstrukturen. Diese liegen nicht außerhalb der Strukturen, die auch im Alltag verwendet werden. Sie kommen dort lediglich mit geringer Frequenz vor. Die funktionalen Eigenschaften der Fachsprache betreffen die Deutlichkeit, Verständlichkeit und Ökonomie, die sich in folgenden Merkmalen zeigen:

- Differenzierung und Präzisierung von Sachverhalten,
- Verdichtung von Information,
- Entpersonalisierung (durch unpersönliche, allgemein- gültige, objektive Formulierungen),
- Dekontextualisierung (Unabhängigkeit des Textverständnisses von der Kommunikationssituation),
- Sachlichkeit und Distanzierung,
- argumentative Klarheit
  (vgl. Sieve & Hilker 2020, S. 4)

Im Gegensatz zu Erzähltexten haben Sach- und Fachtexte einen deskriptiven und analytischen Charakter und dienen in erster Linie der Informationsvermittlung. Fachtexte sind nicht vorrangig ästhetisch oder stilistisch strukturiert, sondern genügen fachlichen und fachsprachlichen Anforderungen. Fachtermini gelten als wesentlicher Bestandteil einer Fachsprache. Fachbegriffe, die auch im Alltag vorkommen (z. B. Spannung, Kraft, Energie, Verbrennung), dort aber eine andere Bedeutung haben, schaffen besondere didaktische Probleme. Daneben gibt es auch solche Fachbegriffe, die den Schülerinnen und Schülern noch unbekannt sind und wie eine Vokabel oder ein Fremdwort gelernt werden müssen (z. B. Induktion, Redoxreaktion, Mitose, Push- und Pull-Faktoren).

Fachsprache nutzt spezifische sprachliche Möglichkeiten, um möglichst dichte und eindeutige Aussagen zu treffen. Die deutsche Sprache erlaubt beispielsweise Komposita, die dann oftmals als Wortungetüme wahrgenommen werden (z. B. Gleichspannungsquelle, Magnetfeldänderungen, Wärmeleitfähigkeitskoeffizient, Desoxyribonukleinsäure). Auf der Textebene kommen gehäuft verkürzte Nebensatzkonstruktionen vor und es werden komplexe Attribute anstelle von Attributsätzen verwendet, ebenso erweiterte Nominalphrasen und die unvermeidliche Verwendung von Passiv und Passiversatzformen. Es handelt sich dabei um die sprachlichen Merkmale der konzeptionellen Schriftlichkeit (▶ Tab. 1.2).

Morphologische Besonderheiten der Fachsprache:

- substantivierte Infinitive/in Substantive umgewandelte Verben (z. B. »das Hobeln«, »das Fräsen«, »das Schleifen«);
- Substantive/Hauptworte auf -er (z. B. Fahrer, Dreher, Zeiger, Zähler, Schwimmer, Rechner);
- Adjektive auf -bar, -los, -reich, -arm, -frei, -fest usw. (z. B. brennbar, nahtlos, vitaminreich, sauerstoffarm, rostfrei, säurefest usw.);
- Adjektive mit dem Präfix/vorangestellten »nicht« (z. B. »nicht leitend«, »nicht rostend«);
- mehrgliedrige Komposita/zusammengesetzte Begriffe/Substantive (z. B. »Zylinderkopfmutter«);
- Zusammensetzungen mit Ziffern, Buchstaben und Sonderzeichen (z. B. »T-Träger«, »60-Watt-Lampe«, »U-Rohr«);
- sog. Mehrwortkomplexe (z. B. »elektronische Datenverarbeitung«, »Flachkopfschraube mit Schlitz«);
- Wortbildungen mit und aus Eigennamen (z. B »galvanisieren«, »röntgen«, »Bunsenbrenner«, »Ottomotor«);
- fachspezifische Abkürzungen (z. B. »DGL« für Differenzialgleichung).

Syntaktische Besonderheiten der Fachsprache:

- sog. Funktionsverbgefüge (z. B. »in Angriff nehmen«, »Anwendung finden«, »in Betrieb nehmen«);
- Nominalisierungen (z. B. »die Instandsetzung der Maschine«, »der Überführungsvorgang«);
- erweiterte Nominalphrasen und Satzglieder anstelle von Gliedsätzen (z. B. »nach der theoretischen Vorklärung«, »beim Abkühlen des Materials«);

- komplexe Attribute anstelle von Attributsätzen (z. B. »das auf der Achse festsitzende Stirnrad«, »der vorfristig beendete genehmigungspflichtige Vorgang«);
- bestimmte, bevorzugt genutzte Nebensatztypen (z. B. Konditionalsätze, Finalsätze und Relativsätze);
- bestimmte, bevorzugt genutzte Verbkonstruktionen (z. B. 3. Person Singular/Plural, Indikativ Präsens, bestimmte Passiv-Formen wie z. B. Vorgangs- und Zustandspassiv, Imperative);
- unpersönliche Ausdrucksweise (z. B. »Man nimmt dazu ...«; »Strahlungen lassen sich schwer nachweisen.«, »Mit dem Festzurren erübrigt sich die Kontrolle.«).

Der Fachsprache wird Exaktheit zugesprochen mit der Behauptung die Begriffe seien klar und eindeutig. Beim Blick in die Geschichte der naturwissenschaftlichen Begriffe kommt daran jedoch Zweifel auf. Im Rahmen der Kolumnenreihe »Altlasten der Physik« (Hermann & Job, 2003, 2012, 2020) schreibt Hermann in einem Beitrag zur Exaktheit der Fachsprache: »Die Fachsprache ist weniger exakt, als man gemeinhin glaubt. Die Bedeutung von Fachausdrücken verändert und entwickelt sich genauso wie die Bedeutung von Ausdrücken der Umgangssprache« (Hermann, Job, Schwarze 2020, S. 19). Dazu bringt Hermann viele überzeugende Beispiele für Begriffe, die traditionell von Generation zu Generation gelernt und benutzt werden, wobei sich im Laufe der Zeit die Bedeutung verschoben hat. Die Begriffe bleiben, aber die Semantik hat sich verändert. Die semantischen Veränderungen werden am Energiebegriff kurz verdeutlicht:

Die aristotelische Vorstellung von der energeia als »Akt und Potenz« reicht über die Scholastik bis in die Mitte des 17. Jahrhunderts und wird durch Untersuchungen u. a. von Huygens als »unzerstörbare Größe der Bewegung« im Sinne des heutigen Begriffs Impuls gedeutet. Untersuchungen von Leibniz um 1686 verwiesen auf mv^2 Größe als das wahre Maß für die Größe der Bewegung, die er »lebendige Kraft« im Sinne des heutigen Begriffs kinetische Energie nannte. Vorangetrieben durch die Entwicklung der Dampfmaschine entwickelten sich in der Mitte des 19. Jahrhunderts neue Vorstellungen von der Energie, basierend auf der Feststellung, dass Wärmeenergie bei vielen Prozessen die Ursache für eine Bewegung ist. 1841 veröffentlichte Robert Mayer die Idee der Energieerhaltung. (Etwa zeitgleich wurde die Idee auch von anderen Naturforschern formuliert.). Clausius formulierte den 2. Hauptsatz und unterschied somit die Begriffe Entropie und Energie. Schließlich formulierte Einstein die Äquivalenz von Masse und Energie in der berühmt gewordenen Formel $E=mc^2$. Die hier sehr grob gezeichnete Entwicklungslinie zeigt die gravierenden konzeptionellen und semantischen Verschiebungen, die mit dem Energiebegriff einhergehen.

Nach den bisherigen Ausführungen ist die Fachsprache durch die morphologischen und syntaktischen Besonderheiten charakterisiert, um der Forderung nach Exaktheit, Eindeutigkeit und Präzision weitestgehend nachzukommen: »Alles was sich aussprechen läßt, läßt sich klar aussprechen.« (Wittgenstein 1998, 4.116) Wer den Sachverhalt verstanden hat, vermag ihn in dieser Klarheit auszusprechen. Wer den Sachverhalt nicht verstanden hat, dem hilft auch die Klarheit des Satzes nicht weiter. Die klaren Sätze im Sinne Wittgensteins ist die Sprache des Verstandenen, nicht die Sprache des Verstehens. Die klaren Sätze nicht auch nur dann ein Kommunikationsmittel, wenn der Kommunikationspartner den Sachverhalt ebenfalls verstanden hat. Für Lernende auf dem Weg zum Verstehen sind klare Sätze didaktisch ungeeignet. Der Hörer bzw. Leser bestimmt, was klar ist. Klare Worte sind im Ohr des Hörers nicht zwingend klar: »Meine Sätze erläutern dadurch, dass sie der, welcher mich versteht, am Ende als unsinnig erkennt, wenn er durch sie - auf ihnen - über sie hinausgestiegen ist. (Er muss sozusagen die Leiter wegwerfen, nachdem er auf ihr hinaufgestiegen ist.) Er muss diese Sätze überwinden, dann sieht er die Welt richtig« (Wittgenstein 1998, 6.5.4). Damit drückt Wittgenstein aus, dass die Begriffsbildung und das Begriffsverständnis von jedem selbst erschaffen (konstruiert) werden muss und dass das Gehörte und Gelesene lediglich dem Konstruktionsprozess dient. Das bedeutet für die Begriffsbildung im Unterricht, dass nicht die Lehrperson, sondern die Lernenden bestimmen, was sie aus dem Angebot zur Begriffsbildung machen.

Die Begriffsbildung und das Begriffsverständnis im Allgemeinen und damit auch der Begriff Fachsprache unterliegen einem historischen Prozess. Ein Begriff steht nie allein, sondern ist eingebunden in ein Begriffsnetz (vgl. ▶ Kap. 3.3 und Abb. 3.14). Beim Begriffslernen wird das semantische Lexikon erweitert (= Wortschatzerweiterung), verändert und korrigiert (= semantische Modellierung). Die abstrakte Seite des dabei entstehenden Begriffsnetzes entfremdet sich von der anthropomorphischen Welt und ist für Nietzsche die »Begräbnisstätte der Anschauungen«:

> Wie die Biene zugleich an den Zellen baut und die Zellen mit Honig füllt, so arbeitet die Wissenschaft unaufhaltsam an jenem großen Kolumbarium der Begriffe, der Begräbnisstätte der Anschauungen, baut immer neue und höhere Stockwerke, stützt, reinigt, erneut die alten Zellen und ist vor allem bemüht, jenes ins Ungeheure aufgetürmte Fachwerk zu füllen und die ganze empirische Welt, das heißt die anthropomorphische Welt, hineinzuordnen. (Nietzsche, 2018/1873, 2. Teil, 2. Satz)

Anthropomorphisch, die menschliche Gestalt betreffend, ist der Satz »Der Tee ist zum Trinken noch zu heiß« mehr wert als der Satz »Die Temperatur des Tees beträgt 51,75°C«, da letzterer in Nietzsches Sinne die Anschauung begräbt. Eindeutigkeit und Präzision sind kein Wert an sich, können sogar kommunikativ kontraproduktiv sein. Die Alltagskommunikation ist meistens situations- und erfahrungsgebunden und die Sprache ist oft vage. Die Vagheit ermöglicht nämlich die Anbindung an die Anschauung und die menschlichen Erfahrungen und damit eine gelingende Kommunikation. Dieser Gedanke wird im Zusammenhang mit der Unterrichtssprache, der Sprache des Lehrens und Lernens, aufgegriffen.

Roelke sieht in der Diskussion zum Begriff Fachsprache drei Entwicklungsstränge.

1. Im systemlinguistischen Inventarmodell (seit etwa 1930) werden Fachsprachen als Zeichensysteme aufgefasst mit den Merkmalen terminologische Exaktheit und Eindeutigkeit, syntaktische und textuelle Explizitheit und Komplexität.

2. Das pragmalinguistischen Kontextmodell (seit den 1990er Jahren) versteht Fachsprachen als schriftliche oder mündliche Textäußerungen in ihren konkreten Verwendungszusammenhängen.
3. Das kognitionslinguistische Funktionsmodell (seit den 1990er Jahren) versteht Sprache nicht als autonomes Modul des menschlichen Gehirns, sondern als Teil allgemeiner kognitiver Fähigkeiten. Danach sind Fachsprachen in ihren fachkommunikativen Funktionen (Abstraktion, Konkretion, Kategorisierung, Assoziation, Dissoziation, Wissenstransfer, …) zu beschreiben. Der postulierte Zusammenhang zwischen Syntax und Semantik verweist auf den engen Zusammenhang sprachlicher Bedeutungen mit den konzeptuellen Denkstrukturen. Das ist für das Lernen der Fachsprache von großer Bedeutung (Roelke, 2019).

Sowohl im pragmalinguistischen Kontextmodell als auch im kognitionslinguistischen Funktionsmodell richtet sich Blick auf den Verwendungszusammenhang und auf die kommunikative Funktion der Fachsprache. Damit verwischt sich die Grenze zwischen Fachsprache und Bildungssprache. Grenzverwischungen zwischen Bildungssprache und Unterrichtssprache tun sich ebenfalls auf.

Der Fachsprache bzw. Bildungssprache werden folgende Funktionen zugesprochen (Morek & Heller, 2012, S. 6):

1. Kommunikative Funktion: Fach- und Bildungssprache als Medium von Wissenstransfer
2. Epistemische Funktion: Fach- und Bildungssprache als Werkzeug des Denkens und Erkennens
3. Sozialsymbolische Funktion: Fach- und Bildungssprache als Eintritts- und Visitenkarte

Diese Funktionen kennzeichnen den unterrichtlichen Diskurs und werden im Unterricht nicht hinreichend getrennt und differenziert. Vorherrschend ist die kommunikative Funktion der Bildungssprache, um Wissen zu transferieren und zu konstruieren. Der Wissensinput über Medien und Kommunikationspartner im Sinne der Instruktion führt durch eigene Auseinandersetzung mit dem Input zur Wissenskonstruktion. Wie der Wissensinput lernwirksam gestaltet sein muss, damit eine erfolgreiche Wissenskonstruktion stattfinden kann, wird in späteren Kapiteln (▶ Kap. 5.1 und Kap. 5.4) näher betrachtet.

Die epistemische Funktion der Bildungssprache heben Vollmer und Thürmann in ihrer Definition hervor. »Ausdruck jener sprachlichen bzw. kommunikativen Anforderungen in fachlichen Lernkontexten, hinter denen sich komplexe Herausforderungen in der Verwendung von Sprache als kognitivem Werkzeug verbergen« (Vollmer & Thürmann, 2010, S. 110). Das verweist auf den engen Zusammenhang von Denken und Sprache (▶ Kap. 1.6): »Bildungssprache muss also nicht nur als Kommunikationsmedium und Werkzeug des Denkens betrachtet werden, sondern auch in seiner Funktion als Mittel der sozialen Positionierung innerhalb von Kommunikationssituationen« (Morek & Heller, 2012, S. 12) Der Status einer lehrenden wie lernenden Person, ihr Ansehen, die Zuschreibung fachlicher Autorität und fachlicher Kompetenz hängen stark von der Qualität der verwendeten Bildungssprache ab. Bildungssprache kann für Lehrende wie Lernende auch ein Mittel zum Ausdruck von Identität und ihrer Selbstpositionierung sein.

Die allgemeinen fach- und bildungssprachlichen Besonderheiten stellen sich in den jeweiligen Fächern fachspezifisch dar.

Beispiel: Sprache in der Biologie und im Biologieunterricht

Zur Sprache im Biologieunterricht gibt es etliche Untersuchungen, die alle ein einheitliches Bild bezüglich des Begriffsbestandes zeichnen:

- Die Biologen haben das umfangreichste Begriffssystem unserer Kultur entwickelt (Riedl, 1987).
- Fast alle Biologieschulbücher enthalten viel mehr Fachbegriffe als vergleichbare Werke anderer Unterrichtsfächer (Graf, 1989).
- Die durchschnittliche begriffliche Überschneidung zwischen zwei beliebigen biologischen Themen liegt nur etwa bei 30 % (Graf & Berck, 1993, S. 24).

Graf (Graf, 2015, S. 166) zeigt am Beispiel »Nährstoffe« auf, dass biologische Begriffe in verschiedenen Disziplinen unterschiedlich verwendet werden:

- Physiologie: diejenigen Stoffe, die als Bau- und Betriebsstoffe dienen können, also Kohlenhydrate, Fette und Proteine.
- Ökologie: diejenigen Stoffe, die eine Pflanze zum Überleben benötigt oder Mineralstoffen.
- Biologie: »Nährstoffe, i. w. S. die in der Nahrung vorhandenen, energiereichen Verbindungen wie Kohlenhydrate, Fette und Proteine, i. e S. Mineralstoffe, Kohlenstoff, Sauerstoff und Wasserstoff (Nährelemente)« (Kompaktlexikon, 2002, Band 2, S. 357 zitiert nach Graf, 2015, S. 166).

Die Biologie kennt wie jedes andere Fach Homonyme und Synonyme, die den Lernenden Verstehensprobleme bereiten. Homonyme sind Wörter, die gleich klingen, aber eine unterschiedliche Bedeutung haben. Das heißt, dass ein Wort für mehrere Dinge stehen kann. Synonyme sind Wörter mit annähernd gleicher Bedeutung, die miteinander austauschbar sind (▶ Tab. 2.1).

Tab. 2.1: Beispiele für Homonyme (zitiert aus Graf, 2015, S. 167; mit freundlicher Genehmigung des Verlag Klaus Seeberger)

Terminus	Biologische Verwendung	Alltagsverwendung
Amboss	Teil des Mittelohrs	Schmiedewerkzeug
Art	Fortpflanzungseinheit	Charakteristische Eigenschaft
Blatt	Pflanzenorgan	Zeitung, Zeitschrift; rechteckiges Papier

Tab. 2.1: Beispiele für Homonyme (zitiert aus Graf, 2015, S. 167; mit freundlicher Genehmigung des Verlag Klaus Seeberger) – Fortsetzung

Terminus	Biologische Verwendung	Alltagsverwendung
Blume	Krautige Pflanze mit auffälliger Blüte	Bukett
Gewebe	Zellverbände	Textil
Griffel	Teil des Stempels	Stift
Hammer	Teil des Mittelohrs	Werkzeug
Kloake	Gemeinsamer Ausgang von Darm, Harnblase und Geschlechtsorganen	Abzugskanal für Abwässer
Königin	Fortpflanzungsfähige Biene	Staatsoberhaupt
Organ	Körperteil mit einheitlichen Funktionen	Laute Stimme; Körperschaft; Zeitung, Zeitschrift

Beispiele für Synonyme

- »Cyme; Cymus; Zyma; Zyme; Zymus; cymöser Blütenstand; zymöser Blütenstand
- Fresspolyp; Nährtier; Gasterozoid; Gastrozooid; Autozooid; Trophozoid
- Trophieebene; Trophieniveau; Trophiestufe; trophische Stufe; trophische Ebene; trophisches Niveau
- Fressfeind; Jäger; Prädator; Raubtier; Räuber; Raubfeind
- Adaptationsphase; Adaptionsphase; Anlaufphase; Inkubationsphase; lag-Phase; Latenzphase
- Citrat-Zyklus; Citratcyclus; Citronensäurecyclus; Krebs-Cyclus; Tricarbonsäure-Cyclus; Tricarbonsäure-Zyklus; Zitrat-Zyklus; Zitratcyclus; Zitronensäurezyklus
- Desxoyribonucliensäure, Desxoxi ribonukliensäure, deoxy ribonucleic acid, DNA, DNS
- Procaryoten, Procaryonten, Prokaryoten, Prokaryonten, Spaltpflanzen, Schizophyta
- Kronblatt, Blütenblatt, Blütenkronblatt, Blumenblatt, Blumenkronblatt, Petale
- Chloroplast, Chlorophyllkorn, Chlorophyllkörnchen, Chlorophyllkörper, Chlorophyllkörperchen, Blattgrünkorn, Blattgrünkörnchen, Blattgrünkörper, Blattgrünkörperchen« (Graf, 2015, S. 166)

Daraus sind für den sprachsensiblen Fachunterricht Konsequenzen zu ziehen:

- Begriffe sollten auf die notwendigen und unverzichtbaren begrenzt werden.
- Ein Begriff sollte in einer Lerngruppe über längere Zeit hinweg einheitlich verwendet werden.

- Synonyme sollten, nachdem sich der Begriff im semantischen Lexikon der Lernenden verfestigt hat, eingeführt und gebraucht werden, aber deren Gebrauch sollte auch metareflexiv bewusst gemacht werden.

Beispiel: Sprache in der Chemie und Physik und im Chemie- und Physikunterricht

Wie in allen anderen Wissenschaften auch, definieren die Chemie und die Physik ihre Sprachwelt selbst, bzw. deren Sprachwelt wird über die Jahrhunderte hinweg in der wissenschaftlichen Gemeinschaft ausgehandelt. Dadurch entsteht eine Begriffs- und Sprachtradition, die Formel- und Symbolsprache (Reaktionsgleichungen, Hamilton-Operator, Maxwell-Gleichungen, ...) eingeschlossen, die einen hermetisch geschlossenen Sprachkorpus darstellt. Dieser ist standarisiert und die Aneignung der Sprache ist das Eintrittstor in die Chemie bzw. Physik als Wissenschaft. Daraus erwächst eine Lehrtradition, in welcher die begrifflichen und sprachlichen Besonderheiten von einer Generation zur nächsten weitergegeben werden. Das schafft einerseits Internationalität und Intergenerationalität, andererseits hat es für den Lernenden als Novizen den Charakter einer Sprachbastion, die eingenommen werden muss, indem man die hohen Sprachmauern überwindet. Genau darin liegen die Sprachprobleme und Sprachhürden. Die Sprachaneignung ist eng verbunden mit der Aneignung von Denkkonzepten und von Fachmethoden (z. B. Experimentiermethoden, Deduktion, Induktion, ...). Dementsprechend weicht die Sprachverwendung von der im Alltag ab:

- »Eine Kraft wirkt auf.« (Kraftkonzept)
- »Energie strömt von A nach B.« (Energiekonzept)
- »Nach einem Brand ist alles weg, es bleibt lediglich Asche zurück« vs. »Die Atome bleiben erhalten und werden nur umgruppiert« (Vernichtungskonzept im Alltag vs. Umwandlungskonzept in der Chemie).
- »Bei den Säure-Base-Reaktionen kommt es zu einer Protonenübertragung« (Donator-Akzeptor-Konzept).

Die umfangreiche Schülervorstellungsforschung in den Fächern Chemie und Physik hat Fehlvorstellungen und Misskonzepte zutage gefördert, die in der Sprache ihren Ausdruck finden. Didaktisch kann Sprachlernen vom Fachlernen – hier Konzeptlernen – nicht getrennt werden. Die fehlende Klarheit auf welcher Ebene (Phänomenebene, Stoffebene, Teilchenebene) gedacht und argumentiert wird, bedingt Fehlverstehen und in der Folge davon auch Sprachfehler. Umgekehrt werden durch sprachliche Unschärfen, etwa einen laxen Jargon, hausgemachte Fehlvorstellungen provoziert (z. B. »Wasser enthält Sauerstoff und Wasserstoff.«, »Strom fließt durch das Kabel vom Pluspol zum Minuspol.«). Nur einem Unterricht, der Klarheit im Denken schafft, gelingt auch die begriffliche Klarheit.

Die Eigenart chemischer und physikalischer Begriffsbildung ist folgendermaßen charakterisiert. Chemische und physikalische Begriffe:

- bezeichnen häufig etwas Abstraktes (Atom, Kern, chemische Bindung, elektrisches Potenzial), das den Sinnen nicht zugänglich ist und ein theoretisches Konstrukt darstellt und das nur im Rahmen der Theorie sinnstiftend ist;
- stehen wie in anderen Fächern auch oft für Konzepte (Energie, Teilchen, Mikroobjekte, Raum, Zeit, …) für die sich Erscheinungen in der Welt der Phänomene finden lassen, die mit dem Begriff in Zusammenhang stehen, ihn jedoch nicht konstituieren, denn der Begriff ist ein theoretisches Konstrukt;
- entstammen darüber hinaus nicht selten der Alltagssprache (z. B. Kraft, Spannung, Stoff, Energie, Wärme, Gleichgewicht, Reaktion, …) und werden deswegen als bekannt und vertraut begriffen und werden nicht als Begriffe erkannt, die im Fachkontext anders definiert sind (z. B. Gleichgewicht als dynamischer und nicht als statischer Zustand, Kraft als Wechselwirkungsgröße und nicht als mengenartige Größe);
- werden in der Alltagssprache und in der Fachsprache genutzt und haben unterschiedliche metaphorische oder semantische Bedeutungen (z. B. »Die Lampe brennt.« vs. «Der Glühfaden leuchtet. Führte man Sauerstoff zu, würde er verbrennen.«);
- sind in ein verzweigtes Begriffsnetz eingebunden, dem meistens ein chemisches oder physikalisches Formelnetz korrespondierend unterlegt ist;
- unterliegen in ihrer Semantik einem zeitlichen Wandel, z. B. Energiebegriff, Kraftbegriff, Atombegriff, Redoxbegriff im 18. Jahrhundert unterscheiden sich von dem heutigen;
- sind in der Regel kulturunabhängig, da das zugrundeliegende Denkkonzept universell ist. Der physikalische Energiebegriff wird in der internationalen Fachgemeinde gleich verstanden, es bedarf lediglich einer Übersetzung in die jeweilige Landessprache. Demgegenüber sind z. B. historische Begriffe wie der Demokratiebegriff oft in hohem Maße kulturabhängig.

Die morphologischen (Wortebene) und syntaktischen (Satzebene) Besonderheiten der Fachsprache Chemie bzw. Physik ist an anderer Stelle (Leisen, 2013b, Bd.1, S. 46-52) ausführlich beschrieben.
Die Schulbuchstudien (Bleichroth, Draeger & Merzyn, 1987; Merzyn, 1994, 1998) zeigen:

- Das Fachvokabular des naturwissenschaftlichen Unterrichts ist sehr umfangreich.
- Auf die einzelne Unterrichtsstunde bezogen werden im naturwissenschaftlichen Unterricht mehr neue Fachbegriffe gelernt als im Fremdsprachenunterricht neue Vokabeln gelernt werden.
- Rund 50 % der Fachbegriffe in einem Schulbuch werden nur ein einziges Mal benutzt.
- Die Schnittmenge gemeinsamer Begriffe in vergleichbaren Schulbüchern verschiedener Verlage ist klein.

Lesbarkeitsuntersuchungen ergeben, dass die Mehrzahl der naturwissenschaftlichen Schulbücher an das Lesevermögen höhere Anforderungen stellt als Sachbücher, die ein Schüler vergleichbaren Alters sonst liest (Bleichroth, Draeger & Merzyn, 1987). Entgegen aller Erwartung findet eine Anpassung der Sprache an unterschiedliche Schulformen und Schulstufen zu wenig statt (Merzyn, 1994).

2.2 Sprachhürden im naturwissenschaftlichen Unterricht

Die morphologischen (Wortebene) und syntaktischen (Satzebene) Besonderheiten der Fachsprache sind in (▶ Kap. 2.1) dargestellt und verantworten einen großen Teil der Sprachhürden im Fachunterricht. Sich auf die Morphologie und Syntax zu kaprizieren, reicht für die Bewältigung der Sprachhürden bei weitem nicht aus.

Beispiel

»Die Nase ist viel mehr als nur eine Eingangstür für unsere Atemluft. In ihr wird kalte Luft erwärmt, befeuchtet und von Staub und Bakterien gereinigt, bevor sie in die Lunge gelangt. Dazu streicht sie an gut durchbluteten Schleimhäuten vorbei, auf denen viele feine Flimmerhärchen wachsen. Die filtern die Staubteilchen und Bakterien heraus und schieben sie zum Rachen, wo sie mit Speichel verschluckt werden.« (Lichtenberger, 2002, S. 148)

Worin liegen die Verstehenschwierigkeiten in dem Text? Oft werden diese in den Fachbegriffen vermutet und die Lehrkraft stellt die Frage »Welche Wörter kennt ihr nicht?« Die Schülerinnen und Schüler nennen dann in der Regel Fachbegriffe, wie Flimmerhärchen, Schleimhäute, …. Anschließend werden zeitraubende Klärungsversuche unternommen, oft durch ein bohrendes Fragen. Abgesehen von dem hohen Zeitverbrauch und dem bedingten Erfolg, wird eine weitere Botschaft mittransportiert. Den Schülerinnen und Schülern wird nämlich suggeriert, dass, wenn man alle Wörter in einem Text kennt, diesen auch verstehen würde. Das trifft jedoch nicht zu, wie aus Untersuchungen bekannt ist. Das wird bei genauer Betrachtung der Textstruktur deutlich.

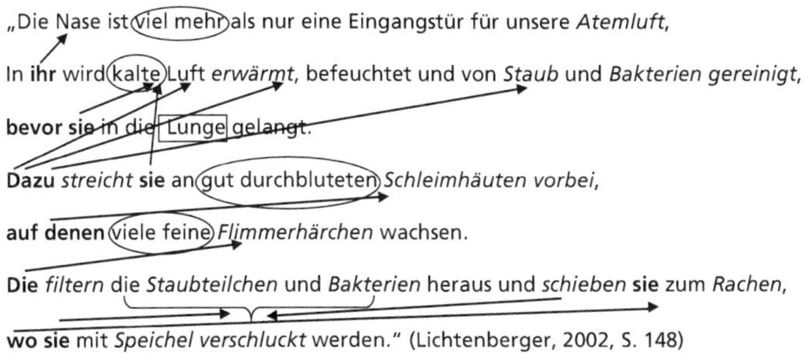

„Die Nase ist viel mehr als nur eine Eingangstür für unsere *Atemluft*,

In ihr wird kalte Luft *erwärmt*, befeuchtet und von *Staub* und *Bakterien* gereinigt,

bevor sie in die Lunge gelangt.

Dazu *streicht* **sie** an gut durchbluteten *Schleimhäuten vorbei*,

auf denen viele feine *Flimmerhärchen* wachsen.

Die *filtern* die *Staubteilchen* und *Bakterien* heraus und *schieben* **sie** zum *Rachen*,

wo sie mit *Speichel verschluckt* werden." (Lichtenberger, 2002, S. 148)

Abb. 2.1: Beispiel zur mentalen Rekonstruktion (vgl. Leisen, 2017, S. 44)

Das Beispiel zeigt, dass der Leser bei der Textrezeption umfangreiche mentale Rekonstruktionen von sprachlichen Verknüpfungen vornehmen muss.

So muss der Lesende verstehen,

- »ihr« bezieht sich auf die Nase, »sie« auf die Luft,
- »bevor« ist zeitlich zu lesen und bezieht sich auf den gesamten vorangegangenen Satz,
- »dazu« bezieht sich auf erwärmen, befeuchten und reinigen,
- »auf denen« bezieht sich auf die Schleimhäute,
- »die« auf die Flimmerhärchen,
- »sie« auf Staubteichen und Bakterien,
- »wo« ist örtlich zu lesen und bezieht sich auf den Rachen.

Darüber hinaus muss der Lesende »gut durchblutet« und «viele feine« als fachliche Bedingung interpretieren, da sonst der Reinigungseffekt gemäß dem Basiskonzept »Struktur und Funktion« nicht funktionieren würde.

Der Lesende muss syntaktische Bezüge herstellen und Vorwissen nutzen. Diese Bezüge erfordern hohe Gedächtnisleistungen. Das semantische Gedächtnis (vgl. ▶ Kap. 4.4) muss mit Vorwissen und dem mentalen Lexikon aktiviert werden, die sprachlichen Bezüge müssen vorgenommen werden, die langen Sätze und inhaltlichen Bezüge müssen im Arbeitsgedächtnis (vgl. ▶ Kap. 4.5) gespeichert werden und entsprechend den Partikeln und Abtönungswörtern müssen Einschränkungen und Erweiterungen vorgenommen werden. Das bringt das Arbeitsgedächtnis an seine Kapazitätsgrenzen und Verstehen ist ausgeschlossen. Das Beispiel zeigt, wie eng das Fachverstehen mit dem Sprachwissen und der Sprachkompetenz verbunden sind. Fachlernen und Sprachlernen bedingen einander.

Die Verstehens- und Formulierungsschwierigkeiten liegen weniger in den Fachbegriffen, sondern mehr in der mangelnden Vertrautheit mit grammatischen Wörtern,

- die Begriffe und Aussagen präzisieren (z. B. Adverbiale, Ergänzungen, Phrasen, ...),
- die den logischen Zusammenhang der Aussagen herstellen (z. B. Pronomen, Präpositionen, Konjunktionen, Modalverben),
- die auf Textstellen verweisen und miteinander verknüpfen, die lokale Kohärenz erzeugen (z. B. Rückwärtsbezüge, Vorwärtsbezüge, ...).

Das zentrale Ergebnis dieser Betrachtungen zeigt: Die Sinnkonstruktion, die mentale Rekonstruktion von sprachlichen Verknüpfungen, fällt den Lernenden schwer.

> **Empfehlungen für den Unterricht**
>
> Man lege den Lernenden einen kurzen Text vor, lasse die Fachbegriffe umrahmen, ziehe selbst beispielhaft (▶ Abb. 2.1) zwei Pfeile, die mentale Verweise visualisieren und umkreise ein Adverb/ Partikel/ Abtönung. Anschließend sollen die Schülerinnen und Schüler (SuS) selbst fortfahren. Mit dieser kurzen Übung werden die SuS für die mentale Rekonstruktion sensibilisiert und die Tür zur Metareflexion wird geöffnet.

2.3 Konkrete und abstrakte Begriffe – einfache und komplexe Sachverhalte

Sprachhürden entpuppen sich oftmals als fachliche Verstehenshürden und umgekehrt. Fachliches Nichtverstehen führen Lehrpersonen oft fälschlicherweise auf sprachliches Nichtverstehen und auf mangelnde Sprachkompetenz zurück. Umgekehrt kommt es vor, dass sie sprachliches Nichtverstehen als fachliches Nichtverstehen missdeuten. Lernende und Lehrende geraten in Gefahr, in die falsche Richtung zu laufen und dabei Zeit und Energie zu vergeuden.

Erhellend ist dabei die Unterscheidung zwischen »abstrakt« und »komplex« einerseits und »einfach – komplex« andererseits. »Konkret – abstrakt« und »einfach – komplex« sind Gegenpole. Konkret und abstrakt beziehen sich auf Begriffe und einfach und komplex beziehen sich auf Sachverhalte.

- Ein Begriff gilt als abstrakt, wenn der zugehörige Denkprozess den Realitätsbezug verlässt, verallgemeinert und auf das Wesentliche reduziert.
- Ein Sachverhalt gilt als komplex, wenn er vielschichtig, verflochten, unübersichtlich, weitläufig, multifaktoriell und mäßig strukturiert ist.

Beispiel

Der Weg der Atemluft

Atmet man durch die Nase ein, strömt die Luft an den Nasenhärchen und der gut durchbluteten, feuchten Nasenschleimhaut vorbei in die ebenfalls mit Schleimhaut ausgekleidete Nasenhöhle. Dabei wird die Luft gefiltert, erwärmt und angefeuchtet. Atmet man durch den Mund ein, gelangt die Luft direkt in die Rachenhöhle und von dort über den Kehlkopf in die Luftröhre.

Der Kehlkopf mit dem Kehldeckel verschließt die Luftröhre, einen ca. 10 cm langen knorpeligen Schlauch. Sie verzweigt sich am unteren Ende in die beiden Bronchien und leitet die Luft in den rechten und linken Lungenflügel.

Die Bronchien verzweigen sich weiter zu Bronchiolen, die in den Lungenbläschen enden. Sie werden von feinen Blutgefäßen umsponnen, den Kapillaren. Hier findet der Gasaustausch statt: Sauerstoff tritt aus der eingeatmeten Luft in das Blut über, Kohlenstoffdioxid geht aus dem Blut in die Lungenbläschen und wird wieder ausgeatmet. (Zentrum für Schulqualität und Lehrerbildung, o. J., S. 3)

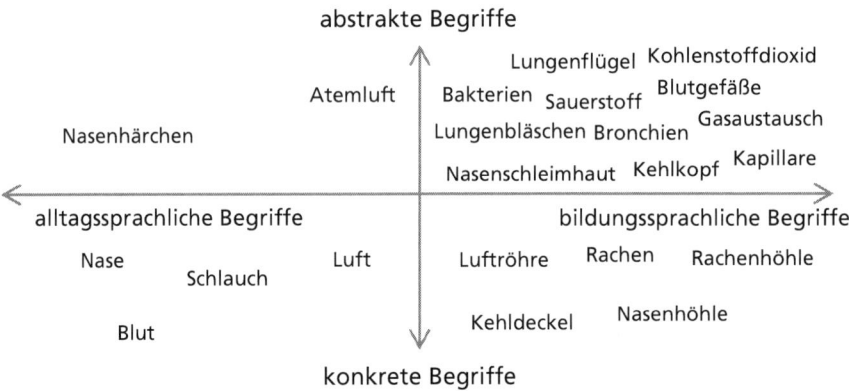

Abb. 2.2: Vier-Felder-Tafel zum Beispieltext »Der Weg der Atemluft«

Abstraktes Denken geht in die »Tiefe« und komplexes Denken geht in die »Breite«. Mittels der Vier-Felder-Tafel (▶ Abb. 2.2) kann das Anspruchsniveau eines Textes in Bezug auf die Tiefe und mittels eines Begriffsnetzes (▶ Abb. 2.3) kann die Komplexität eines Textes in Bezug auf die Breite visualisiert werden.

Forschungen belegen die Bedeutung des Wortschatzes für das Textverstehen (vgl. dazu Härtig & Kohnen, 2017; Schaffner & Schiefele, 2013). Mit dem Umfang des Wortschatzes nimmt die Vielfalt der Begriffsvernetzung zu. Je mehr Wörter ein Lernender kennt, umso einfacher ist es, neue dazuzulernen. Begriffe sind nicht isoliert im Gedächtnis gespeichert, sondern in einem Begriffsnetz, dem sogenannten semantischen Lexikon. Das semantische (mentale) Lexikon beschreibt die Art und Weise, wie das Gehirn den Wortschatz und die Bedeutung der einzelnen Wörter organisiert. Der Bildungssprache als kognitivem Werkzeug kommt die Aufgabe zu, Wissen in der Tiefe und in der Breite zu erweitern.

2.3 Konkrete und abstrakte Begriffe – einfache und komplexe Sachverhalte

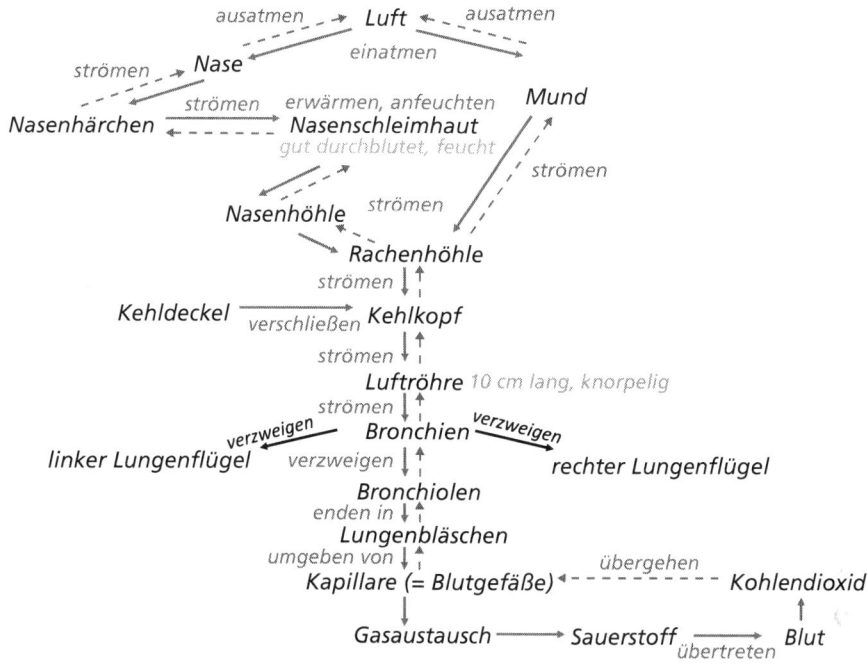

Abb. 2.3: Begriffsnetz zum Beispieltext »Der Weg der Atemluft«

Empfehlungen für den Unterricht zur Wortschatzerweiterung in der Tiefe von konkret zu abstrakt:

- Narrative Situationen sind geeignet zur Erweiterung des Wortschatzes konkreter Begriffe.
- Man schaffe konkrete Sprechanlässe durch konkrete Fälle, Bilder, Videos, Spielsituationen, Handlungssituationen, Dialoge, …
- Man ermögliche geschützte Spracherräume (Murmelphasen, Partnergespräche, …), die mit Sprachhilfen (Methoden-Werkzeuge) unterstützt werden.
- Abstrakte Begriffe führe man auf einem soliden Fundament konkreter Begriffe durch bildungssprachliche Überformung (Bildungssprachbad der Lehrkraft) ein und übe dieselben.

Empfehlungen für den Unterricht zur Wortschatzerweiterung in der Breite von einfach zu komplex:

- Man erweitere einfache Sätze behutsam durch Adjektive, Adverbien, Attribute, Partikel, Ergänzungsphrasen, … sprachlich (▶ Kap. 3.2).
- Man biete ein sprach- und denkerweiterndes mündliches und schriftliches Sprachbad an.
- An einen anspruchsvollen Text füge man Worterklärungen (Glossar) an.

- Einfache Lehrersprache überforme man in Schleifen bildungssprachlich komplexer (komplexeres Bildungssprachbad der Lehrperson).

Die Wortschatzerweiterung ist eine Verpflichtung im sprachbildenden Unterricht und eine notwendige Bedingung dafür, dass abstraktes Denken in die »Tiefe« und komplexes Denken in die »Breite« gehen kann.

2.4 Die Sprachhürden der DaZ-Lernenden

In der deutschen Sprache können selbständige Wörter unterschiedlicher Wortart zu einem neuen Wort kombiniert (Wortzusammensetzung, Kompositum) werden. In der Fachsprache kommen Komposita häufig vor, da mit ihnen Gegenständige und Sachzusammenhänge präziser und zugleich eindeutiger benannt werden können. Das Kompositum entsteht durch die Zusammensetzung des Grundwortes, welches auch die Wortart und den Artikel bestimmt, mit einem Bestimmungswort, das das Grundwort spezifiziert.

Tab. 2.2: Kompositabildung

Grundwort	Bestimmungswort	Kompositum
das Pfand (Nomen)	das Glas (Nomen)	das Glaspfand (Nomen)
das Glas (Nomen)	das Pfand (Nomen)	das Pfandglas (Nomen)
bruttosozial (Adjektiv)	das Produkt (Nomen)	das Bruttosozialprodukt (Nomen)
der Gast (Nomen)	fahren (Verb)	der Fahrgast (Nomen)
wider (Präposition)	der Spruch (Nomen)	der Widerspruch (Nomen)

Es gibt keine für alle Fälle gültige Strategie, um Wortbedeutungen von Komposita zu erschließen, wie das folgende Beispiel zeigt.

Beispiele

Lehmboden = Boden aus Lehm
Fußboden = Boden, auf dem man mit den Füßen steht
Holzboden = (Fuß)Boden(belag) aus Holz
Dachboden = Raum unter dem Dach
Tortenboden = flacher gebackener Mürbe- oder Biskuitteig, der mit Obst belegt wird

Erdboden = anderes Wort für Erdoberfläche oder Begriff aus der Bodenkunde
Hosenboden = Setz dich auf den Hosenboden = streng dich an

Der Fachlehrkraft sei empfohlen, sich nicht in die Besonderheiten der Grammatik verwickeln zu lassen. Vielmehr sollten die Begriffe im Kontext gelernt und verwendet werden (▶ Kap. 3.3 Sprachschatzerweiterung im Unterricht). Die fachlich begründete Zerlegung von Komposita hingegen dient dem Verstehen.

Beispiel

die Desoxyribonukleinsäure *(DNA)*

- Desoxy = ohne Sauerstoff
- Ribose = Zucker mit fünf C-Atomen
- Nukleinsäure = Makromolekülkette abwechselnd aus Einfachzucker und Phosphorsäureester

Sprachhürden liegen auch häufig in der mangelnden Beachtung der Abtönungswörter (Partikel/Adverbien).

Beispiele

- Er kann durchaus / eigentlich lesen.
- Wie spät ist es denn?
- Können Sie denn nicht lesen?
- Wohnen Sie denn schon lange hier?
- Er hat ... halt / eben / bloß / ja / gar / aber / überhaupt / eh / wohl ... keine Lust.

Die Abtönungswörter in der semantischen Verwendung zu erkennen, erfordert eine hohe Sprachkompetenz, die von DaZ-Lernenden nicht erwartet werden kann. Da die Abtönungswörter in der Fachsprache tendenziell selten vorkommen, ist diese Sprachhürde für den Fachunterricht nicht so bedeutsam.

Besondere Hürden der DaZ-Lernenden, der Erstsprache nicht Deutsch ist:

- Fremdwörter (Contenance, Enfant terrible, Obolus)
- zusammengesetzte Wörter (Bevölkerungsdiagramm, kleinlaut)
- Nominalphrasen (das von uns besichtigte Gebäude am Stadtrand)
- Präpositionalphrasen (bei geschlossenem Stromkreis)
- trennbare Verben (vorübergehen, abnehmen, anmieten)
- Verben deren Bedeutung durch eine Vorsilbe verändert wird (übernehmen, vernehmen, benehmen, abnehmen, auseinandernehmen, anmieten, vermieten)
- mehrdeutige Wörter (Futter: Kleidung/Tier)
- Ausdrücke der Wahrscheinlichkeit (bestimmt, vermutlich)
- alltägliche Metaphern (fließen: Geld/ Wasser/ Informationen)
- Mehrworteinheiten (sich beschäftigen mit/ über alle Maßen)

- gebräuchliche Wortkombinationen (lichterloh + brennen, Vertrag + abschließen/ verlängern/ kündigen, zur Geltung + kommen)
- Verben, die Fakten ausdrücken (wissen, sehen, bemerken)
- Verben, die Fakten in Frage stellen (vermuten, sagen, denken)
- Idiome (sich ein Bein ausreißen)
- Ausdrücke der Größe oder des Umfangs (enorm, völlig, umfangreich, ganz)
- Wörter, die Gedanken verknüpfen (durch, wegen, sonst, sogar, deshalb, bevor)

Aus der täglichen Unterrichtsarbeit sind den Fachlehrkräften die nachfolgenden Sprachprobleme bestens bekannt:

- die Lerner vermischen Alltags- und Fachsprache;
- sie suchen nach (Fach-)Begriffen;
- sie verfügen über einen begrenzten (Fach-)Wortschatz;
- sie geben einsilbige Antworten und vermeiden ganze Sätze;
- sie sprechen unstrukturiert, holprig, unpräzise und können ihre Sätze nicht zu Ende führen;
- sie verwenden fachliche Sprachstrukturen nicht korrekt;
- sie sprechen und hören lehrerzentriert;
- sie wenden Vermeidungs- oder Ausweichstrategien an;
- sie vermeiden zusammenhängendes und diskursives Sprechen;
- sie haben Schwierigkeiten mit dem Lesen von Fachtexten.

Sprachprobleme dieser Art haben viele Lernende im Fachunterricht – und zwar unabhängig davon, ob es sich um Lerner mit Migrationshintergrund handelt oder nicht. Der Grund: Sprache im Fachunterricht richtig zu benutzen, war noch nie besonders einfach. Dies liegt u. a. daran, dass jede Fachsprache ihr spezifisches Vokabular hat und viele der dort vorgestellten Verfahren und Prozesse sprachlich sehr komplex ausgedrückt werden.

DaZ-Lernende, deren Erstsprache nicht Deutsch ist, haben doppelte Sprachhürden zu überwinden, nämlich zum einen die besonderen Hürden in der deutschen Alltagssprache und zum andern die Sprachhürden in der Bildungssprache.

Zusammenfassung

Sprachsensibel unterrichtende Personen müssen wissen, wo die Sprach- und Verstehenshürden in ihren Unterrichtsfächern liegen. Dazu gehört auch das Wissen über die Besonderheiten der Fachsprache im eigenen naturwissenschaftlichen Fach. Das Lernen abstrakter naturwissenschaftlicher Begriffe ist fast immer verbunden mit einem Konzeptwechsel. Das in der Didaktik der Naturwissenschaften gut beforschte Gebiet der »Schülervorstellungen« korrespondiert hier mit dem Begriffslernen im Fach. Die Komplexität eines Sachverhaltes kann in Begriffsnetzen visualisiert werden. Um Lernerfolge bei den DaZ-Lernenden zu ermöglichen, müssen die Lehrkräfte deren besondere Sprachhürden kennen, die in der Struktur der deutschen Sprache liegen.

3 Drei Wege im Umgang mit den Sprachhürden

Sprachbildung ist das Lernen der Bildungssprache. Sprachbewusster und sprachsensibler Unterricht hilft den Lernenden, die Sprachhürden erfolgreich zu überwinden. Dazu gibt es drei Möglichkeiten:

1. Defensives Vorgehen: Die Sprachhürden werden durch Sprachvereinfachung binnendifferenziert gesenkt.
2. Offensives Vorgehen: Die Sprachhürden bleiben, die Lernenden werden jedoch mit Sprachhilfen (Methoden-Werkzeuge) im Sinne des Scaffoldings unterstützt.
3. Stärkendes Vorgehen: Die Sprachhürden bleiben, jedoch wird der Wortschatz der Lernenden erweitert und sie lernen schrittweise Strategien, um langfristig die Sprachhürden selbstständig zu überwinden.

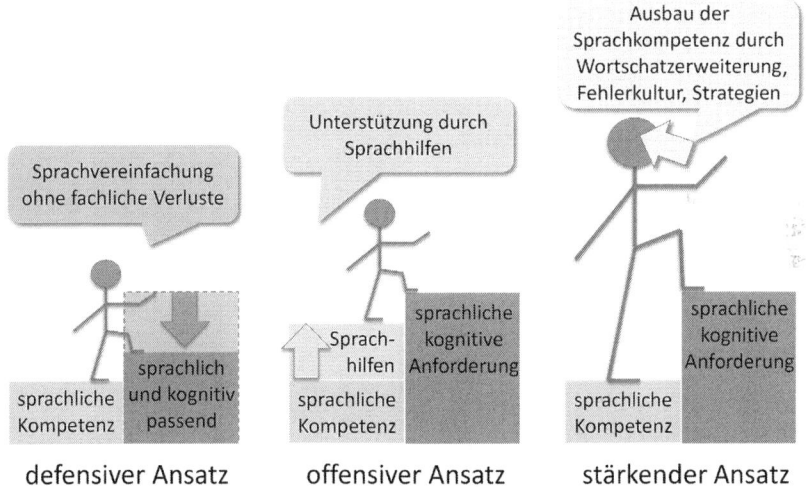

Abb. 3.1: Drei Ansätze zur Überwindung der Sprachhürden

Wenn im Sportunterricht ein Hürdenlauf durchgeführt wird und die Beine des Kindes sind zu kurz, um diese zu überwinden, dann hat die Sportlehrkraft hat drei Möglichkeiten: Sie kann die Hürden absenken (defensiv), vor die Hürden Sprungbretter legen (offensiv) oder die Kinder in den Sprungtechniken stärken (stärkend). Ganz analog ist das Vorgehen im Umgang mit den Sprachhürden.

3 Drei Wege im Umgang mit den Sprachhürden

DaZ-Lernende haben gleich doppelte Hürden zu überwinden, nämlich einmal eine kritische Schwelle in der Sprachkompetenz der deutschen (Alltags-)Sprache und zusätzlich die Sprachhürden im Bereich der Bildungssprache. Sprachbildung ist für alle Lernenden, Sprachförderung für Sprachschwache, u. a. für DaZ-Lernende.

An Wygotzkis Konzept der »Zone der nächsten Entwicklung« anknüpfend, wird das fundamentale Prinzip der kalkulierten Herausforderung für den sprachsensiblen Fachunterricht formuliert:

> Prinzip der kalkulierten Herausforderung: Die fachlichen und sprachlichen Anforderungen (= das Instruktionsniveau) liegen etwas über dem momentanen individuellen sprachlichen und fachlichen Können des Lernenden.

Das Prinzip wird an der Abbildung erläutert. Die rechte Treppe zeigt die fachlichen und sprachlichen Anforderungen an die Lernenden, wobei das Anspruchsniveau durch die Höhe der Treppenstufen symbolisiert wird. Die Beinlänge der Lernenden symbolisiere deren Kompetenzen. Einige Lernende sind außerstande die gestellten Aufgabenstellungen erfolgreich zu bearbeiten. Sie scheitern durch Überforderung und es findet kein Lernen statt. Senkt man wie im linken Bild dargestellt die Anforderungen derart, dass alle Lernenden die gestellten Aufgaben anstrengungslos bearbeiten, könnte sich deren Könnensbewusstsein als Könnensillusion herausstellen und es findet kein Lernen statt. Daraus ergibt sich folgerichtig die mittlere Abbildung. Lernen ist wirksam, wenn die Anforderungen so sind, dass der Lernende diese mit Anstrengung erfolgreich, aber nicht zwingend fehlerfrei, zu bearbeiten vermag. Die Aufgabenstellungen sind für jeden einzelnen Lernenden kalkuliert herausfordernd abgestimmt.

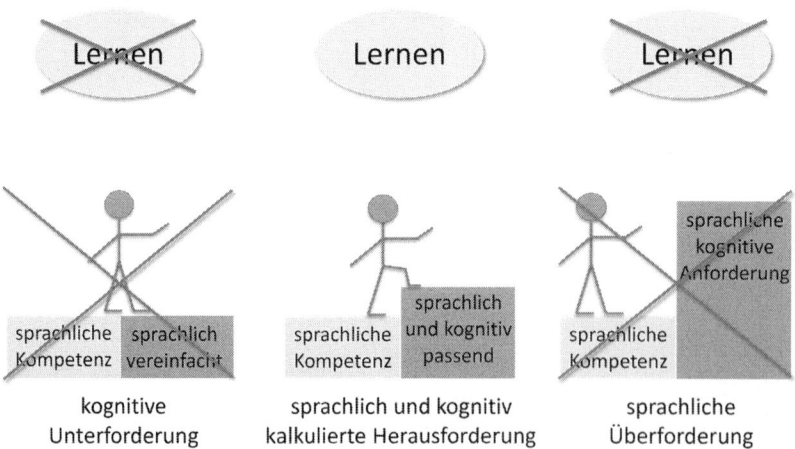

Abb. 3.2: Unterforderung; Überforderung und kalkulierte Herausforderung

Fraglos ist jede Lerngruppe hinsichtlich der sprachlichen Kompetenz heterogen. In der folgenden Abbildung werden die drei Wege im Umgang mit sprachlicher Heterogenität und der Umsetzung des Prinzips der kalkulierten Herausforderung dargestellt.

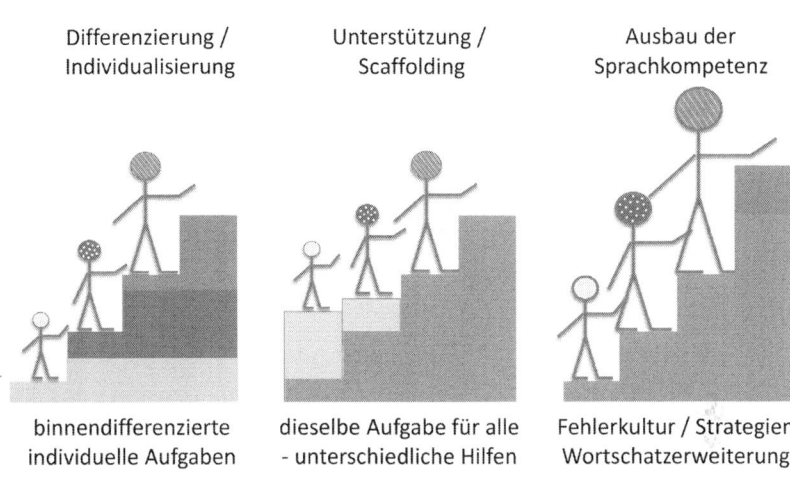

Abb. 3.3: Vorgehensweisen im Umgang mit der sprachlichen Heterogenität

Im Umgang mit Heterogenität gibt es folgende Vorgehensweisen:

1. Differenzierung/Individualisierung: Jeder Lernende erhält eine individuelle Aufgabe mit unterschiedlichen Anforderungen im Sinne des defensiven Ansatzes.
2. Unterstützung/Scaffolding: Alle Lernenden erhalten dieselben Aufgaben, aber mit unterschiedlichen Hilfen im Sinne des offensiven Ansatzes.
3. Ausbau der Sprachkompetenz: Alle Lernenden erhalten dieselbe Aufgabenstellung und erstellen Lernprodukte in heterogenen Lerngemeinschaften. Durch Fehlerkultur, Strategien (Lesestrategien, Schreibstrategien, ...) und durch Wortschatzerweiterung werden die Sprachkompetenzen im Sinne des stärkenden Ansatzes langfristig ausgebaut.

Alle Wege orientieren sich am Prinzip der »kalkulierten Herausforderung«: Lerner erhalten kalkuliert herausfordernde Aufgaben ggf. mit Hilfen, die sie mit Anstrengung erfolgreich (nicht zwingend fehlerfrei) bewältigen können.

Damit nicht der Eindruck entsteht, sprachbewusster und sprachsensibler Unterricht sei nur für die Sprachschwachen, wird die kalkulierte Herausforderung um ein weiteres Prinzip ergänzt:

> Heterogenisierung nach oben: Es wird nicht durch Absenkung der Anforderungen und des Niveaus nach unten homogenisiert, sondern durch anspruchsvolle Aufgaben für Leistungsstarke nach oben heterogenisiert. Gleichzeitig werden die Lernenden, die die Anforderungen nicht erfüllen, mit Methoden-Werkzeugen als Scaffolds unterstützt. Alle sollen auf ihrem Niveau besser werden.

Auch dieses Prinzip wird nachfolgend in der ▶ Abb. 3.4 veranschaulicht.

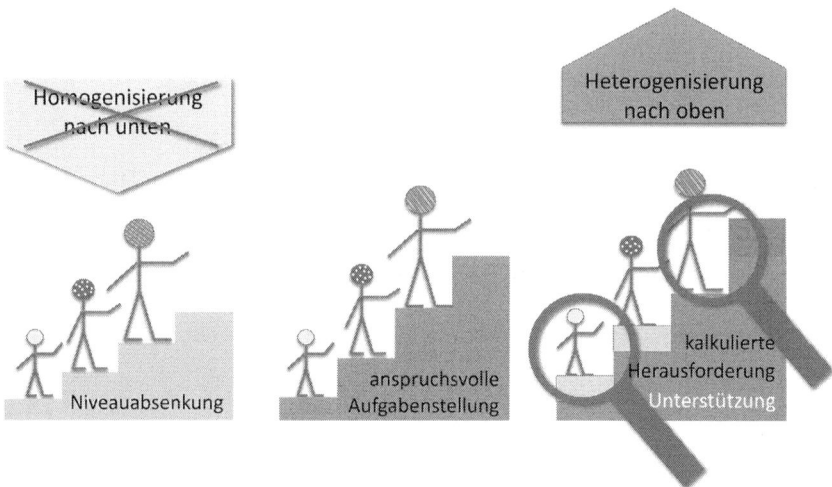

Abb. 3.4: Heterogenisierung nach oben

Eine Niveauabsenkung evoziert weder das Lernen noch wird sie der Heterogenität der Lerngruppe gerecht. Dieser Weg kommt einer »Homogenisierung nach unten« gleich, da alle die anspruchslosen Aufgaben erfolgreich bearbeiten. Auf der Oberfläche des Unterrichts täuscht die Beschäftigung vermeintlich Lernen vor, jedoch verbleiben die Lernenden auf einem Stand niedrigen Könnens. Um auch den Leistungsstärkeren gerecht zu werden, erhalten diese gemäß dem Prinzip der kalkulierten Herausforderung, Aufgaben, die sie mit Anstrengung bewältigen können. Jene, die die Aufgaben nicht schaffen, werden im Sinne des offensiven Ansatzes mit Methoden-Werkzeugen unterstützt oder sie erhalten im Sinne der Binnendifferenzierung andere Aufgaben. Es geht darum, die Potenziale aller Lernenden bestmöglich zu entwickeln. Der Preis der Heterogenisierung nach oben ist zwangsläufig eine zunehmende Heterogenität. Homogene Lerngruppen gibt es nicht und somit verbleiben sie im Reich der pädagogischen Illusionen.

3.1 Ein Beispiel zum defensiven Vorgehen

> Defensives Vorgehen: Die Sprachhürden werden durch Sprachvereinfachung binnendifferenziert gesenkt.

Auch wenn dem offensiven und dem stärkenden Ansatz grundsätzlich der Vorzug zu geben ist, so ist der defensive Ansatz in heterogenen Lerngruppen (Binnendifferenzierung) oder in sprach- und leistungsschwachen Lerngruppen unerlässlich, wenn man dem Lernen den Vorrang gibt und dem Prinzip der kalkulierten Herausforderung folgt.

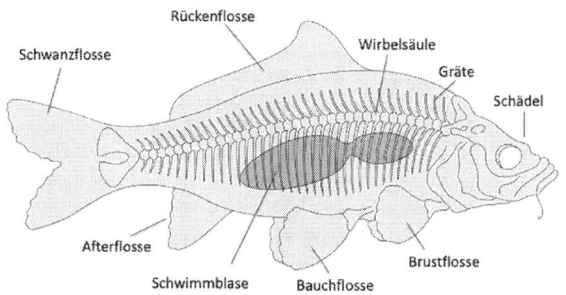

Abb. 3.5: Körperbau und Flossen beim Karpfen

Beispiel zur Textvereinfachung

Text C-Niveau: Ein sprachlich sehr anspruchsvoller Text

Wie bewegen sich Fische in deren Lebensraum?
Sowohl in der belebten als in der unbelebten Natur ist das Basiskonzept »Struktur und Funktion« fundamental und es erklärt die Anpassung der Fische an deren Lebensraum Wasser. Diverse Flossen und die Schwimmblase bewirken und regulieren deren Fortbewegung, Auf- und Abtrieb, Steuerung und Gleichgewicht. Die schnelle Vorwärtsbewegung erfolgt durch die Schwanzflosse und die paarweise vorhandenen Brust- und Bauchflossen dienen der Steuerung. Das Gleichgewicht bewerkstelligen Fische mittels der mittig liegenden Rücken- und Afterflosse, sowie der Schwimmblase, die auch den Auf- und Abtrieb reguliert.

Merkmale:

- viele abstrakte Fachausdrücke (= abstrakt)
- Ergänzungsphrasen

- Bezüge, Vernetzungen (= komplex)
- anspruchsvoller Stil
- sprachreich und denkreich

Text A-Niveau: Ein sprachlich stark vereinfachter Text

Wie schwimmen Fische im Wasser?
Fische leben im Wasser. Sie haben viele Flossen. Mit der Schwanzflosse schwimmt der Fisch vorwärts. Mit der Brustflosse und der Bauchflosse steuert der Fisch. Mit der Rückenflosse und der Afterflosse bleibt der Fisch im Gleichgewicht. Mit der Schwimmblase geht der Fisch hoch oder runter.

Merkmale:

- konkrete Fachausdrücke (= konkret)
- keine Ergänzungsphrasen
- keine Bezüge, Vernetzungen (= einfach)
- abgehackter Stil
- spracharm und denkarm, verhindert die Kohärenzbildung und mentale Modellierung

An dem Beispiel wird deutlich, dass die Textvereinfachung und die Absenkung des fachlichen und/oder sprachlichen Anforderungsniveaus ihre Grenzen haben, der man sich im sprachsensiblen Unterricht bewusst sein muss.

Sehr vereinfachte Texte zeigen folgenden Merkmale:

- bezuglose Aneinanderreihung von kurzen, einfachen Hauptsätzen ohne Nebensätze
- einfache Aussagen mit Verzicht auf logische Zusammenhänge der Aussagen
- reduzierte Komplexität ohne Differenzierungen
- kaum Verweisstrukturen im Text
- holpriger und abgehackter Stil
- viele Information (= Fakten) ohne erklärende, verweisende, begründende Denkoperationen (= Wissen)
- In (▶ Kap. 2.2) wird gezeigt, dass die Sprach- und Verstehenshürden in den Fachbegriffen liegen und in den komplexen Satzstrukturen durch
    - logische Verweise und Verknüpfungen (Pronomen, Präpositionen, Konjunktionen, Bezüge, ...)
    - Präsizierungen der Begriffe und Aussagen (Phrasen, Ergänzungen, Adverbiale, ...)

Es sind genau die Sinnkonstruktionen, die mentalen Modellierungen sprachlicher Verknüpfungen, die den Lernenden schwerfallen und die bei stark vereinfachten Texten vermieden werden. Die Vermeidung derselben führt in der Situation zu einem besseren Verständnis, was begrüßenswert ist. Im Blick auf die Wortschatzerweiterung und auf den Ausbau kognitiver Denkstrukturen sind jedoch auch Bedenken erlaubt. Der defensive Ansatz hinsichtlich Textvereinfachung hat, wie in den obigen Merkmalen dargestellt, seinen Preis:

> Aufgrund der Kopplung der sprachlichen Form an inhaltliche Funktionen und an fachliche Ziele weist der Abbau sprachlicher Hürden durch Textvereinfachungen fachliche Grenzen auf. [...] Empirische Studien weisen darauf hin, dass die Wirksamkeit von Textvereinfachungen eingeschränkt ist: In der vom Schweizerischen Nationalfonds (SNF) geförderten Studie *Textverstehen in den naturwissenschaftlichen Schulfächern* konnte zwar nachgewiesen werden, dass durch Textanpassungen die fachlichen Verstehensleistungen der Schüler und Schülerinnen durchaus signifikant verbessert werden, allerdings profitieren von diesen Textanpassungen nur die mittelstarken und stärkeren Leserinnen. Der Verstehensaufbau mittels Texten kann bei schwächeren Leserinnen durch diese Maßnahme alleine nicht maßgeblich unterstützt werden. (Schmellentin, 2018, S. 123)

Sprachvereinfachung ist keine generelle Lösung, denn der Unterschied zwischen Alltag und Wissenschaft liegt darin, dass im Alltag sprachvereinfacht kommuniziert werden kann, in der Wissenschaft jedoch nicht, da die Sprache als kognitives Werkzeug an die entsprechenden - meist abstrakten - Denkoperationen gebunden ist. Die epistemische Funktion der Sprache ist an die Methoden der Wissenschaft gebunden, mit denen Erkenntnisse gewonnen werden. Abstrakte Theorien und Konzepte bedürfen einer entsprechenden Sprache. Analogien, Bilder, Metaphern und andere Darstellungsformen ermöglichen ein Verstehen und sollten unbedingt im Unterricht ihren Platz haben.

Sprachförderung im sprachsensiblen Fachunterricht zwingt zu Texten, die im Sinne der kalkulierten Herausforderung, etwas über dem Sprachniveau liegen und mit Anstrengung und ggf. Lesehilfen verstanden werden, die kognitiv angemessen sind und gleichzeitig den Wortschatz erweitern. Der folgende Text auf B-Niveau zeigt das.

Text B-Niveau: Ein vereinfachter, aber sprach- und denkerweiternder Text

Wie bewegen sich Fische im Wasser?
Fische leben im Wasser. Das Wasser ist ihr Lebensraum. Sie schwimmen und bewegen sich im Wasser geradeaus, nach rechts und nach links, nach oben und nach unten. Dafür brauchen sie die Flossen. Wenn sie die Schwanzflosse nach rechts und nach links bewegen, dann schwimmen sie nach vorne geradeaus. Dabei bewegen sie ihren elastischen Körper wie eine Schlange (schlängelnde Bewegungen). Wenn sie die Brustflossen und die Bauchflossen bewegen, dann schwimmen sie nach links oder nach rechts. Die Rückenflosse und die Afterflosse brauchen sie, damit sie nicht umkippen.

Merkmale:

- relevante Wortschatzerweiterung (hier: Lebensraum)
- Ergänzungsphrasen behutsam eingebaut (hier: elastisch, schlängelnd)
- Bezüge, Vernetzungen behutsam verwendet (hier: Wenn ... dann ...; Dabei ...; damit ...)

- flüssiger Stil
- sprach- und denkerweiternd

Der defensive Ansatz richtet den Blick nicht nach unten auf die Sprachvereinfachung, sondern nach oben auf das, was gerade noch möglich ist, baut den Wortschatz aus und fordert kognitiv im Rahmen der Möglichkeiten heraus. Wenn Wortschatz, schlussfolgerndes Denken, Lesestrategien oder Vorwissen für die Bearbeitung der Aufgabe entscheidend sind, dann verweist das auf den offensiven und den stärkenden Ansatz.

3.2 Ein Beispiel zum offensiven Vorgehen

> Offensives Vorgehen: Die Sprachhürden bleiben, aber die Lernenden werden im Sinne des Scaffoldings mit Sprachhilfen (Methoden-Werkzeuge, vgl. ▶ Kap. 5.2, ▶ Tab. 5.2 und ▶ Kap. 5.3) unterstützt.

Die grundsätzliche Einstellung der Lehrpersonen beim offensiven Ansatz lautet: Ich unterstütze meine Schülerinnen und Schüler mit Methoden-Werkzeugen so, dass sie erfolgreich, aber nicht zwingend fehlerfrei, sprachlich handeln. Dazu ein Beispiel gemäß dem Prinzip der kalkulierten Herausforderung und dem der Heterogenisierung nach oben:

Beispiel: »Volumenbestimmung eines beliebig geformten Körpers«

Skizze des Unterrichts:
Die Volumenberechnung von Quadern mit der Volumenformel Länge x Breite x Höhe in der Klassenstufe 5 ist den Lernenden bekannt und sie sind in der Berechnung geübt.

Die Lehrkraft bringt einen Stein mit und kündigt ein Demonstrationsexperiment mit anschließendem Schülerexperiment an, mit welchem die Volumenbestimmung des beliebig geformten Steins auf die Volumenberechnung eines Quaders zurückgeführt werden kann.

Die Lehrkraft führt das Demonstrationsexperiment am Lehrertisch ohne Skizze, ohne Begriffserklärungen und ohne Erläuterungen vor.

Anschließend teilt die Lehrkraft an jede Partnergruppe die Materialien aus. Die Partnergruppen führen den Versuch durch, berechnen das Volumen ihres Steins gemäß der Modellberechnung der Lehrkraft und beschreiben den Versuch, erhalten jedoch keine Schreibhilfen.

3.2 Ein Beispiel zum offensiven Vorgehen

Abb. 3.6: Demonstrations- und Schülerexperiment

Schreibprodukt einer Schülerin ohne Schreibhilfen

Im Quader sind, wenn man ihn bis zu 6 cm auf der Skala füllt, 300 ml. Als wir den Stein hinein getan haben, ist die Skala auf 7,2 cm gestiegen.

Das Schreibprodukt hat in vielerlei Hinsicht Defizite. Es ist unvollständig, unstrukturiert, es ist keine Anleitung zum Nachexperimentieren und ist sprachlich fehlerhaft (Skala kann nicht steigen). Der Grund für die defizitäre Beschreibung liegt in der unpräzisen Aufgabenstellung der Lehrkraft und darin, dass die Lernenden keine Schreibhilfen erhielten. Die Aufgabe war die Lernenden trotz besten Willens und Anstrengung nicht im Sinne der Lehrkraft erfolgreich zu bearbeiten.

Zum erfolgreichen Schreiben benötigen die Lernenden:

a) Strukturierungshilfen, damit die Struktur des Schreibens auf einen guten Weg kommt,
b) Sprachhilfen, damit die Sprache beim Schreiben auf einen guten Weg kommt.

Beide können binnendifferenzierend in abgestufter Form gegeben werden. Sie basieren oft auf dem Wechsel der Darstellungsformen
 Die Schülerinnen und Schüler erhalten gemäß dem offensiven Vorgehen dieselbe Aufgabe, jedoch mit unterschiedlichen Unterstützungen.

Aufgabenstellung

1. Führt das Experiment wie im Demoexperiment durch.
2. Berechnet das Volumen des Steins.
3. Beschreibt das Experiment und nutzt die Schreibhilfen.

3 Drei Wege im Umgang mit den Sprachhürden

Im Folgenden werden verschiedene Varianten zur Binnendifferenzierung im Sinne der gestuften Hilfen gezeigt, die sowohl dem Prinzip der »kalkulierten Herausforderung« als auch dem Prinzip der »Heterogenisierung nach oben« gerecht werden. Die Nummerierung der unterstützenden Methoden-Werkzeuge bezieht sich auf die Nummern in der Übersicht in ▸ Kap. 5.2. Die binnendifferenzierten Unterstützungen sind:

Eine Wortliste und eine Verbliste mit Präpositionen (Methoden-Werkzeug Nr. 1)

Wortliste

das quaderförmige Gefäß, -e
der Quader, -
die Skala, -en
die Messskala, -en
der Stein, -e
der Wasserspiegel, -
das Volumen, -ina
die Differenz, -en

Verbliste

einfüllen in
steigen um / auf
berechnen mit
sich vergrößern um

Ein Wortfeld (Methoden-Werkzeug Nr. 5)

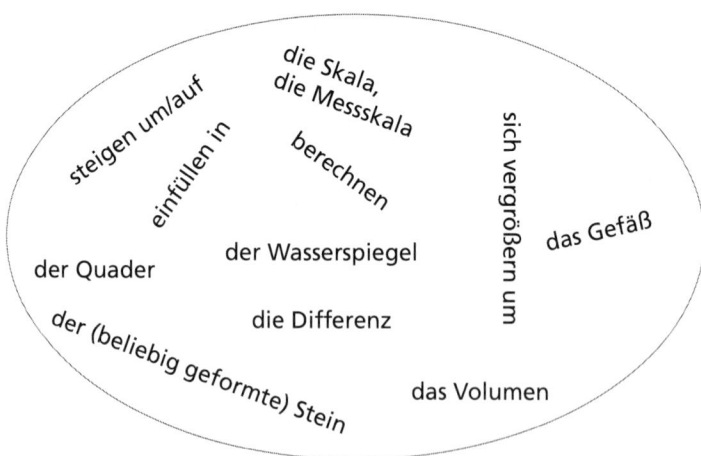

Abb. 3.7: Wortfeld

Ein geordnetes Wortgeländer (Methoden-Werkzeug Nr. 2)

> **Wortgeländer**
>
> 1. Gefäß – stellen – Tisch
> 2. Wasser – füllen in - Gefäß. Höhe – Wasserspiegel – höher als -Stein
> 3. messen - Länge, Breite, Höhe - Wasser
> 4. notieren - berechnen - Volumen des Wassers
> 5. legen - Stein - Wasser
> 6. messen - Wasserspiegel
> 7. berechnen - neue Volumen
> 8. Subtrahieren

Ein ungeordnetes Wortgeländer (Methoden-Werkzeug Nr. 2)

> **Verwürfeltes Wortgeländer**
>
> - notieren - berechnen - Volumen des Wassers
> - Gefäß – stellen – Tisch
> - berechnen - neue Volumen
> - Wasser – füllen in - Gefäß. Höhe – Wasserspiegel – höher als -Stein
> - Subtrahieren
> - messen - Wasserspiegel
> - messen - Länge, Breite, Höhe - Wasser
> - legen - Stein - Wasser

Verwürfelte Sätze/Textpuzzle (Methoden-Werkzeug Nr. 6)

> **Verwürfelte Sätze**
>
> - Berechne das neue Volumen des Wassers mit dem Stein.
> - Miss die neue Höhe des Wasserspiegels.
> - Fülle Wasser in das Gefäß. Die Höhe des Wasserspiegels muss höher sein als der Stein.
> - Subtrahiere die beiden Volumina.
> - Stelle das Quaderförmige Gefäß auf den Tisch.
> - Miss die Länge, Breite und Höhe des Wassers.
> - Notiere die Maße und berechne das Volumen des Wassers.
> - Lege den Stein in das Wasser.

3 Drei Wege im Umgang mit den Sprachhürden

Zuordnung der Wörter und Verben in die Abbildung (Methoden-Werkzeug Nr. 20)

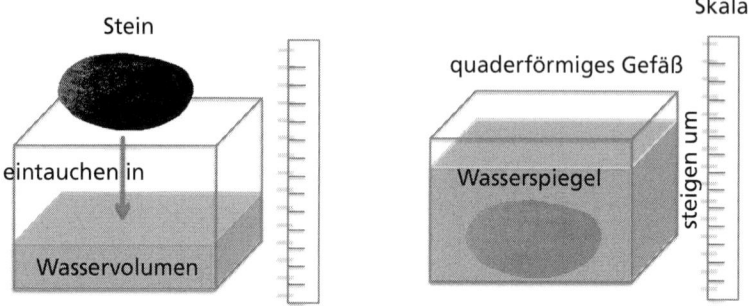

Abb. 3.8: Anfangs- und Endbild mit Zuordnung

Satzmuster als Formulierungshilfen (Methoden-Werkzeug Nr. 14)

Formulierungen

- Zuerst ... danach ... dann ...
- als nächstes ...
- im nächsten Schritt ...
- zuletzt ...
- am Ende ...

Eine Protokollstruktur als Strukturhilfe (Methoden-Werkzeug Nr. 18)

Gliederung des Protokolls

1. Geräte
2. Durchführung
3. Beobachtung
4. Erkenntnis
5. Auswertung

Eine geordnete Bildsequenz (Methoden-Werkzeug Nr. 7)

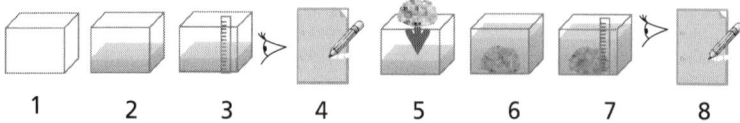

Abb. 3.9: geordnete Bildsequenz

Eine ungeordnete Bildsequenz (Methoden-Werkzeug Nr. 7)

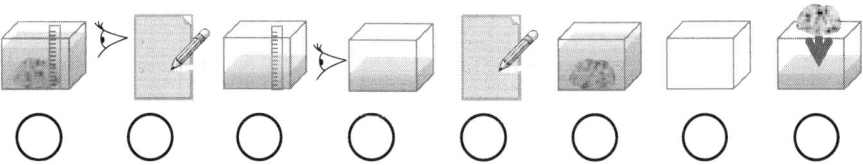

Abb. 3.10: ungeordnete Bildsequenz

Eine Protokollanleitung (Methoden-Werkzeug Nr. 23)

Anleitung zum Schreiben eines Protokolls

Name:
Datum:
Thema:
1. Einleitung:
 (Eine Einleitung kann persönlich sein, ist nicht immer notwendig.)
2. Problem:
 (Nenne und beschreibe das Problem oder den Zweck des Versuches.)
 - Das Problem ist ...
 - Der Versuch/ das Experiment untersucht ... mit ...
 - (Wie ... Was ... Warum)
3. Hypothese:
 (Eine Hypothese ist eine Behauptung oder Vermutung, mit der das Problem gelöst wird.)
 - Wenn ... dann ...
4. Materialien/ Versuchsbeschreibung / Versuchsdurchführung:
 (Beschreibe hier eine detaillierte Anleitung zum Nachexperimentieren.)
 - Materialien:
 (Liste alle Materialien auf.)
 - Versuchsskizze/ Abbildung/ Foto:
 - Versuchsbeschreibung / Versuchsdurchführung:
 (Beschreibe so, dass jemand mit der Anleitung den Versuch nachexperimentieren kann. Schreibe in nummerierten Schritten.)
 - Zuerst ...
 - ....
 - ....
5. Beobachtung/ Daten:
 (Schreibe die Daten in eine Tabelle oder eine andere geeignete Form. Schreibe die Beobachtungen auf. Unterscheide zwischen Ursache und Wirkung.)

6. Ergebnisse/ Auswertung:
   (Stelle die Daten, wenn möglich grafisch im Diagramm mit Beschriftung dar, berechne einen Mittelwert, Streuung der Daten. Interpretiere die Daten bzw. Beobachtungen.)
7. Schlussbetrachtungen:
   (Formuliere eine Aussage, ob deine Hypothese bestätigt oder falsifiziert wird. Ziehe Schlüsse daraus. Finde Fehlerquellen.)
   - Dies ... passierte, weil ...
   - Der Grund liegt darin, dass ...
   - Falls ..., dann ...
   - Die Fehler liegen darin, dass ...

Ein Musterprotokoll (Methoden-Werkzeug Nr. 10)

Musterprotokoll

1. Geräte:
   1. ein quaderförmiges Gefäß,
   2. ein Stein,
   3. Wasser,
   4. Maßstab
2. Durchführung:
   1. Stelle das quaderförmige Gefäß auf den Tisch.
   2. Fülle Wasser in das Gefäß. Die Höhe des Wasserspiegels muss höher sein als der Stein.
   3. Miss die Länge, Breite und Höhe des Wassers.
   4. Notiere die Maße und berechne das Volumen des Wassers.
   5. Lege den Stein in das Wasser.
   6. Miss die neue Höhe des Wasserspiegels.
   7. Berechne das neue Volumen des Wassers mit dem Stein.
   8. Subtrahiere die beiden Volumina.
3. Beobachtung:
   Das Wasservolumen wird größer.
4. Erkenntnis:
   Die Differenz der Volumina ist das Volumen des Steins.
5. Ergebnis:
   Das Volumen des Steins beträgt ...

Weiterführende und sprachlich hochschwellige Aufgabenstellungen (Heterogenisierung nach oben, vgl. ▶ Kap. 3)

Im sprachsensiblen Fachunterricht darf nicht der Eindruck entstehen, dass durch die Hilfen ausschließlich den leistungsschwächeren Lernenden geholfen werde und dass dadurch das Niveau des Unterrichts insgesamt gesenkt werde. Im Sinne der Heterogenisierung nach oben werden anspruchsvolle Aufgaben für alle gestellt und es werden Hilfen angeboten. Darüber hinaus werden weiterführende Aufgaben gestellt, die nicht von allen Lernenden

Die Lernenden erhalten lediglich einen Stein und sollen selbst ein Experiment erfinden, um das Volumen des Steins zu bestimmen. Weiterhin sollen sie das Experiment so beschreiben, dass ein nicht anwesender Schüler das Experiment verstehen und nachexperimentieren können sollte. Implizit ist in der Aufgabenstellung enthalten, die Beschreibung so zu strukturieren und so zu formulieren, dass sie den Normerwartungen gerecht wird. Für den Fall, dass eine Gruppe nach einer bestimmten Nachdenkzeit keine Lösung findet, kann auf die Ideenhilfe auf dem Lehrertisch zurückgegriffen werden.

Wir bestimmen das Volumen eines beliebig geformten Körpers

Aufgabe:
Arbeitet in Partnergruppen. Erfindet ein Verfahren, um das Volumen des Steins zu bestimmen. Falls ihr nach 10 Minuten noch kein Verfahren gefunden habt, wählt ein Verfahren auf dem Pult aus und führt es durch.

Eintauchverfahren

1. Berechnet das Volumen mit dem Eintauchexperiment.

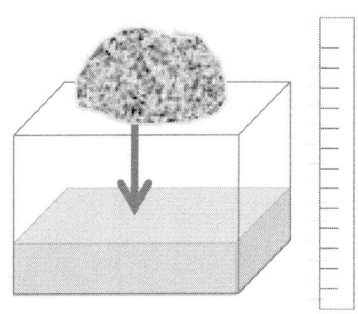 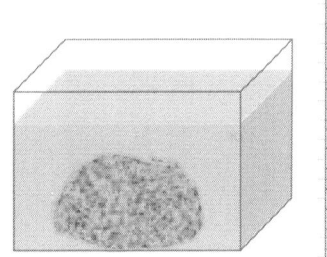

Abb. 3.11: Anfangs- und Endbild

2. Wähle zwei Aufgaben aus und bearbeite sie. Die anderen sind freiwillig.
   a) Erkläre, was man tun muss, wenn man das Experiment mit einem Korken durchführt.
   b) Begründe, ob es mit einem Schwamm funktioniert.
   c) Schreibe Lösungen auf, wenn der Stein nicht ganz eintaucht.
   d) Find Ersatzstoffe, wenn du kein Wasser hast.
   e) Begründe, dass ein Quader mit kleiner Länge und Breite geeigneter ist als ein Quader mit großer Länge und Breite.
   f) Begründe, welche Gefäße für das Experiment geeignet sind.

> **Bastel-Zeichnungs-Verfahren**
>
> Bastelt aus Karton einen Quader, so dass der Stein genau hineinpasst. Denkt euch einen zweiten Quader, der genau in den Stein hineinpasst.
>
> **Gewichtsverfahren**
>
> Messt das Gewicht (= Masse) des Steins. Findet heraus aus welchem Material er besteht. Sucht im Internet eine Tabelle zur Gesteinsdichte und berechnet das Volumen.

Alle Unterstützungen mittels der Methoden-Werkzeuge folgen dem Prinzip der »kalkulierten Herausforderung«, d. h. jeder Lernende erhält die Unterstützung, die er braucht, damit er kognitiv und sprachlich herausgefordert wird und die Aufgabenstellung mit Anstrengung erfolgreich, aber nicht zwingend fehlerfrei bearbeitet. Aufgaben müssen so gestellt sein, dass sie mit Anstrengung Erfolgserwartung versprechen. Es geht darum nicht im Niveau nach unten zu »homogenisieren«, sondern nach oben zu »heterogenisieren« (vgl. ▶ Abb. 3.4). Alle sollen auf möglichst hohem Niveau besser werden und ihre Potenziale entwickeln.

Das offensive Vorgehen im Sinne der kalkulierten Herausforderung erfordert von der Lehrkraft eine gute Diagnose des Sprachstandes, um die passende Unterstützung zu geben. Nicht jeder Lernende erhält dieselbe Unterstützung. So kann auch beim offensiven Vorgehen Binnendifferenzierung einfach durchgeführt werden. Hinsichtlich der Unterstützung durch Methoden-Werkzeuge stellen sich den Lehrpersonen viele Fragen, die in ▶ Kap. 5.2 aufgeworfen und beantwortet werden.

3.3 Das stärkende Vorgehen – Die Sprachschatzerweiterung

> Stärkendes Vorgehen: Die Sprachhürden bleiben, jedoch wird der Wortschatz der Lernenden erweitert und sie lernen schrittweise Strategien, um langfristig die Sprachhürden selbstständig zu überwinden.

Im sprachbildenden Unterricht werden Lernende in besonderem Maße durch die Erweiterung des Wortschatzes gestärkt. Beim Begriff Wortschatz denkt man zunächst an einen Schatz aus Wörtern. Wenn der Wortschatz nur aus Wörtern bestünde, hätte das Wörterbuch den größten Wortschatz. Das Wörterbuch alleine macht jedoch noch keine Sprache, erst Sätze mit Syntax und Semantik. Der Begriff Wortschatz greift zu kurz, es müsste besser Sprachschatz heißen.

> Exkurs: Informationen zum Wortschatz im Alltag
>
> - Der Wortschatz der deutschen Alltagssprache umfasst ca. 75.000 Wörter, die Gesamtgröße wird auf 300.000 bis 500.000 Wörter geschätzt.
> - Der Grundwortschatz (ca. 1.500 Wörter) ist derjenige Wortschatz, der nötig ist, um ca. 85 % eines Textes zu verstehen.
> - Der Wortschatz von 15-Jährigen wurde in einschlägigen Untersuchungen auf rund 12.000 Wörter beziffert.
> - Mit einem Wortschatz von ca. 1.000 Wörtern in einer Fremdsprache kann man in dem Land die Alltagssituationen einigermaßen bewältigen.

Die Einbindung des Wortschatzes in Netzwerke

Die Fremdspracherwerbsforschung hat herausgearbeitet, dass ein Wort, ein Begriff, keine isolierte Einheit ist, sondern dass der Wortschatzerwerb in Netzwerken erfolgt. Ein Begriff ist eingebettet in verschiedene Netzwerke: Klang- und Lautnetz, Bedeutungsnetz, Netz von Gefühlen und Assoziationen, Netz grammatischer Informationen (Wortart, Wortbildung).

Wörter und Begriffe werden auch mit unserem Weltwissen aufgebaut und strukturiert, folglich muss Wortschatzarbeit mit Wissensvermittlung und Wissensstrukturierung verbunden werden, um ein semantisches Lexikon aufzubauen. Die Art und Weise, wie das Gehirn das Vokabular und die Bedeutung der einzelnen Wörter organisiert und die Verbindung von Schriftgestalt, Bedeutung und Lautlichkeit archiviert, wird als semantisches Lexikon bezeichnet.

Wörter sind in ein Klang- und Lautnetz eingebunden. Der Begriff Desoxyribonukleinsäure ist für einen Lernenden beim Erstkontakt schwer zu lesen und noch schwieriger auszusprechen. Er muss oft gehört und ausgesprochen werden, damit sich die phonologische Bewusstheit ausbildet. Phonologische Bewusstheit bezeichnet die Fähigkeit, bei Aufnahme, Verarbeitung, Abruf und Speicherung von sprachlichen Informationen Wissen über die lautliche Struktur der Sprache heranzuziehen. Dann vermag der Lernende den Begriff mit seinem Fachwissen aus den Bestandteilen zu entziffern:

- Des-oxy = ohne Sauerstoff
- Ribose = Zucker mit fünf C-Atomen
- Nukleinsäure = Makromolekülkette abwechselnd aus Einfachzucker und Phosphorsäureester

Wörter sind in ein Netz von Gefühlen und Assoziationen eingebunden. Unangenehme Lernerfahrungen im Biologieunterricht mögen beim Hören des Wortes Desoxyribonukleinsäure Erinnerungen mit Abwehr hervorrufen. Die Amygdala – Teil des limbischen Systems (▶ Abb. 4.2) – bewertet das Hören mit Angst und Misserfolgserwartungen. Das sind schlechte Voraussetzungen zur Erweiterung des

Wortschatzes in diesem Bereich. Ist der Begriff mit Freude und Erfolgserwartung verbunden, ist das die beste Voraussetzung zum Lernen.

Wörter sind in ein Netz grammatischen Wissens eingebunden. Wer die grammatische Zerlegung von Komposita beherrscht, vermag mit dem bereits vorhandenen Fachwissen den Begriff Desoxyribonukleinsäure zu entziffern.

Sprachschatzarbeit verbunden mit der Wissensvermittlung und Wissensstrukturierung baut das semantische Lexikon aus. Um die Bedeutung des Begriffs Desoxyribonukleinsäure zu verstehen, braucht es phonologische Bewusstheit und grammatisches Wissen zur Zerlegung des Begriffes in seine Bestandteile und es braucht Fachwissen über diese Bestandteile.

Sprachschatzerweiterung im Unterricht

Die Erweiterung des Sprachschatzes wird oft aus der Sprachnot durch eine Überlastung des Arbeitsgedächtnisses (vgl. ▶ Abb. 4.2) heraus geboren. Dem Lernenden fehlt ein Begriff zur Beschreibung des Sachverhaltes. Er wird diesen zunächst zu umschreiben versuchen, verwendet möglicherweise einen ähnlichen, aber unscharfen Begriff, um sich aus der Sprachnot heraus zu befreien. Er erwartet in der Sprachnot Hilfe von der Lehrperson oder den anderen Lernenden. Hier bietet sich eine Überformung oder eine Ausschärfung durch die Lehrperson an.

Sprachfehler können ebenfalls zur Sprachschatzerweiterung Anlass geben. Ein Sprachfehler kann von der Lehrperson modellhaft überformt werden, kann ausgeschärft und präzisiert werden. Der Sprachfehler kann auch in einem falschen Konzept (Schülervorstellung, Misskonzept) begründet sein und der Sprachschatz wird erweitert durch einen Konzeptwechsel oder eine Konzepterweiterung. Ebenso kann der Sprachfehler genutzt werden, um denselben in ein Begriffsnetz einzuordnen und sich in der Metareflexion zu üben. Die Lehrperson kann den Sprachschatz im Unterricht durch verschiedene Maßnahmen erweitern (▶ Abb. 3.12).

Aus der Spracherwerbsforschung ist die Wirksamkeit eines vielfältigen Sprachbades bekannt. Daraus folgt, dass die Lehrperson in ihrer Sprache ein Modell sein muss für bildungssprachliches Sprechen und Schreiben. Die Sprache der Lehrperson muss Modellcharakter haben, denn die Lernenden orientieren sich daran und imitieren sie.

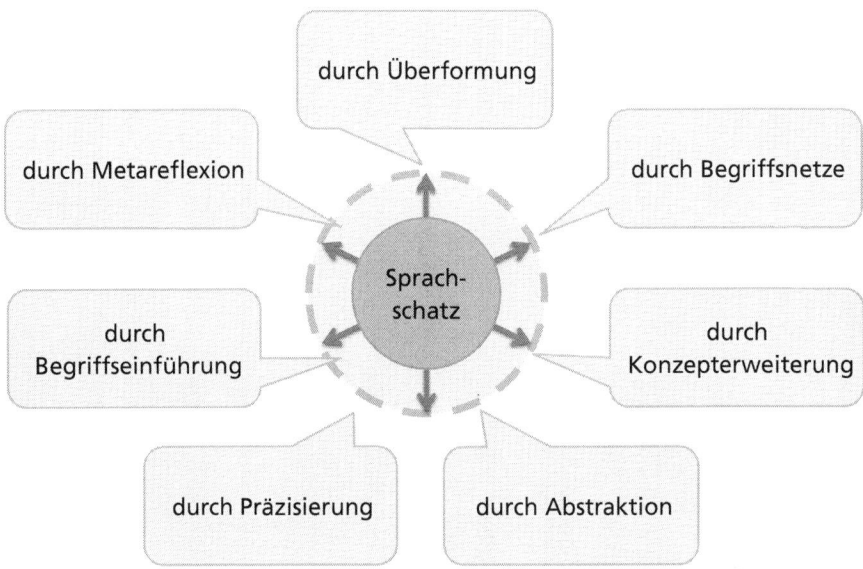

Abb. 3.12: Sprachschatzerweiterung im Unterricht

Wortschatzerweiterung durch Überformen

Beispiel 1

S: Die Kurve da geht hoch.
L: Richtig erkannt, der Funktionsgraph steigt stark an, die Steigung ist groß.

Beispiel 2

S: Da wächst nichts, ist wie eine Wüste.
L: Ja, durch fehlende Niederschläge wird die Landschaft unfruchtbar.

Beispiel 3

Im naturwissenschaftlichen Unterricht fällt es Lernenden oft schwer, Formeln und Fachbegriffe richtig auszusprechen und fachsprachlich korrekt zu verwenden. Denk- und Sprachblasen sind ein einfaches und wirksames Instrument der Wortschatzerweiterung.

3 Drei Wege im Umgang mit den Sprachhürden

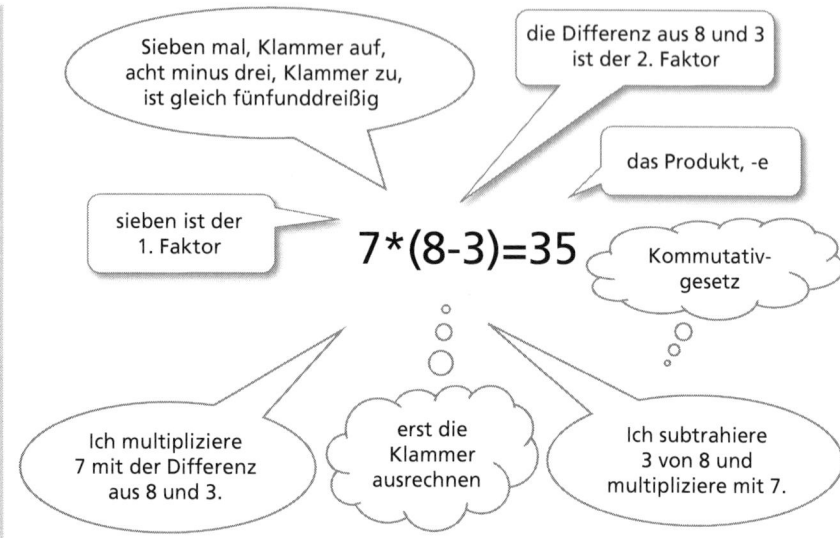

Abb. 3.13: Überformung mit Denk- und Sprechblasen

Empfehlungen zur Wortschatzerweiterung durch Überformen

- Vergrößern Sie den passiven Fachwortschatz im Sprachbad durch Überformungen.
- Vergrößern Sie den aktiven Fachwortschatz durch Anschreiben, Mitschreiben und Anwendungen.
- Untersuchungen zeigen, dass in der Sprachnot das Zusagen des Wortes und das Überformen wirkt.
- Überformen kann einfach und ohne Aufwand in den Unterricht eingebaut werden.

Sprachschatzerweiterung durch Begriffsnetze

Begriffsnetze (Concept Maps) als Methoden-Werkzeuge (vgl. ▶ Tab. 5.2) geben in gewissem Maße einen Einblick in das semantische Lexikon der Lernenden, nämlich wie diese die Begriffe konzeptionell verknüpfen.

Beispiel

Lernende arbeiten in Kleingruppen zusammen und erhalten einen Satz an Begriffskarten zum Thema ›Elektrischer Strom‹. Die Lernenden ordnen diese zu einem Begriffsnetz, ziehen Verbindungslinien und beschriften diese. Dabei gehen sie in vier Schritten vor:

1. **Sortieren:** Schaut die Begriffe (Kärtchen) an und legt die weg, die ihr nicht kennt oder nicht gebrauchen könnt.
2. **Strukturieren:** Ordnet die Kärtchen auf einem Blatt zu einem Netz. Legt Begriffe, die zusammengehören, näher zusammen.
3. **Kleben:** Klebt die Begriffe auf das Papier.
4. **Beschriften und ergänzen:** Zeichnet Pfeile zwischen den Begriffen, die zusammengehören. Schreibt kurze Erklärungen an die Pfeile. Seht die weggelegten Karten an. Wenn sie passen, klebt sie dazu.

Begriffsnetze können so auf analoge oder auf digitale Weise mit diversen Apps erstellt werden.

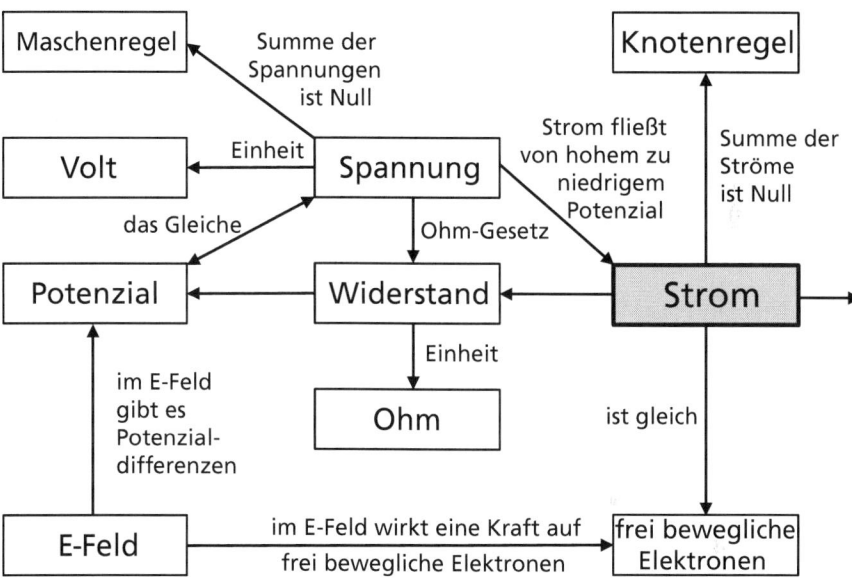

Abb. 3.14: Begriffserweiterung mit Begriffsnetzen

Begriffsnetze können in einer Unterrichtssequenz begleitend sukzessive erweitert werden. Ein neuer Begriff, z. B. E-Feld kann an einer passenden Stelle in das Begriffsnetz eingebaut werden.

> **Empfehlungen zum Wortschatzerwerb mit Begriffsnetzen**
>
> - Visualisieren Sie den Begriffsschatz themenbezogen in Begriffsnetzen.
> - Bauen Sie die Begriffsnetze mit den Lernenden sukzessive im Unterricht begleitend auf.
> - Lassen Sie die Lernenden neue Begriffe analog oder digital in das Begriffsnetz einbauen und beschriftend vernetzen.

- Teilen Sie am Ende einer Lerneinheit einen Satz von analogen oder digitalen Begriffskarten, (Bildkarten, Formelkarten, ...) aus und lassen Sie in Gruppen ein Begriffsnetz erstellen.

Sprachschatzerweiterung durch Konzepterweiterung und Konzeptwechsel

Beispiel 1

Jemand versucht ein Marmeladenglas aufzudrehen und sagt: »Schwer zu drehen, da braucht man viel Kraft.«
In der Physik heißt der Satz: »Zur Überwindung der Haftreibung ist ein Drehmoment $\vec{M} = \vec{r} \times \vec{F}$ von M=50 kNm erforderlich.«

Beispiel 2

Verbrennungskonzept im Alltag: Nach einem Brand ist alles weg, es bleibt lediglich Asche zurück (Vernichtungsvorstellung).
Verbrennungskonzept in der Chemie: Die Atome bleiben erhalten und werden nur umgruppiert (Umwandlungsvorstellung).

In den Naturwissenschaften geht eine Wortschatzerweiterung in der Regel mit einer Konzepterweiterung oder mit einem radikalen Konzeptwechsel einher.

Empfehlungen zum Wortschatzerwerb durch Konzeptwechsel

- Diagnostizieren Sie die Denkkonzepte der Lernenden durch geeignete Aufgaben.
- Thematisieren Sie mit den Lernenden den Konnex von Sprache und Denken/Konzept.
- Visualisieren Sie Konnex von Sprache und Denken/Konzept durch Concept Cartoons (vgl. Feige & Lembens 2020).

Sprachschatzerweiterung durch Abstraktion

Konkrete Begriffe im Unterricht einzuführen ist einfach, man kann sie gegenständlich, bildlich oder medial zeigen und darauf verweisen. Der Begriff ist mit dem Gegenstand, Objekt, Bild, ... direkt repräsentierend verbunden. Abstrakte Begriffe einzuführen, ist hingegen schwierig und herausfordernd. Ein Begriff ist abstrakt, wenn der zugehörige Denkprozess den Bezug zur Realität verlässt, abhebt, verallgemeinert und auf das Wesentliche reduziert. Abstraktionen erfordern Denkprozesse, die vom Konkreten abheben/abziehen. Naturwissenschaftliche Begriffe basieren oft auf Gegenständen, Objekten, Phänomenen, Experimenten, ... die durch

Wahrnehmung konkret zugänglich sind. Der Gegenstandsbereich der Naturwissenschaften liegt gerade in den ›Naturalien‹. Die Beschreibung, Erklärung, Begründung, ... von natürlichen oder künstlichen Prozessen hebt von dem Gegenstandsbereich abstrahierend ab. Die Naturwissenschaften sind theoriegeleitete Erfahrungswissenschaften. Einem Diktum Einsteins zufolge bestimmt die Theorie, was wir beobachten. Der gegenseitige Bezug von Phänomenen, Modellen und Theorien kennzeichnet die Naturwissenschaften. So ist der naturwissenschaftliche Unterricht durch das ständige Wechseln zwischen der Phänomenebene, der Modellebene und der Theorieebene gekennzeichnet, d. h. der naturwissenschaftliche Unterricht stößt ständig in den Bereich der Abstraktionen vor.

Beispiel

Auf der Phänomenebene gibt es im Alltag viele Beispiele von Stoffstromkreisen in offener oder geschlossener Form, wo man den strömenden Stoff konkret wahrnehmen kann:

- Wasserstromkreis (Gartenschlauch, Heizungsanlage, ...),
- Gasstromkreise (Gasleitung, Warmluftheizung, ...),
- Flüssigkeitsstromkreis (hydraulische Anlagen, ...).

Bei mengenartigen Stromkreisen muss die mitgeführte mengenartige Größe schon durch Abstraktion identifiziert werden:

- die elektrische Ladung im elektrischen Stromkreis,
- die Entropie im Wärmestromkreis,
- die Masse oder die Stoffmenge bei Massestromkreisen,
- den Impuls bei Impulsströmungen etc.

Um die damit verknüpfte Energieströmung mitzudenken, bedarf eines weiteren Abstraktionsschrittes, weil die Energie ihrer Konstruktion nach als abstrakter Begriff nur als solcher gedacht werden kann. Die vielfältigen Stromkreiserfahrungen auf der Phänomenebene zeichnen sich durch ein unterschiedliches Maß an Konkretion bzw. Abstraktion aus:

- Auf der Modellebene bietet die Physikdidaktik eine Vielzahl von sehr anschaulichen Modellen für den elektrischen Stromkreis an: Förderbandmodell, Wassermodell, Fahrradkettenmodell, Elektroteilchenmodell, u. a. Beim geschlossenen Teilchenmodell ist die Anschaulichkeit schon zugunsten einer symbolischeren Darstellung reduziert. Wenn man den elektrischen Stromkreis modellhaft mit einem Flussdiagramm als Energieübertragungssystem darstellt, so ist das ein noch höherer Grad der Symbolisierung.
- Auf der Phänomenebene werden Gesetzmäßigkeiten, wie beispielsweise das ohmsche Gesetz oder die Kontinuitätsgleichung festgestellt und auf der Theorieebene formuliert. So kann die Kontinuitätsgleichung sowohl in der sprachlichen Formulierung »was reinfließt, muss auch rausfließen, wenn es

innen weder eine Quelle noch einen Vernichter gibt«, als auch in der vektoranalytischen Form $\frac{\partial \varrho}{\partial t} + \vec{\nabla} \cdot \vec{j} = 0$ ausgedrückt werden.
- Der Wechsel zwischen Phänomenebene, Modellebene und Theorieebene ist allen naturwissenschaftlichen Lehrkräften bekannt und im Unterricht als ›Kampfzone‹ um richtiges Verstehen bestens vertraut. Es ist unerlässlich den Wechsel der Ebenen immer wieder bewusst zu machen. Das kann durch Concept Cartoons (Feige & Lembens, 2020) erfolgen oder durch Sprech- und Denkblasen.

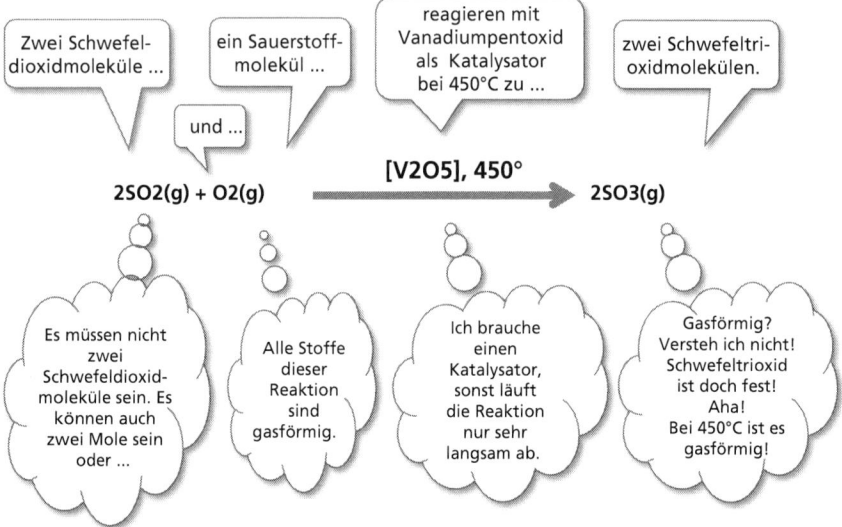

Abb. 3.15: Sprech- und Denkblasen (vgl. auch Leisen, 2013b, Bd.2, S. 17)

Empfehlungen zur Sprachschatzerweiterung durch Abstraktion

- Schaffen Sie in einem alltagssprachlichen Sprachbad ein solides Fundament mit konkreten Begriffen.
- Machen Sie den mit der Abstraktion verbundenen Wechsel zwischen Phänomenebene, Modellebene und Theorieebene bewusst und visualisieren sie ihn.
- Schärfen Sie in einem bildungssprachlichen Sprachbad die konkreten Begriffe zu abstrakten Begriffen aus und führen Sie neue Begriffe ein.
- Schaffen Sie konkrete Sprechanlässe durch konkrete Fälle, Bilder, Videos, Erzählsituationen, Dialoge, ….
- Schaffen Sie geschützte Sprachräume (Murmel-, Partnergespräche, …) und unterstützen Sie mit Sprachhilfen (Methoden-Werkzeuge).

Sprachschatzerweiterung durch Ausschärfung und Präzisierung

Begriffe können konkret oder abstrakt sein; Sachverhalte können fachlich und sprachlich einfach oder komplex dargestellt werden. Ein Sachverhalt ist komplex, wenn er vielschichtig, verflochten, unübersichtlich, weitläufig, multifaktoriell, mäßig strukturiert dargestellt ist. Abstraktes Denken geht in die Tiefe und komplexes Denken geht in die Breite. Sprachschatzerweiterung durch Präzisieren geht einher mit fachlicher Präzision und Korrektheit. Die Genauigkeit des Denkens spiegelt sich in der Genauigkeit der Sprache wider (vgl. dazu ▶ Kap. 2.3).

Tab. 3.1: Drei Texte auf verschiedenen Sprachniveaus

Weg der Atemluft (Niveau A)	Weg der Atemluft (Niveau B)	Weg der Atemluft (Niveau C)
1. Wir atmen mit der Nase. 2. In der Luft ist Staub. 3. In der Nase gibt es Haare. 4. Die Haare halten den Staub fest. 5. Der Speichel transportiert den Staub in den Mund. 6. Der Speichel wird verschluckt. 7. Die Luft kommt in die Lunge.	1. Wir atmen durch die Nase Luft *ein*. 2. Die *staubige* Luft *(= Luft mit Staub)* strömt an den Nasenhärchen vorbei. 3. Sie *(= die Nasenhärchen)* wachsen auf der Nasenschleimhaut. 4. Sie *(= die Nasenschleimhaut)* ist *gut durchblutet* und *feucht*. 5. *Dadurch* wird die Luft warm und feucht. 6. Die Nasenhärchen filtern die Luft, *d. h. der Staub bleibt hängen*. 7. *Wenn* man durch den Mund einatmet, *dann* gelangt die Luft direkt in die Rachenhöhle, *dann* in die Luftröhre und *dann* in die Lunge.	1.-5. *Atmet* man durch die Nase ein, strömt die Luft an den Nasenhärchen und der gut durchbluteten, feuchten Nasenschleimhaut vorbei, die *ebenfalls* mit Schleimhaut ausgekleideten Nasenhöhle. 6. *Dabei* wird die Luft gefiltert, erwärmt und angefeuchtet. 7. *Atmet* man durch den Mund ein, gelangt die Luft direkt in die Rachenhöhle und von *dort über* den Kehlkopf in die Luftröhre.

Der Text auf Niveau A ist in parataktischem Satzbau ohne Nebensätze sprachvereinfacht, enthält keine Bezüge und ist ungenau durch fehlende Attribute, Adjektive und Adverbiale und ist dadurch denk- und spracharm.

Der Text auf Niveau B ergänzt den Text A durch Attribute und Adjektive, enthält deutlich hervorgehobene Pronomen. Begriffe werden erklärt und durch Beispiele erläutert. Konditionale und kausale Bezüge sind behutsam eingebaut. (Hinweis: Die Ergänzungen sind *kursiv* geschrieben.) Insgesamt ist der Text B denk- und sprachreicher als der Text A.

Der Text auf Niveau C ist durch den Satzbau, durch adverbiale Bestimmungen und Satzinversionen sprachlich deutlich anspruchsvoller. Durch mehrere Bezüge ist er fachlich präziser und denkreicher.

> **Empfehlungen zur Sprachschatzerweiterung durch Ausschärfung und Präzisierung**
>
> - Erweitern Sie einfache Sätze sprachlich behutsam und durch Adjektive, Adverbien, Attribute, Partikel, Ergänzungsphrasen, …
> - Bieten Sie ein sprach- und denkerweiterndes mündliches und schriftliches Sprachbad an.
> - Fügen Sie einem anspruchsvollen Text ein Glossar mit Worterklärungen bei.
> - Überformen Sie einfache Lehrersprache in Schleifen bildungssprachlich zunehmend komplexer (komplexeres Bildungssprachbad der Lehrperson).

Sprachschatzerweiterung durch Begriffseinführung

Aus der Fremdsprachenforschung liegen Ergebnisse mit Empfehlungscharakter vor, die für Lehrkräfte bei der Begriffseinführung naturwissenschaftlicher Begriffe erhellend und hilfreich sind. Um dem Wort eine Bedeutung zuzuordnen, muss es ca. zwanzig- bis dreißigmal in entsprechenden Kontexten gehört werden. Bevor ein Lernender ein neues Wort eigenständig gebraucht, hat er es i. d. R. fünfzigmal gehört, mit folgender Ausnahme: Wenn ein Lerner etwas sagen will und ihm ein Wort fehlt, wird er es zu umschreiben versuchen. Wenn ihm dieses Wort dann zugesagt wird, kann er es häufig sofort dauerhaft speichern. Wenn dieses Wort im semantischen Lexikon mit anderen Begriffen verbunden wird, wird es häufig dauerhaft (im prozeduralen Gedächtnis) gespeichert. Wörter, für die es in der Erstsprache eines Lernenden keine Entsprechungen gibt, sind oft unverständlich. Folglich müsste ein Begriff erst mit Hilfe von Erzählungen/ Geschichten aufgebaut werden. Wichtig ist dabei, dass auch Bedeutungsgrenzen vermittelt werden, z. B. was unterscheidet Nebel von Dampf von Qualm?

Die Einführung neuer Begriffe ist ein zentraler Teil der Sprachschatzerweiterung. Im Unterricht in Deutschland ist der fragend-entwickelnde Unterrichtsstil stark verbreitet und prägt in hohem Maße die Begriffseinführung. Da die Lernenden nicht wissen, was die Lehrperson beabsichtigt, führt das oft dazu, dass die Lernenden darüber nachdenken, was die Lehrperson wohl hören will und nicht über den Sachverhalt an sich. Das Begriffslernen ist oft verbunden mit einem Konzeptwechsel, einer Abstraktion, einer Umdeutung oder einer Neudeutung. Aus der Naturwissenschaftsdidaktik sind die folgenden Strategien des Lehrens und Lernen von Begriffen bekannt:

- Begriffslernen durch Ansammeln (Induktion): Der Lerner lernt viele Einzelheiten des Begriffs kennen und verwendet die ausgehandelten Begriffe in der Kommunikation.
- Begriffslernen durch Ableitung (Deduktion): Mit seinem Sprachwissen leitet der Lerner ein Verständnis des neuen Begriffs ab.
- Begriffslernen durch Zusammensetzung: Mit seinem Fach- und Sprachwissen über den Begriff im Zusammenhang mit anderen Begriffen und den Beziehungen zwischen den Teilen generiert der Lernende neue zusammengesetzte Begriffe.

- Begriffslernen durch Reflexion: Durch Reflexion bereits erworbenen Wissens entsteht ein Wissen anderer Qualität mit entsprechender Begriffsbildung.
- Begriffslernen durch Erweiterung: Durch Synthese wird Neues erkannt, indem Begrenzungen bewusst überschritten werden, und Altes wird so neu gesehen und mit erweiterten Begriffen belegt.

Empfehlungen zur Sprachschatzerweiterung durch die Begriffseinführung

- Begriffe nicht fragend erarbeiten, sondern im Gebrauch einführen
- den Inhalt / die Bedeutung in einem Kontext thematisieren
- relevante Teile des bekannten Wortschatzes aktivieren
- neuen Wortschatz in sinnstiftende sprachliche Kontexte einbetten und vielfältig mit schon bestehenden Wissensstrukturen vernetzen
- verschiedenste Darstellungsformen zur Einführung nutzen und diese reflektieren
- das Netz und das Gefüge der Bedeutungen thematisieren (Begriffsnetze) und den Begriff in größere Begriffszusammenhänge integrieren
- Anwendungen thematisieren – induktiv, aber auch entdeckend und wiedererkennend
- Wortschatz in möglichst vielen authentischen Kommunikationssituationen verwenden
- Üben und Anwenden ist wichtiger als lange Wortschatzeinführungen der Lehrkraft

---

Sprachschatzerweiterung durch Metareflexion

Sprachbewusstheit ist eine gute Voraussetzung für Maßnahmen zur Sprachschatzerweiterung durch Metareflexion und verbessert gleichzeitig die Sprachbewusstheit. Die Metareflexion kann sich dabei beziehen auf

- die Erweiterung des Wortschatzes (Umfang)
- die semantische Mehrdeutigkeit (Polysemie, Homonymie)
- den Anwendungsbereich (Adressatenbezug, Sprachkonvention)
- die Differenzierung und Präzision (Begriffsdifferenzierung)
- die Form der Darstellung (Darstellungsformen)

Die Lernenden erhalten in der linken Spalte der Tabelle Alltagsäußerungen zur Haft-, Gleit- und Rollreibung beim Verschieben eines Schrankes (▶ Tab. 3.2). Die rechte leere Spalte – im Beispiel kursiv ausgefüllt – füllen sie selbst mit fachsprachlichen Formulierungen aus. Das Lehrbuch dürfen sie dabei verwenden.

Metareflexion ist wirksam, wenn die Lernenden ihr eigenes Sprachverhalten in den Beispielen erkennen und sich davon eine Verbesserung ihrer eigenen Sprachkompetenz versprechen. Die Beispiele an denen Sprachreflexion betrieben wird, sollten aus dem Unterricht stammen.

Tab. 3.2: Sprachmittlung (= Übersetzung) der Alltagssprache in die Fachsprache

So spricht man im Alltag über Reibung	So spricht man in der Physik über Reibung
Mal sehen, ob ich den Schrank verschieben kann. Er sitzt wie angeklebt.	*Der Körper haftet am Boden. Es gibt eine Haftreibung. Es wirkt eine Haftreibungskraft. Wo greift Sie an?*
Er fängt an sich zu bewegen. Jetzt bewegt er sich. Jetzt geht es leicht.	*Jetzt fängt der Körper an zu gleiten. Er gleitet, weil die Kraft auf den Körper größer ist als die maximale Haftreibungskraft.*
Wenn er sich bewegt, ist es viel leichter, als ihn anzustoßen.	*Die Gleitreibungskraft ist immer kleiner als die Haftreibungskraft. Man kann auch sagen: Die Gleitreibungszahl ist kleiner als die Haftreibungszahl.*
Mit Rollen unter dem Schrank geht es ganz easy.	*Die Rollreibungskraft ist kleiner als die Gleitreibungskraft.*

Empfehlungen zur Sprachschatzerweiterung durch Metareflexion

- Lernende markieren in einem Fachtext die unbekannten Begriffe und erfahren damit etwas über den Umfang ihres Wortschatzes.
- Im Unterricht gibt es immer wieder Gelegenheiten an Beispielen die semantische Mehrdeutigkeit zu thematisieren.
- Man lasse beispielsweise ein naturwissenschaftliches Phänomen adressatenbezogen für einen Laien, einen Mitschüler, einen Experten beschreiben und thematisiere und reflektiere daran den Adressatenbezug und die Sprachkonventionen. Damit wird Sprachbewusstheit geschaffen.
- Lernende definieren einen naturwissenschaftlichen Begriff, z. B. Druck, nach der Methode ›Aushandeln‹ / ›Ich-Du-Wir‹ / ›Think-Pair-Share‹. Die zunehmende Ausschärfung schafft Sprachbewusstheit.
- Lernende stellen einen Sachverhalt in verschiedenen Darstellungsformen (konkret, bildlich, verbal, symbolisch, formal-mathematisch) dar und vergleichen die Vor- und Nachteile.

Das stärkende Vorgehen durch Strategien

Ziel jeden Unterrichts ist es, die Lernenden zum selbstständigen verantwortungsvollen Handeln zu befähigen. Der Kompetenzerwerb umfasst die Fähigkeit zum handelnden Umgang mit Wissen und Werten. Kompetenzen schließen die Fähigkeit zur Nutzung von Strategien mit ein und anderseits sind Strategien ein Werkzeug, um genau diese Kompetenzen zu erwerben. Strategien sind wie ein Werkzeug, das man gebraucht, während man es noch schmiedet. Strategien sind mentale Aktivitäten, die gezielt aktiviert werden, um Aufgaben und Probleme zu lösen. Am Ende sind Strategien im Ergebnis nicht mehr direkt sichtbar. Strategien haben in ihrer Nutzung Prozesscharakter. Die zielführende Anwendung von Strategien erfordert Wissen aus drei Bereichen, nämlich deklaratives Wissen (Was-Wissen), prozedurales Wissen (Wie-Wissen) und konditionales Wissen (Wann-Warum-Wissen) (vgl. Gedächtnissysteme ▸ Kap. 4.4).

Effizient und effektiv sind Strategien in ihrer Anwendung, wenn sie flexibel und mit Bezug auf die Aufgaben und deren jeweilige Anforderungen eingesetzt werden. Lernende müssen Strategien aktiv erwerben, automatisieren, vielfältig üben sowie hinsichtlich ihrer Wirkung reflektieren und beurteilen. Die Strategieanwendung von Lehrkräften dient den Lernenden dabei stets als Modell (Modelllernen). Nutzen entfalten Strategien erst, wenn sie von den Lernenden – selbstständig angewendet – erfolgreich sind und – für persönlich bedeutsame Ziele genutzt – als effektiv wahrgenommen werden.

Lernstrategien sind bewusste oder bewusstseinsfähige Verhaltens-, Vorgehensweisen und Gedanken, um Wissen zu erwerben und Ziele zu erreichen. Sie sind gleichermaßen das Ergebnis und Voraussetzung für das Lernen. Sie sind abhängig von Motivation, Emotion, Kognition und Volition.

Kognitive Strategien sind solche, die der unmittelbaren Erarbeitung, Strukturierung und Nutzung von Wissen dienen.

Metakognitive Strategien sind solche, die der Planung, Kontrolle und Regulation von Lernprozessen dienen. Sie werden dazu genutzt, bereits vorhandenes Wissen zu überprüfen und neue Fakten einzuordnen und sind somit ein wichtiger Prozess der Selbstkontrolle und Selbstregulation. Eine Differenzierung der Strategien nach Ziel und Einsatz ist sinnvoll.

Elaborationsstrategien dienen dem Verstehen und dem auf Dauer angelegten Behalten neuer Informationen, z. B. Aufmerksamkeit wecken/herstellen, Vorwissen aktivieren, Fragen stellen, Notizen machen, Vorstellungsbilder generieren, Mnemotechniken anwenden, variantenreiches Wiederholen, heuristische Strategien anwenden, Analogien bilden, ...

Organisationstechniken zielen strategisch darauf ab, die Informationsfülle auf das Wesentliche zu reduzieren, neues Wissen zu organisieren und zu strukturieren, Zusammenhänge herauszuarbeiten, z. B. Zusammenfassen von Textinformationen, Nutzung von Wissensschemata (Strukturdiagramme, Flussdiagramme, ...), Visualisierungen (Begriffsnetze, Concept-Maps, Mindmaps, ...)

Selbstregulationsstrategien beziehen sich auf die situations- und aufgabenangemessene Steuerung der Lernprozesse und laufen über den kognitiven Prozessen ab, regulieren das Denken über die eigenen Denk- und Lernprozesse, z. B. Planung von Lernen, Überwachung von Lernen, Bewertung von Lernen.

Wissensnutzungsstrategien tragen dazu bei, das erlernte Wissen in Anwendungs- und Transfersituationen sinnvoll einzusetzen, z. B. Schreiben von Texten, Lösen von Problemen, Argumentieren/Diskutieren im sozialen Kontext.

Domänenspezifische Strategien werden, im Gegensatz zu allgemeinen Strategien, auf einem engeren Wissensgebiet angewendet. Mit zunehmender Erfahrung wächst und verfeinert sich das Wissen und es bildet sich eine Expertise heraus. Strategisches Expertenwissen ist prozedurales Wissen (WIE-Wissen) und das konditionale Wissen (WANN-Wissen). Das prozedurale Wissen, im prozeduralen Gedächtnis gespeichert (vgl. ▸ Kap. 4.4), kann unbewusst und automatisiert genutzt werden, das entlastet das Arbeitsgedächtnis, z. B. Lesestrategien (vgl. ▶ Kap. 6.1), Schreibstrategien (vgl. ▶ Kap. 7.7), Rechenstrategien, Suchstrategien, Kommunikationsstrategien, ...

> **Zusammenfassung**
>
> Im Umgang mit den Sprachhürden im Unterricht der naturwissenschaftlichen Fächer gibt es drei Möglichkeiten:
>
> - Beim defensiven Umgang werden die sprachlichen Anforderungen durch Sprachvereinfachung gesenkt.
> - Beim Offensiven Umgang werden die Lernenden mit Scaffolds/ Methoden-Werkzeugen unterstützt, sodass sie die Sprachhürden überwinden und erfolgreich lernen.
> - Beim stärkenden Vorgehen werden die sprachlichen Kompetenzen der Lernenden langfristig durch Wortschatzerweiterung, durch Sprech-, Lese-, Schreib- und Lernstrategien erweitert.
>
> Entsprechend den Lernbedingungen im Allgemeinen und den sprachlichen Kompetenzen im Speziellen müssen Lehrkräfte fallbezogen den lernwirksamsten Weg wählen. In der Praxis werden im Sinne der Binnendifferenzierung oft alle drei Wege gleichzeitig parallel oder vermischt gestaltet.

4 Bildungssprache lehren und lernen

4.1 Lernen der Fachsprache und Sprachlernen im Fach

Der sprachwissenschaftliche Blick auf die Bildungssprache ist für die Sprachbildung im Unterricht notwendig, aber nicht hinreichend. Entscheidend ist der lernpsychologische Blick auf die Sprachbildung im Unterricht. Während beispielsweise unterrichtliche Texte meistens nach lernpsychologischen Gesichtspunkten aufgebaut sind, verzichten die rein fachsprachlichen Texte meistens darauf. Es wird darin vorausgesetzt, dass die Zielgruppe über eine gewisse Expertise in dem Fachgebiet verfügt. Die Fachsprache ist nicht die Sprache des Fachlernens. Im Folgenden wird unterschieden zwischen dem Lernen der Fachsprache und dem Lernen der Sprache im Fach. *Sprachlernen im Fach* ist nicht gleichzusetzen mit dem *Lernen der Fachsprache.*

Das Lernen der Fachsprache auf professionell hohem Niveau ist denjenigen vorbehalten, die das Ziel haben, in dem betreffenden Fach Expertinnen und Experten zu werden und gleichberechtigt in der Fachgemeinde auf diesem Sprachniveau zu kommunizieren. Damit ist das eine Ende des Spektrums gekennzeichnet. Das andere Ende betrifft die Novizinnen und Novizen, die Fachsprache auf einem gewissen Niveau gebildeter Laien lernen.

Expertinnen und Experten im Fach haben die Fachsprache gelernt und nutzen diese in entsprechenden Situationen. Es ist ein häufiges Missverständnis von Laien zu meinen, Fachleute würden z. B. im Labor ausschließlich in der Fachsprache kommunizieren. Ganz im Gegenteil, die Kommunikation findet in der Laborsprache (Werkstattsprache, analog zur Unterrichtssprache im Fachunterricht) statt, die Alltagssprache versetzt mit Versatzstücken aus der Fachsprache ist. Die Kommunikation ausschließlich in der rigiden Fachsprache beschränkt sich auf spezifische Situationen, z. B. die schriftliche Darstellung in Fachartikeln oder mündlich in einem Symposiumsvortrag von Fachinhalten durch Experten für Experten. Die Kommunikation im *Fachunterricht* hingegen ist eine Kommunikation zwischen Novizen im Fach untereinander und mit einem fachdidaktischen Experten, nämlich der Fachlehrkraft, zum Zwecke des Lernens im Fach. Die Fachsprache selbst ist nicht kommunikativ im Blick auf Diskurs; sie ist nur kommunikativ im Blick auf die »eindeutige und widerspruchsfreie« Mitteilung in dem Fachgebiet.

Fachsprache ist das Ergebnis eines langen, teils Jahrhunderte dauernden Aushandlungsprozesses innerhalb der Expertengemeinschaft. Der Aushandlungsprozess ist für eine gewisse Zeit abgeschlossen. Ganz anders im Fachunterricht. Lerner sind auf dem Weg zum Fach und die Begriffe und die Sprache im Fach müssen ausgehandelt werden. Die Lerngemeinschaft ist noch mitten im Aushandlungsprozess. Sprachlernen im Fach bedeutet demnach Teilhabe am Aushandlungsprozess zu haben: »Sprache im Unterricht ist wie ein Werkzeug, das man gebraucht, während man es noch schmiedet« (Butzkamm, 1989, S. 110).

Sprache ist nicht vor den Inhalten da, sondern wächst gleichzeitig mit dem Lernen der Fachinhalte. Insofern kann man Fach und Sprache nicht voneinander trennen, weder fachdidaktisch noch sprachdidaktisch noch lernpsychologisch. Dementsprechend müssen *Fachinhalte und Sprache* aber auch gleichzeitig gelehrt und gelernt werden. Aus diesem Grunde muss der Unterricht konsequent kommunikativ und diskursiv angelegt und gestaltet sein.

Die Fachsprache steht bestenfalls am Ende eines Lernprozesses. Es ist nicht Aufgabe des Fachunterrichts, Fachsprache zu erlernen, sondern Elemente, Versatzstücke, fachsprachliche Muster und Duktussplitter der Fachsprache, die mit dem Verstandenen, dem Gelernten, den Fachkonzepten und Vorstellungen des Faches korrespondieren: »Kein Begriff, keine Aussage ist präziser zu verstehen, als es die individuelle Denkstruktur jeweils zulässt« (Muckenfuß, 1995, S. 248). Exakte Begriffe taugen nicht für das Verstehen, sondern für das Verstandene. Das angeblich Verstandene wird oft im berühmten Merksatz definitorisch festgehalten. Der Physikdidaktiker Walter Jung hat dies treffend beschrieben: »Eine mühsam errungene Erkenntnis sinkt zur Definition herab« (Jung, 1979, S. 76).

Lernen und Verstehen brauchen die Plastizität und die Vagheit der *Alltags- und Unterrichtssprache*, denn ein »sprachloses« Fach ist nur etwas für Experten. Das Werner zugeschriebene Diktum gilt für alle Fächer: »Physik entsteht im Gespräch.« Wenn das Fach im Gespräch entsteht, dann entsteht erst recht das Lernen im Fach im Gespräch, und es braucht den Diskurs. Manche Lehrkräfte sind zu früh auf exakte Begriffe fixiert und unterbinden jeglichen Diskurs zwischen den Lernenden und der Lehrkraft. Dabei formulieren vage Begriffe nicht minderwertig, sondern schülergemäß; die Kommunikation gelingt dann nicht *trotz* sondern *wegen* der Vagheit der Begriffe. Exakte Begriffe sind für den Lernprozess von geringem Wert, weil sie subjektiv keine neuen Inhalte konstituieren, sondern nur bereits Bekanntes ordnen oder aber nicht verstanden werden. Ob und wie viel verstanden wurde, zeigt sich somit in der Sprache der Lerner. Sprache kann aber nicht exakter sein als das Denken und umgekehrt (vgl. Denken und Sprache ▸ Kap. 1.6). Die vom Lerner benutzte Sprache ist somit der beste Indikator zum Überprüfen des Verstehens. Dabei dürfen sich Lehrkräfte aber nicht vornehmlich an der korrekten Verwendung der Fachsprache (also der Richtigkeit der Begrifflichkeiten und der Syntax) orientieren, sondern müssen auch die Bedeutung (also die Semantik) im Blick haben. Dazu ein Beispiel aus der Physik.

> Der Lerner formuliert fachsprachlich richtig »A übt eine Kraft auf B aus«. Die Lehrkraft könnte daraus schließen, dass der Lerner das physikalisch richtige Wechselwirkungs-Schema von Kraft verstanden hat. Es könnte aber auch sein, dass er immer noch das Kraft-Haben-Schema hat, jedoch weiß er welche Sprechakte der Lehrer hören möchte. Würde er sagen »A schlägt mit viel Kraft auf B«, würde die Lehrkraft vermuten, dass er immer noch über das Kraft-Haben-

Schema verfügt. Die Lehrkraft muss versuchen, die Semantik der Schüleräußerungen zu verstehen.

Wie die Vagheit der Sprache das Verstehen ermöglichen kann, zeigt G. Job am Beispiel eines Begriffs, der bekanntermaßen als schwierig gilt, dem chemischen Potenzial:

> Noch bildhafter ausgedrückt, können wir sagen: Jeder Stoff, ganz gleich welcher Art, hat ein Bestreben zur Umsetzung, Umwandlung, Umverteilung usw., kurz gesagt, eine Art »Umtrieb«. µ ist ein Maß für die Stärke dieses Umtriebs, je größer µ, desto »umtriebiger, aktiver, forscher«, je kleiner, desto »schlaffer, passiver, lascher« ein Stoff. Bei einer Umsetzung, Umwandlung, Umverteilung setzt sich stets die Seite mit dem größeren Umtrieb durch: »Umtriebigere« Stoffe gehen in »phlegmatischere« über, ... von »betriebsamen« Stellen weichen Stoffe nach »geruhsameren« Orten aus. Kurz, die Materie strebt einem Zustand größter Schlaffheit zu. (Job, 2002, S. 1)

Begriffe sind theoriegeladen, das heißt, sie sind in ein Netz theoretischer Zusammenhänge eingebunden. Das Lernen von Begriffen ist somit immer das Lernen von Begriffsnetzen im Kontext. Das bestätigt noch einmal die Auffassung, dass Sprachlernen und Fachlernen untrennbar miteinander verbunden sind: »Begriffe gewinnen in der Wissenschaft einen scharfen Sinn erst im Rahmen eines umfassenden Wissens, letztlich einer Theorie« (von Weizsäcker, 1986, S. 12). Die semantische Ausschärfung eines Begriffes hängt ab vom Wissensnetz (theoretische Einbindung) der Kommunikanten und vom Gebrauch des Begriffes: »Die Bedeutung eines Wortes ist sein Gebrauch. Und um diesen Gebrauch kennenzulernen, bedarf es der Erfahrung« (Wittgenstein, 1984, § 43). Im Sinne Wittgensteins ist Kommunikation beim Sprachlernen ein »Sprachspiel«. Das Sprachspiel findet vornehmlich in der Unterrichtssprache im Sinne eines kommunikativen Aushandelns statt. Fachunterricht muss diskursiv angelegt sein, um Kommunikation im Unterricht zu bewirken. Kommunizieren lernt man durch Kommunizieren und Reflektieren an den Gegenständen des Faches *in situ*.

Das Sprachlernen im Fach ist an die Unterrichtssprache gebunden. Die Unterrichtssprache umfasst die sprachlichen Muster, die im Unterricht zum Zwecke des Lehrens und Lernens in Verwendung sind. Die Unterrichtssprache ist mehrheitlich Alltagssprache, die mit Versatzstücken aus der Fach- und Bildungssprache angereichert ist. Die Unterrichtssprache ist Sprache des Verstehens, während die Fachsprache in diesem Sinne die Sprache des Verstandenen ist. Die Unterrichtssprache ist durch eine Reihe von Merkmalen gekennzeichnet (vgl. im Folgenden Lange & Gogolin, 2010, S. 13).

Diskursive Merkmale der Unterrichtssprache betreffen den Rahmen und die Formen:

- eine klare Festlegung von Experten (Lehrende) und Novizen (Lernende);
- eine klare Festlegung von Sprecherrollen und Sprecherwechsel;
- ein hoher Anteil monologischer Formen (z. B. Vortrag, Referat, Aufsatz);
- ein hoher Anteil informeller Formen (z. B. Nebengespräche, Getuschel, Ermahnungen, Zwischenrufe, individuelle Unterstützung, Metareflexion, Beschwerden, Klagen, Lachen, Wutausbrüche, Freudenschreie, ...);

- fachgruppentypische Textsorten (z. B. analoge und digitale Sachtexte, Protokoll, Bericht, Erörterung, Darstellungsformen aller Art);
- stilistische Konventionen (z. B. Sachlichkeit, logische Gliederung, ein dem Gegenstand angemessener Textumfang).

Lexikalisch-semantische Merkmale der Unterrichtssprache beziehen sich in linguistischer Nähe zur Fachsprache auf Eigenarten des Wortschatzes und auf einzelne Bedeutungen:

- differenzierende und abstrahierende Ausdrücke (z. B. nach oben transportieren statt raufbringen);
- Präfixverben, darunter viele mit untrennbarem Präfix und mit Reflexivpronomen (z. B. erhitzen, sich entfalten, sich beziehen);
- nominale Zusammensetzungen (z. B. Winkelmesser);
- normierte Fachbegriffe (z. B. rechtwinklig, Dreisatz).

Syntaktische und textuelle Merkmale der Unterrichtssprache beziehen sich in linguistischer Nähe zur Fachsprache auf Besonderheiten im Satzbau und im Aufbau von Texten:

- explizite Markierungen der Kohäsion (Textzusammenhang);
- Satzgefüge (z. B. Konjunktionalsätze, Relativsätze, erweiterte Infinitive);
- unpersönliche Konstruktionen (z. B. Passivsätze, man-Sätze);
- Funktionsverbgefüge (z. B. zur Explosion bringen, einer Prüfung unterziehen, in Betrieb nehmen);
- umfängliche Attribute (z. B. die nach oben offene Richter-Skala, der sich daraus ergebende Schluss).

Der großen Bedeutung wegen wird festgehalten, dass das Sprachlernen im Fach nicht mit dem Lernen der Fachsprache gleichzusetzen ist. Sprachlernen im Fach richtet sich immer an Novizinnen und Novizen, die auf dem Weg zum Fach sind, auf dem Weg zum fachlichen Verständnis. Dieser Weg ist fachlich anspruchsvoll und sprachlich hürdenreich. Die Lernenden auf diesem Weg zu begleiten und zu unterstützen ist der Aufgabenbereich des sprachsensiblen Fachunterrichts.

4.2 Klassifizierung von Sprachhandlungen im Fach

Die Sprachhandlungen im Fachunterricht beziehen sich auf das fachlich-inhaltliche Lernen, sind also gebunden an fachliche Lernsituationen, die der Erkenntnisgewinnung, dem Wissenserwerb, der Wissenssicherung, der Wissensnutzung und der mündlichen wie schriftlichen Kommunikation in Lehr-Lern-Prozessen dienen. Der

4.2 Klassifizierung von Sprachhandlungen im Fach

Anspruch an Formalisierung und Präzision bei den Sprachhandlungen in der Bildungssprache kann niedriger und höher sein.

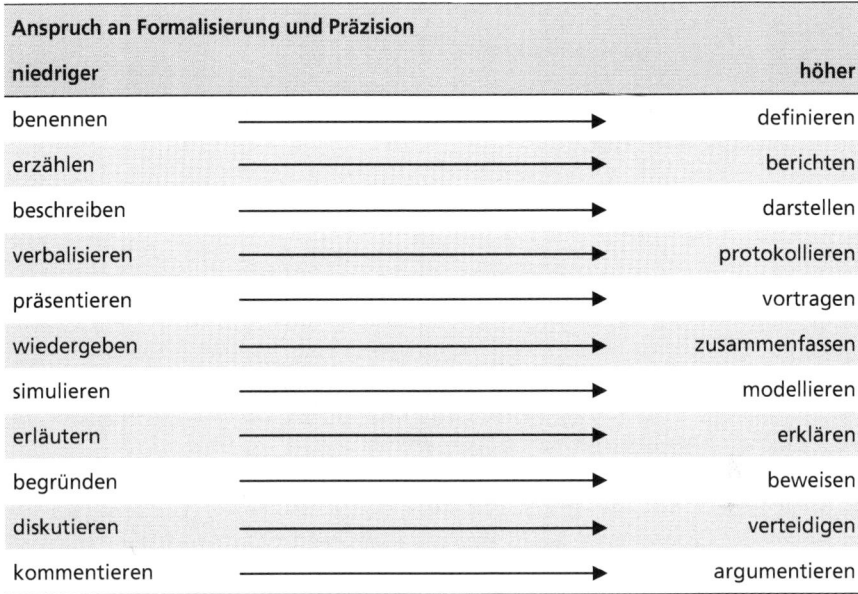

Anspruch an Formalisierung und Präzision	
niedriger	**höher**
benennen	definieren
erzählen	berichten
beschreiben	darstellen
verbalisieren	protokollieren
präsentieren	vortragen
wiedergeben	zusammenfassen
simulieren	modellieren
erläutern	erklären
begründen	beweisen
diskutieren	verteidigen
kommentieren	argumentieren

Es handelt sich hier um Diskursfunktionen, die im Unterricht standardmäßig vorkommen, demnach um Standardsituationen der unterrichtlichen Sprachverwendung, die von allen Schülerinnen und Schülern bildungs- und fachsprachlich zu bewältigen sind (Leisen, 2013b, Bd. 2, 99-138).

Sprachliche Standardsituationen im naturwissenschaftlichen Unterricht

Kompetenzen und Wissen zeigen

1. Etwas (Gegenstand, Experiment, ...) darstellen und beschreiben
2. Darstellungsformen (Tabelle, Diagramm, Skizze, ...) verbalisieren
3. Fachtypische Sprachstrukturen anwenden

Kompetenzen und Wissen erwerben

4. Sachverhalte präsentieren und strukturiert vortragen
5. Hypothesen, Vorstellungen, Ideen, ... äußern
6. Informationen nutzen und Fragen stellen

Kompetenzen und Wissen nutzen

7. Sachverhalte erklären und erläutern

4 Bildungssprache lehren und lernen

Sprachliche Standardsituationen im naturwissenschaftlichen Unterricht
8. Fachliche Probleme lösen und mündlich/ schriftlich verbalisieren
9. Auf Argumente eingehen und Sachverhalte diskursiv erörtern
Kompetenzen üben und Wissen vertiefen
10. Einen Fachtext lesen
11. Einen Fachtext verfassen
12. Sprachkompetenz sichern und ausbauen

Bildungssprachliche Handlungen sind immer in ihrer Funktion zu sehen, die durch eine Aufgabenstellung kontextualisiert wird. Dementsprechend müssen die Sprachhandlungen auf die Funktion hin orientiert sein. Statt die Sprachhandlungen nach Standardsituationen zu klassifizieren und hinsichtlich des Anspruchs an Formalisierung und Präzision zu untersuchen, kann man diese auch ihrer fachbezogenen Funktion nach in vier Kategorien einteilen.

1. Begleitendes Sprechen: In der Gruppenarbeit, beim Experimentieren, bei der Hypothesenentwicklung, bei Ideenerkundung, bei der Datenrecherche etc.

Beispiel

Lernende experimentieren und sprechen zur Erkenntnis der Flaschenzugregel

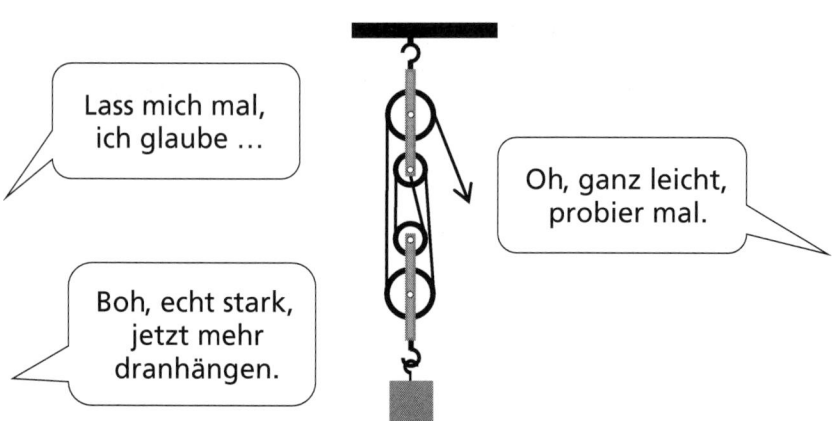

Abb. 4.1: Begleitendes Sprechen beim Experimentieren

- Das begleitende Sprechen wird durch das Handeln bestimmt. Ein Lernender hantiert und beschreibt und kommentiert sein Handeln, drückt Unsicherheiten

und Irritationen aus, unterstützt sein begleitendes Sprechen durch Zeigen, Mimik und Gestik. Andere Lernende fallen ins Wort, bestätigen, stimmen zu, ergänzen, widersprechen, intervenieren, greifen ein usw. Die Situation steuert die Kommunikation. Niemand vermag vorauszusagen wer, was, wie und wann sagen wird. Die Kommunikation ist bruchstückhaft, oft sind es Einwort-Einschübe, Floskeln, Ausrufe, Vorwürfe, usw.
- Beim Hantieren mit den Utensilien erübrigen sich Fachbegriffe. Die Bezüge sind offensichtlich und es wird fast ausschließlich in der Alltagssprache gesprochen.
- Das begleitende Sprechen ist sprachlich und kognitiv niederschwellig und wenig herausfordernd.
- Angemessenes Handeln der Lehrkraft:
  - Keine Interventionen und keine Fehlerkorrektur durch die Lehrkraft, um das Handeln und Denken nicht zu gefährden.
  - Das Sprechen der Lernenden diagnostizieren und in der nachfolgenden Sprachförderung nutzen.
2. Berichtendes Sprechen: Berichten über einen Versuch und Versuchsbeobachtungen, über Erfahrungen, Erlebnisse, Vorfälle

Beispiel

Eine Schülerin berichtet über das Experiment

Lehrer: Beschreibe euer Vorgehen im Experiment.

Schülerin: Wir haben so ... so ... ähm ... (Lehrer: Massenstücke) ... also Massenstücke drangehängt, hier unten an die ... ähm ... das Rad (Lehrer: lose Rolle) ... also an die lose Rolle. Dann war es ganz leicht zu ziehen.

- Das berichtende Sprechen ist sprachlich und kognitiv deutlich herausfordernder als das begleitende Sprechen. Der Lernende muss die Handlungssituation (z. B. die Experimentiersituation) sequenzieren und in eine zeitliche Reihenfolge bringen. Diese Handlungssequenz muss der Lernende anschließend in einen Bericht binden.
- Beim berichtenden Sprechen neigen Lernende dazu, jeden Satz mit »und dann« zu beginnen. Mit Methoden-Werkzeugen (vgl. ▶ Kap. 5.2) könnten Lernende mit variantenreichen Satzanfängen geschult werden.
- Der Sprechfluss beim berichtenden Sprechen wird durch Stocken immer wieder unterbrochen, d. h. die Sprachflüssigkeit ist reduziert. Der Lernende muss sich die Prozessabfolge aus dem episodischen Gedächtnis (vgl. ▶ Kap. 4.4) in Erinnerung rufen. Damit wird das Arbeitsgedächtnis (vgl. ▶ Kap. 4.5) belastet und die Sprachrichtigkeit (vgl. ▶ Kap. 4.6) leidet.
- Beim berichtenden Sprechen wird meistens auf Fachbegriffe verzichtet, zumal wenn diese noch nicht bekannt sind. Der Bericht erfolgt in der Alltagssprache im sogenannten Register der Mündlichkeit (vgl. ▶ Tab. 1.2).
- Angemessenes Handeln der Lehrkraft:

- Sprachhilfen geben und Wortschatz »zusagen«, d. h. unauffällig zuflüstern unter der Bedingung, dass der Sprechfluss erhalten bleibt und das Kind erfolgreich weiterspricht.
- Ggf. eine nachträgliche Fehlerkorrektur und Wortschatzerweiterung unter Einbindung der Klasse durchführen.
3. Fachsprachliches Sprechen und Schreiben: Ergebnisse, Erkenntnisse, Anwendungen, Darstellungsformen, Wissen, ... fachsprachlich korrekt und präzise mündlich oder schriftlich, analog oder digital vortragen, beschreiben, erklären, begründen, ...

Beispiel

Eine Schülerin beschreibt die im Experiment gewonnene Erkenntnis der Flaschenzugregel

Ich zähle die Seile rechts und links von der losen Rolle und dann teile ich das Gewicht durch diese Zahl. Das ist dann die Zugkraft am Flaschenzug.

- Das fachsprachliche Sprechen und Schreiben stellt sehr hohe sprachliche und kognitive Anforderungen. Kognitiv anspruchsvolle Denkvorgänge und sprachlich herausfordernde Sprach- und Schreibhandlungen im Register der Schriftlichkeit (vgl. ▶ Tab. 1.2) kennzeichnen diese Situation. Fachbegriffe und fachsprachliche Sprachstrukturen, die im vorgängigen Unterricht gelernt wurden, sollen hier angewandt werden. Mangelnde Übung und Routine in den Sprachstrukturen, die so nur im Fachunterricht vorkommen, lassen die Schüler schnell sprachlich straucheln.
- Die Sprachnot hinsichtlich der Fachbegriffe und das sprachliche Ringen kennzeichnen das fachsprachliche Sprechen und Schreiben. In der Sprachnot greifen die Sprecher und Schreiber auf falsche Ersatzbegriffe zurück. Das Arbeitsgedächtnis ist überlastet und der rasche Abruf aus dem semantischen Langzeitgedächtnis misslingt. Das Anliegen der Sprachrichtigkeit wird in diesen Situationen überlagert vom Bestreben, den Sprachfluss nicht zu unterbrechen und peinliches Schweigen zu vermeiden.
- Wenn Sprachfehler auftreten, neigen Lehrkräfte dazu, Fehler immer sofort zu verbessern, um die Gefahr der Fossilierung zu bekämpfen, und mit Verbesserungen zu helfen, usw. Das Verhalten ist die Folge tiefsitzender Lehrervorstellungen (vgl. ▶ Kap. 5.5).
- Angemessenes Handeln der Lehrkraft:
  - Das Sprechen und Schreiben ggf. vorbereitend mit Methoden-Werkzeugen unterstützen.
  - Lernende möglichst ohne Interventionen sprechen und schreiben lassen.
  - Eine nachträgliche individuelle Fehlerkorrektur und Wortschatzarbeit durchführen.
  - Fachwortschatz, Sprechmuster, Sprach- und Schreibhilfen als Methoden-Werkzeug (vgl. u.) im Sinne des Scaffolding anbieten.
4. Fachsprachliches Lesen: Lesen von Sach- und Fachtexten (vgl. ▶ Kap. 6)

> **Beispiel**
>
> **Verschiedene Versionen der Flaschenzugregel im Lehrbuch**
>
> Hängt beim Flaschenzug die Last an n tragenden Seilabschnitten, so ist die am Seilende erforderliche Zugkraft F gleich dem n-ten Teil der Gewichtskraft der Last. (Dorn & Bader, 1987)
> Werden die losen Rollen von n Seilabschnitten gehalten, so genügt - im Idealfall ohne Reibung - als Betrag der kleinen aufzubringenden Kraft im Vergleich zum Betrag der Lastkraft: $F = 1/n\ ^*F_L$. (Dorn & Bader, 2016)
> Ist n die Anzahl der tragenden Seilstücke, so gilt für die Zugkraft: $F_Z=1/n^*F_G$. Die zu ziehende Seillänge steigt auf das n-fache. (Impulse – Klett, 2014)

- Das Lesen von Fachtexten stellt hohe Anforderungen an die Lernenden. Selbst gewöhnliche Lehrbuchtexte, die für das Lernen geschrieben sind, empfinden sie als überfordernd.
- Die Lernenden müssen in einem längeren Prozess systematisch an das strategische Lesen von Sachtexten herangeführt werde.
- Angemessenes Handeln der Lehrkraft:
  - Dem Sachtext Leseaufträge zum orientierenden, selektiven, intensiven und extensiven Lesen beifügen, damit die Lernenden sich mit zunehmend tiefer und intensiver mit dem Text auseinandersetzen (vgl. ▶ Kap. 6.1, vgl. dort ▶ Auswahlliste).
  - Lesestrategien in die Leseaufträge integrieren und diese den Lernenden bewusst machen.

4.3 Die Relevanz von Sprachhandlungen beim Lernen der Bildungssprache

Die Sprachhandlungen in den Standardsituationen bzw. Diskursfunktionen (vgl. Vollmer & Thürmann, 2010, S. 110) im Unterricht werden bei Morek & Heller bildungssprachliche Praktiken genannt:

> Unter bildungssprachlichen Praktiken verstehen wir somit die (vorzugsweise in Bildungsinstitutionen) situierten, mündlichen wie schriftlichen sprachlich-kommunikativen Verfahren der Wissenskonstruktion und -vermittlung, die stets auch epistemische Kraft entfalten (können) und zugleich bestimmte bildungsaffine Identitäten indizieren. Diese Verfahren erhalten den Status sozial etablierter Praktiken erst und gerade dadurch, dass sie von erfahrenen Agenten der Institution normativ sowohl implizit als auch explizit eingesetzt und aktualisiert werden. (Morek & Heller, 2012, S. 90)

An anderer Stelle werden die bildungssprachlichen Praktiken folgendermaßen definiert: »Darunter sind gesellschaftlich verfestigte, sprachlich-kommunikative Verfahren zu verstehen, die der Lösung wiederkehrender Probleme der Wissenskonstruktion, -absicherung und -vermittlung dienen« (Morek & Heller, 2019, S. 1).

Zu Recht monieren die Autorinnen, dass der ausschließlich linguistische Blick auf die Bildungssprache zu kurz greift:

> Mit der Erweiterung des Blicks auf Praktiken geraten – anders als beim Begriff ›Bildungssprache‹ – nicht nur sprachlich-formale Mittel in den Fokus. Vielmehr wird deren Gebrauch als nur eine von drei Aufgaben betrachtet, die beim Vollzug bildungssprachlicher Praktiken bewerkstelligt werden müssen: Erstens muss erkannt werden, was für eine Praktik in einem bestimmten Gesprächs- oder Aufgabenkontext explizit oder implizit gefordert ist (Kontextualisierung). Zweitens müssen fachliche Sachverhalte und Zusammenhänge kohärent und der jeweiligen Gattung gemäß dargestellt und verknüpft werden (Vertextung). Drittens schließlich müssen spezifische (sprachliche) Formen (z. B. Lexik, Syntax, Gestik, Prosodie) gewählt werden, über die eine Praktik überhaupt erst realisiert und in ihrer Funktion und Struktur für den Rezipienten erkennbar gemacht wird (Markierung). (Morek & Heller, 2019, S. 2)

Bildungssprache ist nur so gut und nützlich, wie sie die Bewältigung von Sprachhandlungen oder »bildungssprachlichen Praktiken« ermöglicht, also den Wissenserwerb, die Wissensvermittlung und die Wissensnutzung unterstützt und gleichzeitig Lerngegenstand ist: »Es muss daher darum gehen, im Mündlichen wie Schriftlichen Erwerbskontexte für bildungssprachliches Handeln zu schaffen, in denen Schüler(innen) beim Aufbau ihrer Fähigkeiten gefordert und unterstützt werden, […]« (Morek & Heller, 2019, S. 2). Bildungssprache lernt man in der möglichst erfolgreichen Bewältigung von sprachlichen Handlungen im Lernprozess.

Die Relevanz der Sprachhandlungen im Unterricht zeigen sich in zentralen Punkten:

- Die Sprachhandlungen bzw. Diskursfunktionen oder bildungssprachliche Praktiken erfüllen ihre epistemische Funktion als Werkzeug des Denkens und des Wissenstransfers und sind damit unverzichtbar fundamental im System Schule.
  Fragen hierzu:
    - Wie bewusst und professionell setzen Lehrkräfte Sprache als Werkzeug des Denkens ein, um das epistemische Potenzial für das Fachlernen zu nutzen?
    - Wie schaffen die Lehrkräfte bei den Lernenden Bewusstheit über Sprache als Werkzeug des Denkens?
    - Wird dem Eigenwert der Diskursfunktionen für das Fachlernen genügend Raum gegeben oder sind sie den Fachinhalten nachrangig beigeordnet?
- Die bildungssprachlichen Sprachhandlungen sind auf das Engste mit dem Verwendungskontext, also der Standardsituation (vgl. ▶ Kap. 4.2 und ▶ Tab. 5.4) und der Kommunikationssituation verbunden und müssen von den Lernenden als solche erkannt werden.
  Fragen hierzu:
    - Wie explizit oder implizit kommunizieren die Lehrkräfte den Verwendungskontext?
    - Wie bewusst ist den Lernenden der Verwendungskontext der Sprachhandlung?
    - Wie habitualisiert ist die Lehrer-Schüler-Kommunikation, die Gesprächsführung im Unterricht und ist sie ein Modell für bildungssprachliche Sprachhandlungen?

- Die Lehrpersonen haben bestimmte normative Erwartungen an die Lernenden bei der Verwendung der Sprachhandlungen hinsichtlich Formalisierung und Präzision (vgl. ▸ Kap. 2.1), die sich im Unterricht in der Rückmeldung und Bewertung äußern.
Fragen hierzu:
  – Erkennen die Lernenden die an sie gestellten sprachlich-kommunikativen Erwartungen?
  – Wie formulieren und artikulieren die Lehrkräfte die normativen Erwartungen an die Lernenden?
  – Wie melden die Lehrkräfte die Erfüllung bzw. Nichterfüllung im Sinne der Fehlerkorrektur zurück und wie bewerten Sie die Sprachprodukte der Lernenden?
- Mündliche oder schriftliche Aufgabenstellungen mit Operatoren initiieren die Durchführung bildungssprachlicher Sprachhandlungen im Unterricht, wobei die normativen Erwartungen von den Präferenzen der Lehrkraft abhängen und in den Fächern nicht immer gleich interpretiert werden.
Fragen hierzu:
  – Wie verwenden die Lehrkräfte Operatoren in den Aufgabenstellungen?
  – Werden die Operatoren in den Fächern gleich benutzt oder gibt es durch die Fächer oder die Lehrpersonen bedingte Unterschiede?
  – Wie erkennen die Lernenden die Unterschiede und wie gehen sie damit um?
- Die Anforderungen der Institution Schule in der Verwendung der Sprachhandlungen haben eine sozial-symbolische Funktion und sind damit ein Mittel zum Ausdruck von Identität und Selbstpositionierung, die jedoch zu den schulischen Erwartungen nicht immer kongruent sind.
Fragen hierzu:
  – Wie verdeutlichen die Lehrkräfte die sozial-symbolische Funktion der Bildungssprache in ihrem Unterricht?
  – Wie und in welchem Umfang ermöglichen Lehrkräfte die Selbstpositionierung durch Sprachhandlungen im Unterricht?
  – Wie gehen mit Abweichungen von den schulischen Erwartungen um?

Auf die aufgeworfenen Fragen wird im Zusammenhang mit der unterrichtlichen Gestaltung eines sprachsensiblen Fachunterrichts implizit oder explizit beantwortend eigegangen (vgl. ▸ Kap. 4.4 bis Kap. 4.8).

4.4 Spracherwerb und Sprachlernen im Licht der Langzeitgedächtnissysteme

Die Erstsprachen werden im Kleinkindalter ausschließlich über das Hören und Imitieren erworben und die so erworbene Sprache ist im proceduralen Gedächtnis verankert. Das Lernen einer Fremdsprache und erst recht das Lernen der Bildungssprache ist anstrengend, mühsam, dauert mehrere Jahre und wird im prozeduralen vor allem aber im semantischen Langzeitgedächtnis verankert. Zum besseren Verständnis und vor allem für den richtigen Umgang mit der Fehlerkorrektur und der Begriffsnot ist das Wissen über Gedächtnissysteme und deren Zusammenwirken mit dem Arbeitsgedächtnis aufklärend und hilfreich.

Das nichtdeklarative Gedächtnissystem (vgl. ▶Tab. 4.1) ist zuständig für die unbewusste Wiedererkennung und wird noch einmal unterteilt in das Priming und das prozedurale Gedächtnis. Für den Spracherwerb und insbesondere für den frühkindlichen ist das prozedurale Gedächtnis entscheidend. Der Erwerb erfolgt ausschließlich über das Hören durch Modellieren und Imitieren. Das im prozeduralen Gedächtnis verankerte ist dauerhaft, zugriffsfreudig und wenig störanfällig.

Das deklarative Gedächtnissystem ist dem Bewusstsein zugänglich und wird in zwei weitere Systeme unterteilt. Im semantischen Gedächtnis wird das schulische Wissen, werden generelle Zusammenhänge, Daten, Fakten und Informationen verankert. Für das Sprachlernen ist das semantische Gedächtnis entscheidend, denn hier werden die sprachlich-grammatischen Kenntnisse und das Regelwissen gespeichert. Das episodische Gedächtnis ist zuständig für die Speicherung einzelner autobiografischer Ereignisse verknüpft mit Ort und Zeit. Das semantische Gedächtnis hat gegenüber dem prozeduralen den großen Nachteil, dass das dort Gespeicherte nicht so dauerhaft ist, also u. U. nicht mehr erinnert werden kann.

Tab. 4.1: Langzeit-Gedächtnissysteme (vgl. auch Leisen, 2013b, Bd. 1, S. 57)

Langzeitgedächtnissysteme			
Nicht-deklaratives Gedächtnis (unbewusste Wiedererkennung)		**Deklaratives Gedächtnis (bewusste Wiedererkennung)**	
Priming	Prozedurales Gedächtnis	Semantisches Gedächtnis	Episodisches Gedächtnis
• unbewusstes Wiedererkennen von Reizen und Sinneseindrücke • Erinnern von ähnlich erlebten Situationen	• Fertigkeitswissen • erlernte Bewegungs-abläufe • Gewohnheiten • Aussprache • Gefühl der Sprachrichtigkeit	• Schul- und Bildungswissen • Wissen um generelle Zusammenhänge • Faktengedächtnis • sprachlich-grammatikalische Kenntnisse	• Erinnerung an Lebensereignisse • Speicherung einzelner Ereignisse geordnet nach Ort und Zeit
nicht an Sprache gebunden		an Sprache gebunden – Wissen wird über Begriffe abgespeichert	

Evolution der Gedächtnissysteme ⟶

Erstsprachen werden erworben, Fremdsprachen im Unterricht gelernt. Spracherwerb findet im prozeduralen Gedächtnis, Sprachlernen im semantischen Gedächtnis statt, verbunden mit der Erwartung, dass viel Sprachrichtiges in das prozedurale Gedächtnis übergeht. Falls Sprachfalsches im prozeduralen Gedächtnis landet, ist es dort dauerhaft gespeichert, es ist fossiliert. Aufgrund der Plastizität des Gehirns ist eine Defossilierung möglich, aber nur unter enormer Anstrengung.

4.5 Sprechen im Zusammenwirken von Arbeitsgedächtnis und Langzeitgedächtnis

Lernen ist genauso wie Sprechen immer an das Zusammenspiel von Langzeitgedächtnissystemen und dem Arbeitsgedächtnis gebunden. Die folgende Tabelle zeigt die vier Ebenen der Gedächtnissysteme.

Tab. 4.2: Vier Ebenen der Gedächtnissysteme

Gedächtnis	Gehirnregion	Dauer
Ultrakurzzeitgedächtnis	Sensible Rindenbereiche	bis 2 Sekunden
Arbeitsgedächtnis	Stirnhirn	20-45 Sekunden
Kurzzeitgedächtnis	Hippocampus	wenige Stunden
Langzeitgedächtnis	Cortex	einige Tage bis lebenslang

Ein überlastetes Arbeitsgedächtnis »spricht« nicht. Vier Eigenschaften des Arbeitsgedächtnisses sind für Sprachfehler und Sprachnot verantwortlich:

- Das Arbeitsgedächtnis ist hat eine begrenzte Kapazität. Es können nur fünf bis neun Informationen gleichzeitig kurzfristig zur Bearbeitung gespeichert werden.
- Es ist sehr störanfällig.
- Die Speicherdauer beträgt zwischen 20-45 Sekunden.
- Es reagiert auf emotionale Färbung durch das limbische System.

Überlastung und/oder negative Färbung führen zur Überforderung des Arbeitsgedächtnisses. Routinebildung (Üben) entlastet das Arbeitsgedächtnis und ist der Schlüssel, um Sprachfehler und Sprachnot zu vermeiden. Die Vorgänge werden nachfolgend genauer beschrieben.

Das Arbeitsgedächtnis (▶ Abb. 4.2) holt Vorwissen aus dem semantischen Langzeitgedächtnis und verknüpft es mit gehörtem, gelesenem oder gesehenem Wissen. Die Verknüpfung zeigt sich neurophysiologisch in neuen synaptischen Verbindungen. So entstehen neue Erkenntnisse. Wissen ist jedoch über das limbische System emotional gefärbt. Das limbische System - bestehend aus Hippocampus, Hypophyse, Thalamus, Hypothalamus, Amygdala, direkt über dem Kleinhirn sitzend - arbeitet unbewusst und bewertet alles, was wir erfahren danach, ob es sich lohnt zuzuhören, aufzupassen, mitzudenken oder nicht. Negative emotionale Färbung und Überlastung des Arbeitsgedächtnisses führen zur Überforderung und das Arbeitsgedächtnis streikt. Es findet kein Lernen statt und auch Sprachhandlungen stocken. Begriffs- und Sprachnot sind die sichtbaren Folgen. Die sprechende Person befindet sich in der Gefangenschaft der drei einander widerstreitenden Geschwister (▶ Abb. 4.3). Allen Lehrenden und allen Lernenden muss bewusst sein, dass es kein Sprachlernen ohne Sprachfehler und Sprachnot gibt: Besser mit Sprachfehlern sprechen als gar nicht.

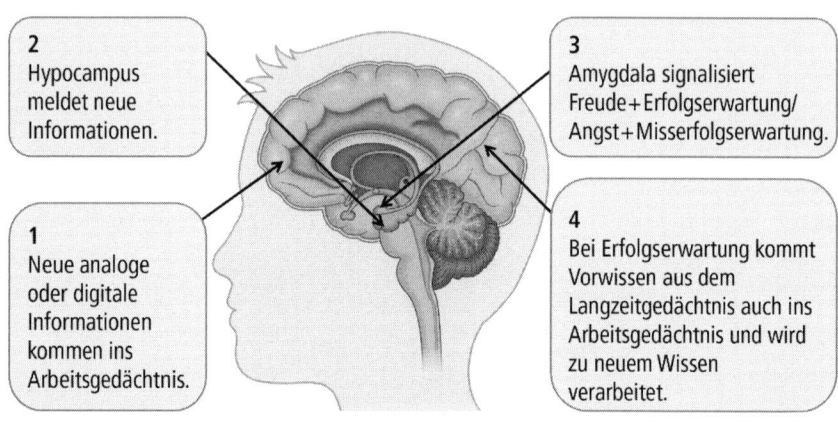

Abb. 4.2: Lernen im Arbeitsgedächtnis

4.6 Sprachrichtigkeit, Sprachflüssigkeit und Sprachkomplexität

Bildungssprache wird in einem bildungssprachlichen Sprachbad des Fachunterrichts und mit Fachinhalten angelernt. Dazu werden die Lernenden in fachliche Handlungssituationen gebracht, die sie sprachlich erfolgreich bewältigen müssen. Zum erfolgreichen Lernen muss das bildungssprachliche Sprachbad sprachlich reichhaltig, kognitiv herausfordernd, sprachbildend, sprachsensibel, lernergerecht und bewältigbar sein. Die Lernenden müssen Bildungssprache modellhaft im Gebrauch hören, lesen und erfolgreich imitieren, aber nicht zwingend fehlerfrei nutzen. Die entsprechenden bildungssprachlichen Handlungen (berichten, beschreiben, protokollieren, verbalisieren, modellieren, diskutieren, erläutern, argumentieren, begründen, bildungssprachlich lesen, bildungssprachlich schreiben, ...) sind in der Regel kognitiv und sprachlich sehr anspruchsvolle und damit herausfordernde Handlungen, da Fachlernen und Sprachlernen untrennbar miteinander verbunden sind. Dadurch gelangen die Sprechenden fast immer in die Gefangenschaft von drei einander widerstreitenden Geschwistern, nämlich der Sprachrichtigkeit, der Sprachflüssigkeit und der Sprachkomplexität (▶ Abb. 4.3).

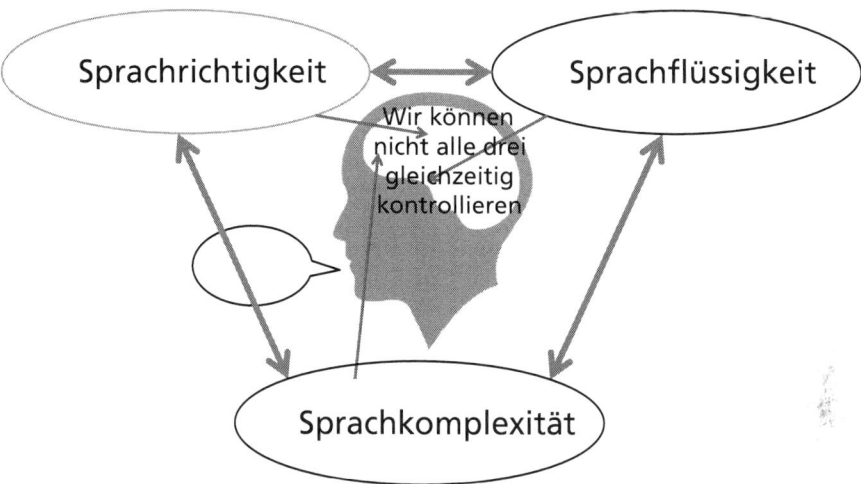

Abb. 4.3: Drei widerstreitende Geschwister

Die Sprachkomplexität wird durch die (fachlichen) Inhalte bestimmt. Ist die Sache komplex, muss komplex gesprochen und geschrieben werden, z. B. müssen Kausalbeziehungen verbalisiert werden. Konzentriert sich die sprechende Person auf die Sprachrichtigkeit, neigt sie zum Sprechen in einfachen Hauptsätzen und gefährdet die Sprachkomplexität mangels sprachlicher Differenzierung. Widmet sie sich der Sprachkomplexität, gefährdet sie die Sprachrichtigkeit. Die Begründung dafür ist in der Überforderung des Arbeitsgedächtnisses begründet (vgl. ▶ Kap. 4.5 und ▶ Abb. 4.2). Daraus folgt eine didaktische Konsequenz: Den Lernenden muss bei der Aufgabenstellung signalisiert werden, ob die Sprachrichtigkeit, die Sprachflüssigkeit oder die Sprachkomplexität im Vordergrund steht.

4.7 Sprachliche Fehlerkorrektur im Licht der Langzeitgedächtnissysteme

Kommunikation im Unterricht basiert auf der mündlichen Mitarbeit. Diese gelingt – unterstützt durch Gestik und deiktische (zeigende) Ausdrücke – auf einem bestimmten Niveau. Lehrkraft und Mitlernende haben verstanden, was die Schülerin/ der Schüler ausdrücken möchte, obwohl die sprachliche Formulierung allein das Verstehen nicht ermöglicht hätte. Die Lehrkraft signalisiert der Schülerin/ dem Schüler »Ich-Habe-Verstanden« mit zustimmendem, ermutigendem Nicken. Die Anerkennung bezieht sich auf die Mitarbeit, die fachliche Idee, ... und nicht auf die sprachliche Formulierung. Ohne weitere Anstrengung verbleibt die Kommunikation jedoch verdeckt auf niedrigem Entwicklungsstand. So erliegen Lehrende wie Lernende einer Verstehensillusion. Erst wenn die Lernenden mit den Anforderungen der konzeptionellen Schriftlichkeit (▶ Tab. 1.2), also der Bildungssprache, konfrontiert sind, zeigen sich Einschränkungen im Wortschatz, eine Begrenztheit der verfügbaren grammatischen Muster und spezifische Fehler. Erst bei der Versprachlichung und vor allem bei der Verschriftlichung komplexer Gedankengänge werden sprachliche Defizite erkannt. Dann ist der Lernende aber schon auf dem Weg in die sprachliche Fossilierung.

Sanfte Überformung und Modellierung sind synonyme Begriffe für die situative und spontane Fehlerkorrektur. Diese wenden Eltern unwillkürlich in der Spracherwerbsphase ihrer Kinder an, indem sie fehlerhafte Äußerungen sprachrichtig reformulieren und sanft überformen.

> **Beispiel**
>
> Der Vater geht mit seinem zweijährigen Sohn zum Spielplatz. Dieser sieht wie ein Kind einen Ball hochhebt.
> Der Zweijährige sagt: »Ball holt.«
> Vater: »Ja, das Kind holt den Ball.«

Diese Reformulierung ist ein Modell. Oft genug gehört, prägt sich die richtige Sprachverwendung allmählich entlang der Spracherwerbsstufen und der Gehirnreifung ein. Freundlichkeit und Beiläufigkeit der Überformung sind dabei ganz entscheidend. Das menschliche Gehirn ist nämlich nicht nur ein Denkorgan, sondern auch ein Beziehungsorgan. Deshalb ist die Zuwendung der Person so wichtig.

Im Folgenden werden diese Überlegungen auf das Lernen der Bildungssprache im Fachunterricht übertragen. Hier muss zwischen verschiedenen Fällen sorgfältig unterschieden werden.

- *Performanzfehler* sind solche, in denen der Sprechende über die entsprechende Kompetenz verfügt, sich jedoch versprochen hat. Performanzfehler werden sanft überformt, bzw. im Sinne eines »Sprachschattens« reformuliert oder modelliert. Diese Überformung muss freundlich und beiläufig zugewandt erfolgen. Die Korrektur zielt auf das prozedurale Gedächtnis.
- *Kompetenzfehler* resultieren aus der mangelnden fachlichen und/oder sprachlichen Kompetenz. Eine bloße Überformung bleibt wirkungslos. Hier muss erst am Konzeptverständnis gearbeitet werden. Erst aus der Kompetenz kann auch eine nicht zufällig richtige sprachliche Performanz folgen. Kompetenzfehler zielen auf das semantische Gedächtnis ab. Die Unterscheidung zwischen Per-

formanzfehler und Kompetenzfehler ist für die Wirkung der Fehlerkorrektur entscheidend.
- *Begriffsnot* und *Sprachnot* sind ständige Begleiter sprechender Personen. Hier kann über Zusagen ausgeholfen werden, ersatzweise auch durch ein Zeigen. Dieses Zusagen befreit die sprechende Person aus ihrer misslichen Situation und ist forschungsbelegt gut begründet. Ein neuer Begriff muss in einer Fremdsprache zwanzig- bis fünfzigmal gehört werden, bevor er aktiv im prozeduralen Gedächtnis dauerhaft verankert ist. Wenn jedoch dieser Begriff in der Sprachnot vom Gesprächspartner zugesagt wird und die sprechende Person dadurch aus der misslichen Situation befreit wird, wird der Begriff mit hoher Wahrscheinlichkeit rascher im prozeduralen Langzeitgedächtnis verankert. Das Zusagen muss jedoch zugewandt mit »privatem Charakter« erfolgen, d. h. möglichst ohne öffentliche Unterbrechung des Sprechflusses. Begriffs- und Sprachnot entstehen nämlich bei einer Überlastung des Arbeitsgedächtnisses. Das Zusagen überbrückt die Überlastung und beendet die Sprachnot.
- Die Gefahr der *Fossilierung* der Fachsprache ist eine Begleiterscheinung des Lernens der Bildungssprache. Das zeigt sich darin, dass Lernende selbst im fortgeschrittenem Lernstadium immer noch »plus machen« statt zu addieren, »gucken« statt zu beobachten, »reintun« statt einzufüllen usw. Hier muss gegen die fachsprachliche Fossilierung mit Übungen angegangen werden.

4.8 Schriftliche Fehlerkorrektur

Beispiel

Ein DaZ-Schüler der Klasse 8 schreibt (nicht korrigiert):
In dem Mundhöle werden das Essen gekaut und mit den Spuk runter geschlucken, dan geht es zum den Speßeröhre. Nachher werden das Essen zum den Magen von das Magensäre das Essen kleiner machen, und die bakterien »weck« machen

Im Defizitblick sieht man viele Sprachfehler, Passepartout-Formulierungen (machen) und es werden ausschließlich Fakten genannt und keine Begründungszusammenhänge gegeben.

Im Positivblick erkennt man hierin eine sehr anerkennenswerte Leistung und wird nicht alle Fehler gleichermaßen besprechen, sondern die für das Weiterlernen relevanten. Fachlich relevant ist der Hinweis, dass »das Essen« durch »die Nahrung« ersetzt werden sollte und »nachher werden« durch »danach geht«. In einer Relevanz orientierten Korrektur wird man dem Schüler eine bessere Formulierung zur Reflexion anbieten: »Die Magensäure zerkleinert die Nahrung (Speisebrei). Die Bakterien (= Krankheitserreger) werden getötet.« Auf diese Art und Weise kann der Wortschatz erweitert werden.

> **Empfehlungen zur schriftlichen Korrektur**
>
> - grundsätzlich eine Positivkorrektur bevorzugen
> - fachlichen Fehler (Kompetenzfehler) Vorrang geben
> - eine Relevanz orientierte Korrektur durchführen mit dem Hinweis auf noch weitere Fehler
> - bei der Relevanz orientierten Korrektur mit verschiedenen Farben arbeiten
> - Schülerformulierungen überformen und Bewusstheit bewirken
> - mit Maß eine motivierende und nach vorne blickende Korrektur durchführen

4.9 Sprachhandlungen in der Bildungssprache automatisieren

Die Sprachhandlungen finden im Register der Bildungssprache statt. Bildungssprache ist ein sprachpädagogisches Konstrukt, das die Sprachverwendungsmuster umfasst, die für schulische Lehr- und Lernsituationen typisch sind. Bildungssprache ist das Werkzeug für kognitive Prozesse in allen Fächern und Lernbereichen, das geschmiedet wird, während man es benutzt. Bildungssprache wird an und mit der Sache (den Fachinhalten) gelernt und fördert die Sprache an und mit den Fragestellungen des Faches. Im sprachsensiblen Fachunterricht werden die Inhalte des Faches sowohl durch als auch mit Sprache gelernt. Dabei erwerben die Lernenden Kompetenzen auf der sprachlichen, fachlichen und kommunikativen Ebene. Sprache wird somit sowohl benutzt als auch gleichzeitig neu erworben und ständig weiterentwickelt.

Das Beherrschen der Bildungssprache ermöglicht, schwierige und kognitiv anspruchsvolle Sinnzusammenhänge sprachlich zu durchdringen und Informationen zu verarbeiten. Erfolgreiches schulisches Lernen ist damit unabdingbar an Bildungssprache gebunden. Fachlernen und Sprachlernen bedingen einander wechselseitig in allen schulischen Fächern. Sprachsensibler Unterricht ist sprachbezogener Fachunterricht.

Bei gelingendem Sprachlernen muss im semantischen Gedächtnis gespeichertes – also deklaratives – sprachliches Wissen weitgehend routiniert aktiviert und angewendet werden, also in prozedurales Sprachwissen umgewandelt werden. Unter welchen Bedingungen wird deklaratives Sprachwissen zu prozeduralem Sprachwissen? Üben und Wiederholen sind hierfür zwar wichtig, aber nicht entscheidend. Eine Automatisierung wird vielmehr erst dadurch ausgelöst, dass sprachliches Wissen in echten Kommunikationssituationen gebraucht wird. Dies hat aufschlussreiche Folgen für sogenannte Paukübungen. Nicht genau das, was vorher geübt wurde, wird automatisiert, sondern das, was das innere, individuelle Sprachsystem des Lernenden zur weiteren Entwicklung gerade noch integrieren kann: »Das fundamentale Lerngesetz lautet: Die Zielhandlung selbst, die ganzheitliche Leistung muss immer wieder ausgeführt werden. [...] Eine Fremdsprache [Bildungssprache, J.L.] lernt man nur dann als Kommunikationsmedium benutzen, wenn sie ausdrücklich und genügend oft in dieser Funktion ausgeübt wird« (Butzkamm,1989, S. 79).

Diese Ausübung muss jedoch auch erfolgreich stattfinden können; dies ist der Fall, wenn die Sprechsituation kognitiv und sprachlich dem Denk- und Sprachniveau des Lerners angepasst ist. Funktional erfolglose Sprachverwendungen wirken sich negativ aus: »Tatsächlich ist automatisiertes Wissen die Voraussetzung für Verstehensprozesse, eben weil man für Verstehensprozesse freie Arbeitsgedächtniskapazitäten braucht« (Stern & Neubauer, 2007, S. 192).

In Sprechsituationen, die mit hoher kognitiver Anstrengung verbunden sind, sind Sprachfehler ganz natürlich und unvermeidlich (▶ Abb. 4.3):

> Die Aufmerksamkeit ist dabei fast gänzlich von der Bedeutungsproduktion (Mitteilungsabsicht, Wortwahl) absorbiert, die Bildung der Wort- und Satzformen muss auf prozedurales, automatisiertes Wissen zurückgreifen können und entgleitet weitgehend der bewussten Kontrolle. Als Sprachlernende versuchen wir in dieser Situation stammelnd und bruchstückhaft unsere Gedanken zu äußern und uns verständlich zu machen, und gleichzeitig schaffen wir dabei die Voraussetzung für weitere Automatisierung. Sie passiert nämlich (unbewusst) in dieser Interaktionssituation, während der Interaktion mit Menschen, Texten und Medien. (Stern & Neubauer, 2007, S. 192)

4.10 Wie viel Grammatik braucht der sprachsensible Fachunterricht?

Wie kommen die Schülerinnen und Schüler im Sprachunterricht zum Sprechen und in die Sprache? Nicht über Grammatik, nicht über Vokabellernen, nicht über deduktive Wortschatzeinführung, nicht über lexiko-grammatische Instruktionen, sondern über kontextorientierte, sinnstiftende und narrative Situationen, mit denen sich die Schülerinnen und Schüler identifizieren und die zum Erzählen, Berichten, Beschreiben, ... einladen.

Wie kommen die Schülerinnen und Schüler im Fachunterricht zum Sprechen und in die Sprache des Faches? Sie kommen auch nicht über Tabellen, nicht über Diagramme, nicht über Formeln, nicht über symbolische Darstellungsformen und nicht über abstrakte Inhalte in die Sprache, sondern über fachlich narrative und handlungsorientierte Situationen, die Schülerinnen und Schüler interessieren und die zum Erzählen, Berichten, Beschreiben, ... einladen. Tabellen, Diagramme, Formeln und alle anderen symbolischen Darstellungsformen sind wichtige Elemente des Fachunterrichts, die zu durchdringen, zu verstehen, zu beschreiben, zu erklären und zu verbalisieren sind, aber ihnen fehlt die narrative und diskursive Seite, um offen, vielseitig, imaginierend, diskursiv ins Sprechen und in den Austausch zu kommen.

Die Frage ist nicht, ob die Lernenden im Sprachunterricht grammatische Formen und Strukturen lernen müssen, sondern wann und wie. Die Frage ist nicht, ob die Lernenden im Fachunterricht symbolische Darstellungsformen verbalisieren müssen, sondern wann und wie. Im Sprachunterricht wie im Fachunterricht sollten Lernumgebungen mit Handlungssituationen gestaltet werden, die narrative und handlungsorientierte Einstiege ermöglichen und zu einem hohen Sprachumsatz - vorwiegend im Register der Mündlichkeit (Alltagssprache) - führen.

Im fachbezogenen Sprachunterricht ebenso wie im sprachbezogenen Fachunterricht ist eine sprachdidaktische bzw. fachdidaktische und keine linguistische bzw. fachsystematische Herangehensweise geboten. Bei der linguistischen Herangehensweise sind sprachliche Formen und Strukturen Ausgangspunkt und Ziel des Sprachlernens. Bei der sprachdidaktischen bzw. fachdidaktischen Herangehensweise sind die Sprachhandlungen im Fachunterricht Ausgangspunkt und Ziel des Sprachlernens. Die Sprachhandlungen im Fachunterricht umfassen erzählen, berichten, beschreiben, begründen, argumentieren, verbalisieren, modellieren, diskutieren, erläutern, protokollieren, lesen, schreiben, etc. Diese Operatoren fordern von den Lernenden Sprachhandlungen, die allesamt zum Register der Schriftlichkeit (vgl. ▶ Tab. 1.2), also der Bildungssprache gehören. Es ist Aufgabe eines jeden Fachunterrichts in diese einzuführen.

> **Zusammenfassung**
>
> Sprache im Allgemeinen und Bildungssprache im Besonderen wird in sprachlichen Handlungen gelernt. Die Sprachhandlungen im naturwissenschaftlichen Unterricht sind an fachliche Lernsituationen gebunden, die der Erkenntnisgewinnung, dem Wissenserwerb, der Wissenssicherung, der Wissensnutzung und der mündlichen wie schriftlichen Kommunikation in Lehr-Lern-Prozessen dienen. Die durch Aufgabenstellungen initiierten sprachlichen Handlungen im naturwissenschaftlichen Unterricht auf unterschiedlichem Anforderungsniveau sind: beschreiben, begründen, erklären, erläutern, argumentieren, zusammenfassen, bewerten, etc. Sprachsensibles Unterrichten berücksichtigt, dass es kein Sprachlernen ohne Sprachfehler und Sprachnot gibt. Fossilierte Sprachfehler sind im prozeduralen Gedächtnis gespeichert. Performanzfehler geht man durch Überformung und Modellierung an, Kompetenzfehler durch ein Konzeptverständnis. Sprachrichtigkeit, Sprachflüssigkeit und Sprachkomplexität kann von Lernenden im Unterricht durch eine Überlastung des Arbeitsgedächtnisses nicht gleichzeitig erwartet werden. Im Umgang damit zeigt sich die Qualität des sprachsensiblen Unterrichtens.

5 Sprachbildenden Unterricht planen und gestalten

5.1 Ein Lehr-Lern-Modell zur Gestaltung von sprachbildenden Lernumgebungen

Lehrende brauchen Modelle für Lehr-Lern-Prozesse; Lehrende haben Modelle für Lehr-Lern-Prozesse, denn niemand unterrichtet »modelllos«. Die Frage ist, wie implizit oder explizit diese Modelle das jeweilige Lehren bestimmen und wie öffentlich und transparent die Modelle und Vorstellungen sind.

Ein Lehr-Lern-Modell ist ein von Lehr-Lern-Experten geschaffenes theoretisches Konstrukt zur Professionalisierung des Lehrens mit dem Ziel, dass Lerner wirksam und gut lernen. Modelle sind objekthafte, bildhafte, symbolische oder begriffliche Darstellungen, die unsere Begegnungen mit der Welt ordnen, strukturieren, kategorisieren. Modelle sind Denkräume auf Probe und Hilfsmittel der Theorieentwicklung sowie ein Kommunikationsmittel.

Modelle:

- vereinfachen, verkürzen, idealisieren
- sind vorläufig
- sind nicht wahr, sondern passend
- sind verhandelbar
- haben Grenzen
- gelten für einen Ausschnitt/ Bereich
- haben einen bestimmten Zweck

Viele gängige Lehr-Lern-Modelle sind jedoch bloße Lehr-Modelle, d. h. sie fokussieren auf das Lehren, also auf das, was die Lehrkraft tut. Ein Lehr-Lern-Modell muss aber auf das Lernen und auf das Wirkungsverhältnis von Lehren und Lernen zentrieren. Gute Lehrprozesse allein bringen nicht zwingend gute Lernprozesse hervor. Das ist eine Warnung vor dem Lehr-Lern-Kurzschluss: Was gelehrt wird, wird auch gelernt. Die Frage ist also, wie die Lernprozesse im Allgemeinen und die Sprachlernprozesse im Speziellen mit den Lehrprozessen zusammenspielen. Das zeigt das folgende Lehr-Lern-Modell (▶ Abb. 5.1).

Lerner treten mit Vorwissen, mit Vorerfahrungen und mit einem Bestand an Kompetenzen in die Lernumgebung des Unterrichts ein und verlassen diese Lernumgebung mit mehr Wissen, mehr Können und mit erweiterten und verbesserten Kompetenzen. Das Lernen findet in einer Lernlinie, das ist eine zeitliche Abfolge von Lernschritten, statt, die fach-, themen- und kompetenzspezifisch begründet sind. Die

Lerner bearbeiten an einer passenden Stelle Lernmaterialien, indem sie Aufgabenstellungen bearbeiten, Informationen auswerten, sich mit den fachlichen Inhalten auseinandersetzen und dabei Kompetenzen entwickeln. Meistens entsteht dabei ein Lernprodukt materieller Art (z. B. Versuchsprotokoll, Tabelle, Mindmap, Text, Skizze, Bild, Diagramm, Experiment, ...) oder auch immaterieller Art in Form von Erkenntnissen, kognitiven Strukturen, Urteilen und Werthaltungen. ›Lernprodukte erstellen‹ ist der zentrale Lernschritt zu dem alle vorgängigen hinführen und auf den alle nachfolgenden aufbauen. Die erstellten Lernprodukte werden im Plenum, in Gruppen oder im Chat diskutiert und verhandelt. Ein Lernschritt, in dem vernetzt und transferiert wird, schließt meistens die Lernlinie ab (Leisen, 2013b, Bd. 1, S. 74-77).

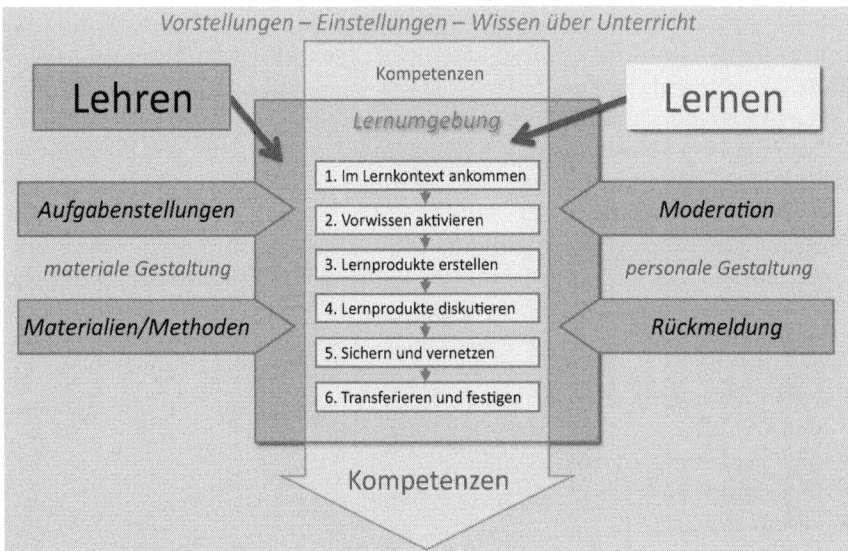

Abb. 5.1: Modell des Lehr-Lern-Prozesses

Die sechs Lernschritte in dem gezeichneten Modell strukturieren das fachliche Lernen. Im Folgenden geht es um das Sprachlernen. In jedem Lernschritt kommen Sprachhandlungen vor, die in einem inhaltlich-fachlichen Kontext stehen. Diese müssen von den Lernenden bewältigt werden. Dabei und dadurch findet sprachliches Lernen statt. Es ist von großem Vorteil, dass es sich dabei meistens um sprachliche Standardsituationen (vgl. ▶ Kap. 4.2 und ▶ Tab. 5.4) handelt, die sich wiederholen und die geübt werden können. Die Lernenden müssen dazu in ein altersgerechtes Bildungssprachbad eintauchen und die Lehrenden müssen die notwendigen sprachlichen Lernumgebungen gestalten. Diese sprachlichen Lernprozesse werden ebenso wie die fachlichen Lernprozesse material und personal gestaltet. Die materiale Gestaltung der Lernprozesse erfolgt durch passende Aufgabenstellungen und Materialien/Methoden-Werkzeuge. Auf der personalen Seite werden die

5.1 Ein Lehr-Lern-Modell zur Gestaltung von sprachbildenden Lernumgebungen

Lernprozesse gesteuert durch die Moderation (u. a. Gesprächsführung) der Lehrkraft und die Diagnose/Rückmeldung über die Sprachhandlungen an die Lernenden. Sprachlehren findet immer auf der Hintergrundfolie von Auffassungen zum Spracherwerb und zum Sprachlernen statt. Aus diesem Grund müssen Lehrende etwas Wissen, damit Lehrkräfte nicht nur Gutgemeintes, sondern das forschungsbegründet Richtige tun.

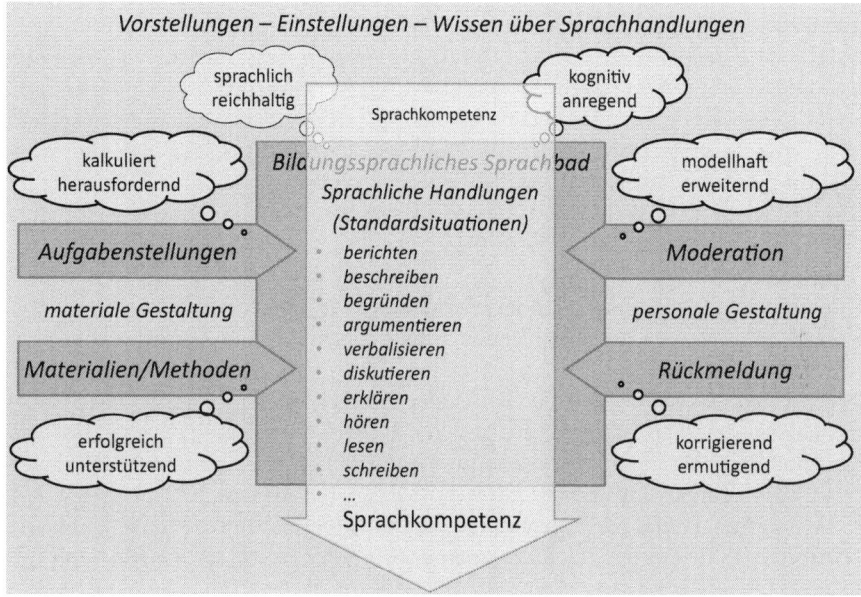

Abb. 5.2: Ein Lehr-Lern-Modell zur Gestaltung von sprachbildenden Lernumgebungen

Der Impuls, der von dem Lehr-Lern-Modell für die Sprachbildung im Fach ausgeht, lautet:
Bringen Sie die Lernenden in ein reichhaltiges bildungssprachliches Sprachbad, in welchem sie, durch Aufgabenstellungen angestoßen und durch Materialien/Methoden-Werkzeuge unterstützt, vielfältige Sprachhandlungen ausüben müssen. Moderieren Sie das Sprachbad modellhaft und sprachschatzerweiternd und führen Sie eine ermutigende Rückmeldung durch.

Nachfolgend werden die Gestaltungs- und Steuerungsinstrumente beschrieben.

Aufgabenstellungen: Gute Aufgabenstellungen berücksichtigen den individuellen Kompetenzstand der Lernenden und sind angemessen fordernd. Sie sind dann binnendifferenziert (also gestuft und individualisiert) gestaltet und beinhalten die jeweils passenden Strategien (z. B. Lesestrategien, Experimentierhilfen, …). Zugleich sind sie ausreichend komplex, bedeutsam, authentisch und anspruchsvoll sowie an die Lerngruppe angepasst (kalkulierte sprachliche Herausforderung). Aufgabenstellungen zielen auf ein auswertbares Lernprodukt ab (z. B. Flussdiagramm, Mindmap, Tabelle, Versuchsskizze, Text, Organigramm, ...); sie beinhalten Arbeitsaufträge, Lernmaterialien und Methoden.

Materialien und Methoden-Werkzeuge: Lernmaterialien und Methoden-Werkzeuge (vgl. ▶ Kap. 5.2 und 5.3, ▶ Tab. 5.1 und 5.2) sind wichtige Bestandteile von Aufgaben. Sie materialisieren die Sprachräume und steuern damit den Lernvorgang. Lernmaterialien sind in der Regel Teil einer Aufgabenstellung. Lernmaterialien (z. B. Experimentiermaterialien, Zeichnungen, Texte, Filme, Comics, ...) initiieren und begleiten den Lernprozess. Der analoge oder digitale Informationsinput (z. B. Texte, Erklärvideos, Bilder, Zeichnungen, Diagramme, Tabellen, ...) beeinflusst und steuert, ob und wie neues Wissen konstruiert und Lernen initiiert wird. Lernmaterialien werden von Methoden, Medien und Methoden-Werkzeugen begleitet (z. B. Lehrervortrag, Experiment, Film, Sachtext, Unterrichtsgespräch, multimediale Lernumgebung, Internetrecherche, Experteninterview, ...). Dabei haben Methoden und Methoden-Werkzeuge unterschiedliche Steuerungspotenziale. Methoden-Werkzeuge ermöglichen es:

- gegebenes Lernmaterial methodisch vielfältiger zu nutzen,
- fachlich und sprachlich anregende und herausfordernde Lernsituationen zu schaffen,
- die jeweiligen Bedürfnisse der Lernenden binnendifferenzierend zu berücksichtigen,
- Lernende in kooperative und kommunikative Situationen zu bringen, in denen sie aktiv handeln und stärker selbstreguliert agieren müssen,
- Lehrkräften, Freiräume zu gewinnen, um individuelle Lernwege zu begleiten und Arbeitsabläufe einzelner Schülerinnen und Schüler gezielt zu unterstützen.

Moderation von Sprachlernprozessen im Fachunterricht: Der Lernprozess wird von der Lehrkraft moderiert; deshalb ist die Qualität ihrer Gesprächsführung von großer Bedeutung. Denn es ist die Lehrkraft, die Aufgabenstellungen und Lernmaterialien in den Lernprozess einbringt und mit Methoden unterstützt. Dem professionellen Geschick der Lehrkraft obliegt es, den Lernprozess im passenden Takt einzuleiten, Informationen zu geben, Lernmaterialien moderierend in den Lernprozess einzubinden und Lernprodukte herstellen zu lassen. Die Sprache der Lehrkraft muss ein Modell sein. Die Moderation ist immer persönlich gefärbt, muss aber professionellen Standards genügen. Professionelle Moderation unterliegt, ebenso wie alle anderen Steuerungselemente Gütekriterien und Merkmalen. So sollte Moderation unter anderem:

- lernprozessgerecht (den individuellen Lernprozess fördernd),
- diskursiv (Beiträge logisch verknüpfend und voranführend),
- diagnostisch (reflektierend und sachlich wertend),
- differenzierend (auf unterschiedlichen Ebenen, z. B. sozial, fachlich etc.),
- strukturiert (inhaltlich und sprachlich nachvollziehbar) und
- ertragreich (den eigenverantwortlich gestalteten Lernprozess fördernd und weiterführend) sein.

Diagnose und Rückmeldung: Sie umfassen individuelle qualifizierte Rückmeldungen durch die Lehrkraft (z. B. Sprachkorrekturen) und die Diagnose, die jeder Rückmeldung vorangehen muss. Diagnostik ist hier nicht als aufwändige Sprachstandsdiagnose zu verstehen; sie erfolgt vielmehr durch Vergleichen und Bewerten des Sprachzuwachses. So können das Sprachhandeln der Lernenden, besonders aber die hergestellten Sprachprodukte diagnostisch genutzt werden. Der jeweilige Sprachzuwachs lässt sich durch Lerntests ermitteln, aber auch durch Diagnose des Vernetzungsgrades in Begriffsnetzen oder durch das Bewerten von Zitaten, Meinungen und Situationen. Durch Diagnose und Rückmeldung steuert die Lehrkraft auch die Reflexion und hier besonders die Sprachbewusstheit, also die Sensibilität für Sprache(n) und ihre Formen, Strukturen, Funktionen sowie deren Gebrauch. Eine gute Diagnostik:

- beobachtet die Lernenden beim Handeln, bei der Bearbeitung der Lernmaterialien und bei der Erstellung eines auswertbaren Lernprodukts,
- beobachtet den Kompetenzstand und Vernetzungsgrad von Wissen,
- ermöglicht Aussagen über Lernfortschritte, Bearbeitungsstrategien und -geschwindigkeit,
- ermöglicht Aussagen über die Gewissenhaftigkeit und Anstrengungsbereitschaft,
- bringt Lernende in einen angstfreien Lernraum und nicht in einen Leistungsraum.

Die Gestaltungs- und Steuerungsleistungen der Lehrkraft haben nur ein Ziel, nämlich das Sprachlernen im Fach zu befördern.

5.2 Analoge Methoden-Werkzeuge

Was sind Methoden-Werkzeuge?

Kein Unterricht kommt ohne Lehr- und Lernmaterialien aus. Sie stellen die materiale Basis des Lernens dar und sind meistens in die Aufgabenstellungen eingebunden (vgl. Leisen, 2013b Bd. 1, S. 90-93 und Bd. 2, S. 7-97).

> **Definition**
>
> Methoden-Werkzeuge sind lehrergesteuerte oder schüleraktive Verfahren, Materialien, Hilfsmittel zur Unterstützung von Lehr- und Lernprozessen. Methoden-Werkzeuge werden in sprachlichen Standardsituationen des Sprachsensiblen Fachunterrichts als Materialien und Lehr- und Lernhilfen eingesetzt.

Das Spektrum der Methoden-Werkzeuge ist groß; es reicht von einer schlichten Geste des Lehrers bis hin zum vorbereitungsintensiven Lernarrangement. Auch können die meisten Werkzeuge vielfältig eingesetzt werden, sind also nicht auf eine spezielle Unterrichtssituation beschränkt (wie z. B. ein Hammer, der sowohl zum Einschlagen eines Nagels als auch zum Zerschlagen eines Steins genutzt werden kann). Methoden-Werkzeuge sind methodische Elemente des Unterrichts und unterstützen in jedem Fall die Tätigkeit der Lehrkraft; denn jeder bewusste didaktische Gebrauch von Werkzeugen erhöht nachweislich die Aktivität der Lernenden im Fach (Leisen 2003, Leisen & Sieve, 2020).

Ob dafür »Werkzeuge in Lehrerhand« oder »Werkzeuge in Lernerhand« einzusetzen sind, hängt dabei davon ab, wie stark der im Einzelfall gewünschte Grad an Lehrerlenkung ist bzw. bei wem die Hauptaktivität in der jeweiligen Unterrichtssituation liegen soll. Der Einsatz von Methoden-Werkzeugen ist somit situationsspezifisch, also didaktisch zu begründen und muss zielführend sein (vgl. Leisen, 2013b, Bd. 1, S. 90-93). Methoden-Werkzeuge kommen oft in Form von Arbeitsblättern vor. Bei »Werkzeugen in Lehrerhand« unterstützen die Arbeitsblätter die Tätigkeit der Lehrkraft, die mit ihrer Hilfe die Unterrichtsabläufe plant und vorbereitet sowie den Lernprozess steuert. In diesem Fall ist es somit die Lehrkraft, die diese Arbeitsblätter gesteuert im Unterricht einsetzt.

Bei »Werkzeugen in Lernerhand« hingegen ist dies anders. Auch sie lassen sich durch Arbeitsblätter bzw. Folien vorbereiten; dabei können diese sowohl die Gestaltung der Unterrichtsstunde als auch den konkreten Gebrauch einzelner Werkzeuge im Unterricht betreffen. Da die Werkzeuge in Lernerhand, z. B. Kärtchentisch, Expertenkongress, Kugellager, jedoch grundsätzlich einen offeneren Charakter haben, halten die Arbeitsblätter bzw. Folien hier zumeist nur den formalen Ablauf des Verfahrens fest. Bei Werkzeugen in Lernerhand organisiert das Werkzeug also den (inhaltlich offenen) Lernprozess und das Arbeitsblatt garantiert lediglich den reibungslosen Ablauf. Methoden-Werkzeuge bieten der Lehrkraft aber auch ein geeignetes Instrumentarium für die gezielte Förderung von kommunikativen Kompetenzen.

Tab. 5.1: Methoden-Werkzeuge in Lehrerhand und Lernerhand

Methoden-Werkzeuge in Lehrerhand	Methoden-Werkzeuge in Lernerhand
• eng • kleinschrittig • abarbeitend • vom Lehrer vorbereitet • anleitend • Arbeitsblattcharakter • eindeutige Lösungen	• offener • schüleraktiver • variantenreicher • kommunikativer • kreativer • kooperativer Charakter • vielfältige Lösungen

Die Abbildung (▶ Abb. 5.3) zeigt eine didaktische Landkarte mit vier Himmelsrichtungen. In horizontaler Richtung sind die beiden Pole starke Lehrerlenkung bzw. hohe Schüleraktivität und in vertikaler Richtung sind die Merkmale Theorie-, Sprach- und Kopforientiertheit sowie Praxis- und Handlungsorientiertheit aufgetragen. Die Gegenüberstellungen sind immer in der Lesart »verstärkt« und nicht in der Lesart »ausschließlich« zu verstehen. So schließt Lehrerlenkung bekanntlich Schüleraktivität nicht aus, mindert aber den Raum für die eigenverantwortliche Selbsttätigkeit. Praktisches und handlungsorientiertes Lernen, etwa in einem naturwissenschaftlichen Praktikum, geschieht weder »kopflos« noch schließt es die Theorie aus.

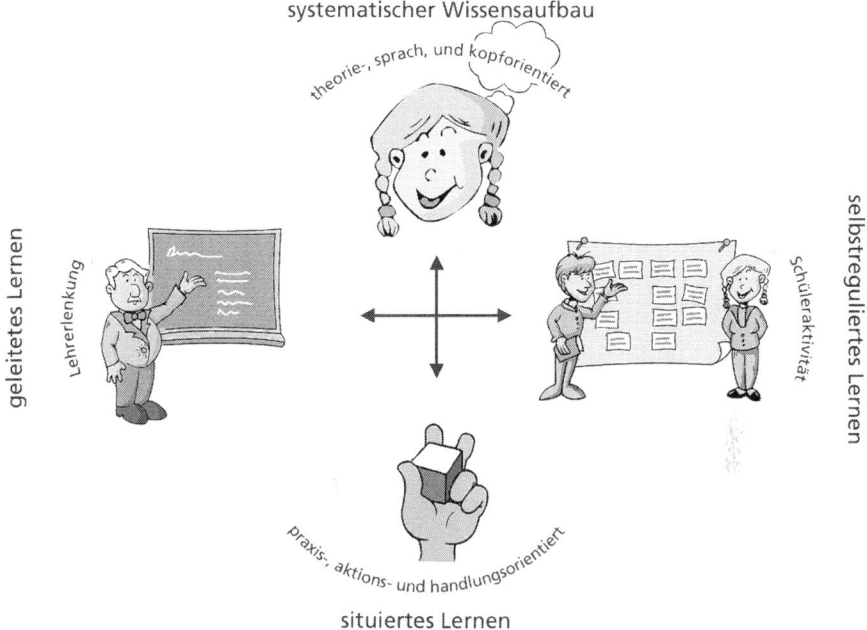

Abb. 5.3: Didaktische Landkarte

Vierzig Methoden-Werkzeuge

Zur Einführung neuer Fachwörter, können z. B. »Wortlisten« eingesetzt werden. Die Werkzeuge »Zuordnung«, »Strukturdiagramm« oder »Begriffsnetz« sind geeignet, um schon erarbeitete, aber noch unstrukturierte Kenntnisse zu ordnen. Mit »Satzmustern« gelingt es den Schülerinnen und Schülern leichter, eigenständig fachsprachliche Texte zu formulieren.

Methoden-Werkzeuge werden aber nicht nur zur Unterstützung der fachlichen oder fachsprachlichen Arbeit im engeren Sinne eingesetzt, sondern auch, um eine hohe Schüleraktivität zu initiieren und zu fördern. In der eigentätigen Auseinandersetzung mit fachlichen Inhalten und in der Kommunikation über die Ergebnisse liegen wertvolle Möglichkeiten für das fachliche Verstehen. Nicht zuletzt hängt der Unterrichtserfolg auch von vielfältigen Wiederholungen und Übungen ab. Mit »Abgestuften Lernhilfen« zur selbstständigen Erschließung von Fachinhalten und -begriffen, mit einem »Kugellager« zur Übung des Referierens oder einem »Expertenkongress« zum gesprächsintensiven Austausch von Ergebnissen können diese Phasen des Unterrichts interessant und abwechslungsreich gestaltet werden.

Einige Methoden-Werkzeuge, z. B. das »Lernplakat«, können ganze Unterrichtsabschnitte dauerhaft begleiten. Andere Werkzeuge wiederum werden nur kurzzeitig eingesetzt. Die »Mindmap« beispielsweise dient zur Einführung in ein neues Thema, das »Begriffsnetz« dazu, um am Ende eines Themengebietes klare Wissensstrukturen auszubilden. Manche Methoden-Werkzeuge sind spielorientiert, wie etwa das »Memory« oder die »Partnerkärtchen«, andere deutlich strukturiert, wie z. B. der »Lückentext«.

Tab. 5.2: Beschreibung von 40 Methoden-Werkzeugen (vgl. zur ausführlichen Beschreibung der Methoden-Werkzeuge Leisen, 2013b, Bd. 2, S. 5-97)

	Vierzig Methoden-Werkzeuge	
1	Wortliste	Eine Liste wichtiger Wörter und Fachbegriffe. Dient als Sprachstütze für fachliche Phänomene und Zusammenhänge.
2	Wortgeländer	Grundgerüst aus Wortelementen, mit dem ein Text konstruiert wird. Erlaubt nur sehr eng geführte Äußerungen, reduziert aber die Gefahr sprachlicher Fehler.
3	Sprechblasen	Durch Sprech- und Gedankenblasen werden wichtige fachsprachliche Formulierungen und gedankliche Hintergründe einprägsam und attraktiv angeboten.
4	Lückentext	In Fachtexte werden gezielt fach- oder sprachdidaktisch sinnvolle Lücken eingebaut, die von den Schülern durch Einsetzen geschlossen werden.
5	Wortfeld	Gibt den Schülern als Sprachmaterial eine ungeordnete Menge von Fachbegriffen und Satzbruchstücken vor.
6	Textpuzzle	Ungeordnete Wörter, Satzteile, Sätze oder Textteile werden mit dem Auftrag versehen, fachlich und sprachlich sinnvolle Sätze zu bilden und diese in eine sachlogische Reihenfolge zu bringen.
7	Bildsequenz	Mit Bildsequenzen können zeitliche Abläufe, räumliche Anordnungen oder inhaltliche Zusammenhänge veranschaulicht werden, beispielsweise die Darstellung von Versuchsabläufen, Vorgängen, Handlungen, Operationen, Anordnungen, Prozessen. Die Bildsequenz ist eng verwandt mit der folgenden Filmleiste.
8	Filmleiste	Die Filmleiste ist eine Bildfolge mit fachlichen Vorgängen, die einen zeitlichen Verlauf aufweisen.
9	Fehlersuche	Geschieht an präpariertem fehlerhaftem Bild- und Textmaterial oder an fehlerhaften Gegenständen.
10	Lernplakat	Das Lernplakat ist ein Lehr- und Lernmaterial zur Visualisierung der verschiedenen Unterrichtsinhalte und -prozesse.
11	Mind-Map	Ist eine Gedächtnisstruktur. Sie stellt Informationen bildhaft in nichtlinearer Verzweigung dar.
12	Ideennetz	Brainstorming-Verfahren: Ein Begriff, ein Bild oder eine Idee werden als Kern vorgegeben. Die weiterfließenden Ideen und Einfälle werden astartig an den Kern notiert.

Tab. 5.2: Beschreibung von 40 Methoden-Werkzeugen (vgl. zur ausführlichen Beschreibung der Methoden-Werkzeuge Leisen, 2013b, Bd. 2, S. 5-97) – Fortsetzung

	Vierzig Methoden-Werkzeuge	
13	Blockdiagramm	Blockdiagramme sind in Blöcke zusammengefasste Versatzstücke von Satzstrukturen. Sie erleichtern besonders im Anfangsunterricht fehlerfreies Sprechen und Schreiben von Fachtexten.
14	Satzmuster	Mustersätze zu einem Themenbereich, die für korrekte Nutzung der Fachsprache sehr wichtig sind. Es sind standardisierte Redewendungen der Fachsprache.
15	Fragemuster	Sammlung von Fragesätzen unterschiedlichen Schwierigkeitsgrades.
16	Bildergeschichte	Eine Bildergeschichte erläutert fachliche Zusammenhänge in Bildern unter Nutzung von Sprechblasen.
17	Worträtsel	Formen: Kreuzworträtsel, Silbenrätsel, Wortsuchrätsel, Verschlüsselungsrätsel, Zuordnungsrätsel, Puzzle.
18	Strukturdiagramm	Abstrakte Darstellung eines Sachverhaltes. Wichtige Fachbegriffe werden in verzweigter Struktur so dargestellt, dass daraus ihre Logik und innere Struktur hervorgeht.
19	Flussdiagramm	Flussdiagramme können Vorgänge Handlungen, Prozesse und Lösungswege in Diagrammform mit Verzweigungen darstellen. Sie verdeutlichen einen funktionalen Zusammenhang oder einen zeitlichen Ablauf.
20	Zuordnung	Durch die Zuordnung von Gegenständen, Bildmaterial, Symbolmaterial, Fachbegriffen und ausformulierten Satzgefügen können Schüler ihr Verständnis von fachlichen und sprachlichen Sachverhalten überprüfen sowie Fachsprache und Wissen einüben.
21	Thesentopf	Eine Sammlung von Pro- und Contra-Thesen zur Führung eines Streitgesprächs oder einer mündlichen Fachdiskussion.
22	Dialog	Ein Dialog ist eine Literaturform, die zum Fach- und Sprachenlernen genutzt werden kann, indem Fachinhalte a) narrativ verkleidet oder b) in einen fachsprachlichen Disput zwischen verschiedenen Protagonisten eingebunden werden. Der Dialog macht Sachverhalte lebendig und bindet sich in anschauliche Handlungen ein. So gewinnen Sachthemen an Lebendigkeit.
23	Abgestufte Lernhilfen	Eine Methode zur Förderung und Unterstützung des Selbstlernens. Den Lernenden werden zu einer Aufgaben- oder Problemstellung Hilfen angeboten, abgestuft von schwach bis stark. Die Schüler entscheiden selbst, ob und wann sie davon Gebrauch machen.

Tab. 5.2: Beschreibung von 40 Methoden-Werkzeugen (vgl. zur ausführlichen Beschreibung der Methoden-Werkzeuge Leisen, 2013b, Bd. 2, S. 5-97) – Fortsetzung

	Vierzig Methoden-Werkzeuge	
24	Archive	Schülern werden zur Bearbeitung in Einzel-, Partner- oder Gruppenarbeit Materialien angeboten. Es handelt sich um Informationsbausteine, die zur selbständigen und produktiven Auseinandersetzung mit der Thematik herausfordern, indem Schüler selbständig Texte, Referate, Collagen, Lernplakate u.Ä. herstellen können.
25	Heißer Stuhl	Heißer Stuhl ist ein Lernspiel zur Fachsprache. In seiner einfachen Form dient es zum Einüben von Fachbegriffen.
26	Domino	Mit Fachbildern und Fachsätzen; selbst- oder fremdhergestellte Kärtchen zur Übung, Wiederholung und Festigung.
27	Memory	Mit Bild- und Sprachkartenpaaren zum Einüben von Fachbegriffen bzw. Fachvokabular. Vorzugsweise zur Wiederholung und Festigung.
28	Würfelspiel	Durch Würfeln gelangen Spielfiguren auf Felder, auf denen fachliche und fachsprachliche Aufgaben bewältigt werden müssen.
29	Partnerkärtchen	Fragen und Aufgaben zur Übung, Wiederholung und Festigung.
30	Kettenquiz	Ein Kettenquiz wird als durchlaufendes Frage- und Antwortspiel mit allen Schülern einer Klasse durchgeführt.
31	Zwei aus drei	Anspruchsvolles Spiel zur begrifflichen und fachlichen Ausschärfung. Die Spieler entwickeln Ordnungskriterien, die es erlauben, zwei Elemente klar von einem dritten abzugrenzen.
32	Stille Post	Zwischen verschiedenen Gruppen läuft Post in Form von Arbeitsaufträgen auf Arbeitsblättern, die zur Korrektur und Kontrolle wieder zur Ausgangsgruppe zurückkommt.
33	Begriffsnetz	Auch Concept-Map genannt. Ein Begriffsnetz ist eine Gedächtnis-Landkarte. Es stellt Begriffe und Beziehungen bildhaft in nicht linearer Verzweigung dar. Es dient der kognitiven Zusammenfassung und Strukturierung und stellt das begriffliche Beziehungsgeflecht dar.
34	Kartenabfrage	Brainstorming-Verfahren. Möglichst viele divergente Ideen, Anregungen, Vorschläge, Tipps etc. sollen in Stichworten gesammelt und strukturiert werden.
35	Lehrer-Karussell	Lehrer-Karussell ist eine Methode, bei der die Schüler abwechselnd Lehrer- und Lernerrolle einnehmen. Sie basiert auf dem Prinzip »Lernen durch Lehren«.
36	Kärtchentisch	Ein vorgegebener Satz von Kärtchen mit Begriffen, Bildern, Symbolen, Formeln, Fakten, Fotos, Gegenständen u. a. soll strukturiert, geordnet, klassifiziert oder in einen Zusammenhang gebracht werden.

Tab. 5.2: Beschreibung von 40 Methoden-Werkzeugen (vgl. zur ausführlichen Beschreibung der Methoden-Werkzeuge Leisen, 2013b, Bd. 2, S. 5-97) – Fortsetzung

Vierzig Methoden-Werkzeuge		
37	Schaufensterbummel	Aus einer Ausstellung von Materialien auf einem Tisch sollen Schüler nach Durchsicht ihre Auswahl treffen und damit in Stillarbeit einen Arbeitsauftrag erledigen.
38	Kugellager	Die Schüler sollen zu einem vorgegebenen Thema frei referieren. Dabei soll jeder zu Übungszwecken mehrfach sprechen, zuhören und zusammenfassen.
39	Expertenkongress	Die in einer Expertgruppe erworbenen Kenntnisse werden den Mitgliedern anderer Gruppen weitervermittelt.
40	Aushandeln	Aushandeln ist eine schüleraktive Methode, bei der zu einem diffizilen Sachverhalt ein Konsens erarbeitet wird, ausgehend von Einzelarbeit über Partnerarbeit zur Gruppenarbeit in immer größeren Gruppen.

Zehn Fragen zu Methoden-Werkzeugen

Die Vorstellung zeigt einerseits die Vielfalt an Möglichkeiten mit Methoden-Werkzeugen offensiv zu unterstützen und wirft andererseits Fragen auf, die sich Lehrkräfte mit Recht stellen.

1. Soll ich für jede Stunde diese Unmenge an Hilfen herstellen? Die Zeit habe ich doch nicht.

Die Frage ist insofern berechtigt, als dass die Vorbereitung lernunterstützender Hilfen in der Tat einiges an Vorbereitungszeit abverlangt. Es wird deshalb nicht möglich sein in jeder Stunde im selben Umfang Lernhilfen zur Verfügung zu stellen. Allerdings gibt es einige Hilfestellungen, die in der Vorbereitung wenig aufwendig sind und auch als Tafelanschrieb funktionieren können, z. B.: Wortfelder, Wortlisten, Mindmaps, Redemittel/Satzmuster, einfache Strukturdiagramme. Gerade Redemittel, Satzmuster (= Chunks), Mustervorlagen etc. lassen sich so formulieren, dass sie nicht spezifisch sind und immer wieder eingesetzt werden können. Manche Unterstützungen können auch von Schülerinnen und Schülern angefertigt werden. Der Verweis auf Aufgaben, in denen Methoden-Werkzeuge eingesetzt wurden, kann bereits eine hinreichende sein. Ein Bewusstsein für Aufgabenstellungen gemäß dem Prinzip der kalkulierten Herausforderung verbunden mit dem diagnostischen Blick auf die Lernausgangslage der Lerngruppe sind eine notwendige Bedingung. Über Aufgabenstellungen, die Wahlmöglichkeiten in Bezug auf das angestrebte Lernprodukt eröffnen, enthalten bereits Differenzierungsmöglichkeiten in Bezug auf die Herausforderung.

Mit dem kontinuierlichen Einsatz der Sprachhilfen erarbeitet sich die Lehrkraft zudem einen Materialpool, der in Folgejahren wiederverwendet oder an andere Lerngruppen angepasst werden kann. Im Sinne des stärkenden Vorgehens werden die Lernenden zunehmend eigenständiger und damit unabhängiger von den Lernhilfen. Die Unterstützungen werden zunehmend zurückgefahren.

2. Selbst wenn ich die Hilfen hätte, bekommen jede Schülerin und jeder Schüler alle Hilfen? Wählen die Lernenden selbst aus? Bestimme ich, wer was bekommt?

Nein, nicht alle erhalten alle Hilfen. Bei der Umsetzung des Prinzips der kalkulierten Herausforderung ist es wichtig, die passenden und spezifischen Methoden-Werkzeuge an die Hand der jeweiligen Lernenden zu geben, um somit zu gewährleisten, dass die Aufgaben von allen gelöst werden können. Alle drei genannten Möglichkeiten können sinnvoll sein.

Im Sinne der Heterogenisierung nach oben, könnten zunächst alle dieselben Hilfestellungen bekommen und jene, die mit den Hilfen sehr schnell zum Ziel kommen, können dann an weiterführenden Aufgaben arbeiten.

Es kann auch sinnvoll sein, zunächst alle ohne Hilfen mit einem Problem zu konfrontieren und Hypothesen für den Lösungsweg erstellen zu lassen. Die Hilfen, die auf dem Lehrertisch liegen, können dann je nach Bedarf von den einzelnen Lernenden, bzw. Gruppen in Anspruch genommen werden. So kann das selbstregulierte Lernen angebahnt und ausgebaut werden.

Gleichermaßen kann es sinnvoll sein, wenn die Lehrkraft auf der Grundlage des diagnostizierten individuellen Bedarfs gestufte Hilfestellungen gezielt einzelnen SuS zur Verfügung stellt.

3. Braucht der Einsatz dieser Materialien zu viel Unterrichtszeit?

Nein, wenn die Herausforderungen passend kalkuliert sind, dann lernen die Lernenden mit den Materialien erfolgreicher und das ist ein Gewinn an echter Lernzeit und keinesfalls verbrauchte Unterrichtszeit. Ohne Hilfestellungen werden viele Lernenden scheitern, keine oder mangelhafte Lernprodukte erstellen, Misserfolge haben und die Lehrkraft muss anschließend die Misserfolge geradebiegen. Das hat vergeudete Unterrichtszeit zur Folge und langweilt diejenigen, die es bereits verstanden haben und die die Aufgaben erfolgreich bearbeitet haben. Die anfängliche Investition von Unterrichtszeit in diese unterstützenden Materialien ist eine sich in der Zukunft auszahlende Investition.

4. Fühlen sich manche Lerner von den Hilfen erschlagen und verwirrt?

Lernhilfen müssen übersichtlich strukturiert und klar formuliert sein. So wird man auch nicht immer alle Hilfen gleichzeitig und von Anfang an zur Verfügung stellen, sondern zeitversetzt und gestuft. Es bietet sich auch an Hilfen so zu kennzeichnen, dass die Lernenden im Bedarfsfall darauf zurückgreifen.

5. Verwöhne ich die Schüler, wenn ich ihnen immer Hilfen gebe und nutzen sich Hilfen ab?

Nein, es ist keine Verwöhnung, sondern kalkulierendes Herausfordern. Mit den Hilfen wird gewährleistet, dass das Niveau des Unterrichts bzw. der Lernaufgaben nicht gesenkt wird und es wird eine Heterogenisierung nach oben ermöglicht. Hilfestellungen und Aufgabenstellungen sollen auf Dauer zu einer größeren Selbstständigkeit führen (stärkendes Vorgehen) und zurückgefahren werden.

6. Mit den Sprachhilfen funktioniert der Unterricht. Werden sie ihnen genommen, dann scheitern sie. Sind die Erfolge nur vordergründig und nicht nachhaltig?

»Einmal ist keinmal.« Nachhaltig sind die Sprachhilfen erst, wenn sie mehrmals eingesetzt werden. Falls die Sprachhilfen dazu führen, dass Lernenden inhaltlose Lernprodukte erstellen, die lediglich der Form genügen, dann unterliegen Lehrende und Lernende u. U. einer Verstehensillusion. Die Ergebnisse spiegeln ein Verstehen und Kompetenzen vor, die jedoch durch die Aufgabenstellung und die Sprachhilfen so nicht erreicht werden können. Die Lernprodukte in Verbindung mit den Hilfen müssen bereits während des Lernprozesses offenlegen, ob ein Verstehen, ob die angestrebten Kompetenzen vorliegen.

7. Wie gehe ich damit um, wenn einige schnell fertig sind?

Diesen Lernenden können Zusatzaufgaben mit einer höheren inhaltlichen und/oder sprachlichen Anforderungen zur Bearbeitung gegeben werden. Im Sinne des Konzeptes »Lernen durch Lehren« bietet sich der Einsatz von schnellen und starken Lernern als Tutoren an. Dabei verfestigen die guten Lerner ihre Kompetenzen und lernen neue dazu. Es muss jedoch beachtet werden, die Leistungsstärkeren nicht immer als »Hilfslehrkräfte« zu missbrauchen. Ein dosierter Einsatz ist zu gewährleisten.

8. Schränke ich mit den Hilfen die Kreativität der Lerner ein?

Nein, das ist eine Frage der Aufgabenstellung (vgl. Volumenbestimmung ▶ Kap. 3.2 und ▶ Kap. 5.3). Verschiedene Methoden-Werkzeuge können bei der kreativen und vielfältigen Gestaltung des Unterrichts und der Lernaufgaben hilfreich sein. Die Hilfestellung sollte Raum zu eigenständiger und auch kreativer Lernleistung ermöglichen, andernfalls ist die Aufgabenstellung unpassend konzipiert. Es kann auch sinnvoll sein, sehr offene Aufgaben zu stellen, die keine oder nur sehr wenige Vorgaben machen und einen offenen Erwartungshorizont haben. Solche Aufgaben neigen aber schnell zur Überforderung, die an einer passenden Stelle erkannt und abgefangen werden muss.

9. Wie sichere ich die Ergebnisse?

Verschiedene Methoden-Werkzeuge wie beispielsweise eine Mindmap, ein Strukturdiagramm, ein Flussdiagramm und vor allem ein Begriffsnetz bieten eine

Grundlage zur Sicherung von Ergebnissen. Die Lehrkraft wird nicht alle Lernprodukte vorstellen, sondern ausgewählte, die sich für die Sicherung und das Weiterlernen anbieten. Einfache Aufgabenstellungen lassen sich jedoch auch kooperativ durch die Lernenden selbst sichern. Eine weitere Möglichkeit bietet in manchen Fällen die Ausgabe einer Musterlösung.

10. Wie bewerte und benote ich das?

Zunächst ist zu unterscheiden, ob es sich um eine Lernaufgabe oder eine Leistungsaufgabe (Benotungsaufgabe) kandelt. Bei der Aufgabenstellung muss den Lernenden klar sein, ob sie diese im Lernraum oder im Leistungsraum zu bearbeiten haben. Eine Aufgabe im Lernraum kann im Sinne einer Rückmeldung bewertet, nicht aber benotet werden. Keinesfalls dürfen die Lernprodukte benotet werden. Möglich wäre eine Benotung des Lernprozesses, d. h. wie hat die Schülerin/ der Schüler die Potenziale genutzt, um viel zu lernen. Die Einführung eines »Bonussystems« für Transfer- oder schwierigere Aufgaben könnte die Belohnung für stärkere Lernenden gewährleisen.

Was kann der Gebrauch von Methoden-Werkzeugen im Unterricht bewirken?

Methoden-Werkzeuge unterstützen Lehrerinnen und Lehrer dabei, kalkuliert herausfordernde und die Bedürfnisse der Schülerinnen und Schüler berücksichtigende Lernsituationen zu gestalten. Lehrerinnen und Lehrer gewinnen mehr Freiraum – u. a. durch die Verlagerung der aktiven Unterrichtsarbeit in die Lernergruppe und durch die intensive Lerner-Lerner-Kommunikation –, sie können beobachten, individuelle Lernwege begleiten und die Arbeit einzelner Schülerinnen und Schüler gezielt unterstützen. Ein und dasselbe Lernmaterial lässt sich methodisch vielfältig nutzen.

Allerdings ist der Aufwand zur Herstellung der Materialien für den ersten Einsatz zum Teil hoch. Im Unterricht empfinden dann aber viele Lehrkräfte den Gebrauch von Methoden-Werkzeugen als entlastend. Dies wiegt in gewisser Weise den größeren Zeitaufwand der Vorbereitung auf, insbesondere, wenn die Materialien im Kollegium gemeinsam erstellt und genutzt werden (siehe Zehn Fragen zu Methoden-Werkzeugen).

Methoden-Werkzeuge haben Aufforderungscharakter und helfen, die Schülerinnen und Schüler inhaltsgebunden in kommunikative und kooperative Situationen zu bringen, in denen sie aktiv handeln müssen. Somit fördern Methoden-Werkzeuge auch einen handlungsorientierten Unterricht und erhöhen den Anteil selbst-gesteuerten Lernens im Unterricht. Im Zusammenhang mit eigenständigem Lernen taucht auch die Frage auf, wie mit fehlerhaften Arbeitsergebnissen und Lösungen umzugehen ist. Beispielsweise können die qualitativ unterschiedlichen, teils auch fehlerhaften Begriffsnetze verschiedener Gruppen vergleichend zur Fehleranalyse, zur Metareflexion und zur Strategieanalyse genutzt werden. In Fällen, in denen es eine eindeutige Lösung gibt, bieten sich Lösungsfolien oder -blätter an. In anderen Fällen sind auch Selbst- oder Partnerkontrollen ein geeigneter Weg. In jedem Fall sollten Fehler als Gelegenheit zum erneuten und vertieften Durchdenken des Gelernten genutzt werden.

Welche Methoden-Werkzeuge bieten sich in welchen Standardsituationen an?

Die folgenden Situationen kommen im naturwissenschaftlichen Unterricht häufig vor, es sind gewissermaßen didaktische Standardsituationen des naturwissenschaftlichen Unterrichts:

- Vorgänge und Experimente beschreiben,
- Auf Ideen kommen,
- Neues erarbeiten,
- Über Naturwissenschaften reden,
- Ordnung hineinbringen,
- Gelerntes üben,
- Erfolgreich präsentieren.

Jede dieser Standardsituationen hat ihren eigenen Charakter und bedarf ihr angemessener Bewältigungsstrategien. Um den Einsatz eines Methoden-Werkzeuges didaktisch zu rechtfertigen, muss man um die Charakteristika der jeweiligen Verwendungssituation wissen. Daraus ergeben sich Anforderungen an die Methoden-Werkzeuge (▶ Tab. 5.3). Oft erfüllen mehrere Werkzeuge die Anforderungen, andere hingegen sind aufgrund dieser Anforderungen ausgeschlossen.

Tab. 5.3: Standardsituation und Methoden-Werkzeuge des Sprachlernens

Standardsituationen	Methoden-Werkzeuge
Standardsituationen des Sprachlernens im Fach sind Situationen, die Lernen in fast jeder Unterrichtsstunde bewältigen müssen.	Methoden-Werkzeuge sind lehrergesteuerte oder schüleraktive Verfahren, Materialien, Hilfsmittel zur Unterstützung von Lehr- und Lernprozessen.

Jede Standardsituation stellt an die Methoden-Werkzeuge spezifische Anforderungen.

Tab. 5.4: Standardsituationen und Methoden-Werkzeuge

Charakteristika der Standardsituation	Anforderungen an die Methoden-Werkzeuge
Vorgänge und Experimente beschreiben • Einhaltung der logischen Reihenfolge • Genauigkeit und Präzision • Klarheit der Gedankenführung • Nutzung fachsprachlicher Muster • Bezug zu Bildern und Vorgängen	Die Werkzeuge sollen die Schülerinnen und Schüler zur regelgeleiteten Bearbeitung der Aufträge führen sowie das konvergente Denken schulen. Die Werkzeuge haben einen hohen Formalisierungs- und Vorgabegrad. Die Materialvorgaben haben meist Arbeitsblattcharakter. Bilder und eine Liste mit Fachbegriffen als Beigaben sind Erfolg versprechende Lernhilfen.

Tab. 5.4: Standardsituationen und Methoden-Werkzeuge – Fortsetzung

Charakteristika der Standardsituation	Anforderungen an die Methoden-Werkzeuge
Auf Ideen kommen • Brainstorming-Situation • Offenheit für alle möglichen Ideen • kreative Situation ermöglichen • Vielfalt von Lösungswegen ermöglichen • ungesteuerte Beteiligung aller Schülerinnen und Schüler	Die Werkzeuge müssen offen sein und zum Brainstorming und zu divergentem Denken einladen. Die Lehrperson muss zurücktreten können und wirkt vorwiegend impulsgebend. Wenn keine Ideen kommen, sollten die Werkzeuge abgestufte Ideenbringer anbieten. Es ist entscheidend, die Gruppe so zu stimulieren, dass sie auf Ideen kommt, die dem Einzelnen nicht oder nur selten einfallen.
Neues erarbeiten • Informationsangebot erforderlich • Steuerung durch Materialien • zeitintensiv • angemessener Beschäftigungsgrad aller erforderlich • unterschiedliche Bearbeitungstempi • unterschiedliche Niveaus des Verstehens	Die Werkzeuge müssen Informationen und Ansätze zur Bearbeitung anbieten sowie gleichzeitig eine Binnendifferenzierung ermöglichen (z. B. durch unterschiedliche Zugangsarten und unterschiedliche Schwierigkeitsgrade). Verschiedene Sozialformen sollen möglich sein. Die Werkzeuge sollen eine intensive Beschäftigung mit den Inhalten bewirken.
Über Naturwissenschaften reden • kommunikative Situationen erforderlich • diskursives Argumentieren • verschiedene Perspektiven • Pro-Contra-Situationen • zusammenhängende Rede • rhetorische Elemente • Plenum oder Gruppenarbeit	Die Werkzeuge müssen einerseits Freiraum für eigene Gedanken, Argumente und Wertungen bieten, andererseits eine angemessene Unterstützung anbieten, so dass das Reden über das Fach im Fluss bleibt. Orientierende Raster und Sprechhilfen können hier nützliche Dienste tun. Schüleraktive Werkzeuge mit Wiederholungseffekten sind besonders empfehlenswert.
Ordnung hineinbringen • umfangreicher Begriffs- oder Faktenbestand erforderlich • materialintensiv • Klassifizierung – Strukturierung – Hierarchisierung • verschiedene Ordnungssysteme sinnvoll	Die Werkzeuge sollen den Schülerinnen und Schülern bzw. den Schülergruppen das eigenständige Ordnen des Gelernten und Bekannten ermöglichen. Die Werkzeuge müssen oft einen großen Begriffs- und Faktenbestand anbieten und zur Klassifizierung, Strukturierung und Hierarchisierung anregen. Dabei wird die gedankliche Struktur visualisiert. Gutes Material ermöglicht u. U. verschiedene Darstellungen, die dann verglichen werden können.
Gelerntes üben • interaktiv • spielerisch • abwechslungsreich • selbsttätig • routinebildend	Die Werkzeuge haben oft Spiel- und Wettbewerbscharakter. Werkzeuge mit mehreren Durchläufen wirken routinebildend. Handlungsorientierten Werkzeugen ist grundsätzlich der Vorzug zu geben. Die Werkzeuge sollten eine Binnendifferenzierung ermöglichen.

Tab. 5.4: Standardsituationen und Methoden-Werkzeuge – Fortsetzung

Charakteristika der Standardsituation	Anforderungen an die Methoden-Werkzeuge
• handlungsorientiert • differenzierend	
Erfolgreich präsentieren • zusammenhängende Rede • Präsentationshilfen nutzen • Gliederungshilfen nutzen	Die Werkzeuge unterstützen die Präsentation von Einzel- oder Gruppenergebnissen in Form der zusammenhängenden Rede und/oder der materialgeleiteten Darstellung. Wichtigstes Kriterium ist die Wirkung auf das Publikum.

Wo liegen die Grenzen, Risiken und Nebenwirkungen von Methoden-Werkzeugen?

Bei der Nutzung von Methoden-Werkzeugen droht die Gefahr, dass ihr Einsatz zur inhaltlosen Methodenschulung verkommt. Die Aktivitäten der Schülerinnen und Schüler werden beim nicht zielgerichteten Gebrauch vom Naturwissenschaftlichen weg geleitet. Ein didaktisch begründeter Einsatz schützt vor dieser Gefahr, indem man die Lernenden gezielt in Situationen mit physikalischen Problemstellungen bringt, ohne dabei durch die neuen Organisations- und Kommunikationsformen Unsicherheiten zu schaffen.

Methoden-Werkzeuge bergen weiterhin das Risiko extensiven Zeitverbrauchs. Lehrerinnen und Lehrer müssen sich fragen: Setze ich das Werkzeug zeitökonomisch verantwortbar ein? Gibt es zeitsparendere Alternativen? Stehen Aufwand und Ertrag in einem guten Verhältnis?

Grenzen der Methoden-Werkzeuge liegen auch dort, wo es didaktisch bedingte Hürden gibt, die zu nehmen der Fachdidaktik bislang nicht gelungen ist. Auch Methoden-Werkzeuge können die bekannten Lern- und Verständnisprobleme nicht beheben (z. B. bei der Strom-Spannung-Problematik, der Energie-Kraft-Problematik oder der Druck-Kraft-Problematik). Methoden-Werkzeuge können methodische Stolpersteine umgehen, lösen aber keine fachdidaktischen Probleme.

5.3 Digitale Methoden-Werkzeuge

Das SAMR-Modell

Das SAMR-Modell ist ein Modell zur Analyse der gestuften Integration digitaler Medien und Werkzeuge im Schulunterricht als Ersatz, zur Erweiterung, zur Änderung, zur Transformation.

Das SAMR Modell von Ruben Puentedura (2015) schlägt eine stufenweise komplexere Nutzung von Medien im Klassenzimmer vor. Von den bisher genutzten analogen Medien ersetzenden Funktion bis hin zu solchen, die die Art des Unterrichts und Unterrichtens neu definieren, werden digitale Medien als Gestaltungselemente von Unterricht gesehen.

Tab. 5.5: SAMR-Modell (vgl. http://homepages.uni-paderborn.de/wilke/blog/2016/01/06/SAMR-Puentedura-deutsch/ und https://www.gfdb.de/didaktik-samr-modell/ und https://www.iqesonline.net/bildung-digital/digitale-schulentwicklung/modelle-zur-digitalisierung-von-schule-und-unterricht/das-samr-model/)

Ebene	Stufe	Beschreibung
Verbesserung	1	Substitution (Ersatz, Ersetzen): digitale Medien/Methoden-Werkzeuge als Ersatz für Lernwerkzeuge, ohne funktionelle Änderungen
Verbesserung	2	Augmentation (Erweiterung, Erweitern): digitale Medien/Methoden-Werkzeuge als Ersatz für Lernwerkzeuge mit funktionellen Verbesserungen
Umgestaltung	3	Modification (Änderung, Umgestalten): digitale Medien/Methoden-Werkzeuge zur Neugestaltung von Lernaufgaben
Umgestaltung	4	Redefinition (Transformation, Neugestalten): digitale Medien/Methoden-Werkzeuge zur Realisierung von Projekten, die ohne diese nicht möglich wären

In ▸ Kap. 5.2 sind vierzig analoge Methoden-Werkzeuge aufgelistet und beschrieben. Folgt man dem SAMR-Modell, so stellen sich folgende Fragen:

- Für welche dieser vierzig analogen Methoden-Werkzeuge gibt es digitalen Ersatz?
- Welche digitalen Methoden-Werkzeuge bringen sprachdidaktische und methodische Steigerungen?
- Welche digitalen Methoden-Werkzeuge ermöglichen andere Aufgabenstellungen durch Anpassung?
- Welche digitalen Methoden-Werkzeuge ermöglichen ganz neue Aufgaben durch Neugestaltung?

Ein Beispiel zum SAMR-Modell

Im ▸ Kap. 3.2 ist eine Aufgabenstellung mit vielen analogen Methoden-Werkzeugen als Beispiel zum offensiven Vorgehen ausführlich beschrieben. Das Beispiel wird nachfolgend mit vier Aufgaben gemäß dem SAMR-Modell ausgebaut.

Tab. 5.6: Beispiel von Aufgabenstellungen im SAMR-Model

Vier Aufgabenstellungen
Aufgabenstellung 1 1. Führt das Experiment wie im Demoexperiment durch. 2. Berechnet das Volumen des Steins. 3. Beschreibt das Experiment und nutzt die digitalen Schreibhilfen.
Aufgabenstellung 2 1. Führt das Experiment wie im Demoexperiment in englischer Sprache durch. 2. Berechnet das Volumen des Steins. 3. Schreibt einen Sprechtext zu dem Experiment und nutzt die digitalen Schreibhilfen. 4. Erstellt ein vertontes Erklärvideo.
Aufgabenstellung 3 Bearbeite die Lernaufgabe im Pad unter https://cryptpad.fr/kanban/#/2/kanban/view/c72OVloailqjSZbzySjb6PeKAPt3Oi9RVPVfRA+5hfc
Aufgabenstellung 4 Eine Firma beauftragt euch, diverse Verfahren zu entwickeln, um das Volumen eines beliebig geformten, massiven, geschlossenen Körpers zu bestimmen. Führt das Projekt durch.

Bemerkungen zur Aufgabenstellung 1

Die in ▶ Kap. 5.2 aufgelisteten 40 analogen Methoden-Werkzeuge können fast alle mit H5P (https://h5p.org/content-types-and-applications), einer freien und quelloffenen Software zum Erstellen von interaktiven (Lern)-Inhalten für das Web, digital umgesetzt werden. LearningApps (https://learningapps.org) sind interaktive, multimediale Bausteine für Lern- und Lehrprozesse, die online erstellt und in Lerninhalte eingebunden werden.

Es gibt reichlich viele Apps und digitale Instrumente als Ersatz für analoge Methoden-Werkzeuge. Dadurch werden neue Chancen eröffnet, nämlich solche der Interaktivität und Selbstüberprüfung. Neben den Chancen tun sich auch hier Risiken und Nebenwirkungen auf:

- Risiken: Sie haben gelegentlich Arbeitsblattcharakter mit Tendenz zur »Beschäftigungsdidaktik« und verführen zu grammatischen Übungen, z. B. Wortbildungsübungen, Umformungsübungen, Übungen mit grammatisch motivierten Lücken, Zuordnungsübungen, Richtig-Falsch-Fragen, die fachlich nicht relevant sind.
- Nebenwirkungen: Inhaltlose und kontextlose Übungen mit Erfolgskontrolle täuschen Sprachkompetenzen im Fachunterricht vor, die so nicht erreicht werden können.

Bemerkungen zur Aufgabenstellung 2:

Der Einsatz von fremdsprachigen Erklärvideos und der Produktion eigener vertonter Erklärvideos geht über den bloßen Ersatz analoger Medien hinaus und erweitert die Möglichkeiten und Funktionen mit Chancen, Risiken und Nebenwirkungen.

- Chancen: Datenbanken und Mediatheken zur Informations- und Wissenserweiterung, ... sind sehr geeignet zur Informationsbeschaffung und Erklärung.
- Risiken: Informationen sind noch kein Wissen. Wissen ist etwas Selbsterarbeitetes und deutlich von reiner Information zu unterscheiden, weshalb die Erstellung von Lernprodukten so wichtig ist.
- Nebenwirkungen: Fremderklärungen (Erklärvideos) sind noch kein Verstehen. Verstehen heißt im eigenen Kopf kognitive Strukturen (Eigenerklärungen) aufbauen. Fremderklärungen sind ein gutes Instrument dazu, aber kein Ersatz.

Bemerkungen zur Aufgabenstellung 3:

Lernaufgaben im digitalen Format eignen sich bei entsprechender Aufbereitung zum aufgabengesteuerten digitalen Distanzunterricht.

> **Definition**
>
> Eine Lernaufgabe steuert den Lernprozess durch eine Folge von gestuften Aufgabenstellungen mit entsprechenden analogen und/oder digitalen Lernmaterialien. Im Zentrum einer Lernaufgabe steht die Erstellung von Lernprodukten. Die Lernprodukte spiegeln die Lernleistungen der Lerner im handelnden Umgang mit altem und neuem Wissen wider.

Wie bei allen Medien tun sich auch hier Chancen, Risiken und Nebenwirkungen auf:

- Chancen: Apps und Tools für kollaboratives Arbeiten und für spezielle Lernprodukte sind sehr geeignete Instrumente zum Lernen mittels Lernaufgaben.
- Risiken: Die Instrumente allein schaffen noch keine lernwirksamen Lernprodukte, sondern erst wenn sie in gute Aufgabenstellungen eingebunden sind.
- Nebenwirkungen: Kollaboratives Arbeiten schafft neue Lernchancen aber auch neue Gefahren und Nebenwirkungen, wenn z. B. kollaborativ oberflächlich glänzende Lernprodukte erstellt werden, die sich jedoch ohne Lernwirkung als Copy-Paste herausstellen.

Bemerkungen zur Aufgabenstellung 4

Aufgabenstellungen in Projektform sind offen, selbstgesteuert, kontextorientiert, authentisch, handlungs- und produktionsorientiert und kollaborativ. Aufgaben dieser Art sind nicht neu; digitale Medien (Autorensysteme und Lernplattformen, ...) fordern und fördern digitale Kompetenzen, eröffnen neue Wege mit Chancen, Risiken und Nebenwirkungen.;

- Chancen: Autorensysteme und Lernplattformen für die digitale Schule sind sehr geeignet für die Erweiterung des Präsenzlernens und für das kollaborative Distanzlernen.

- Risiken: Die Systeme allein schaffen noch kein gutes Lernen, sondern erst wenn sie bedienungs- und nutzerfreundlich aufgebaut sind und mit guten Aufgabenstellungen und Materialien hinterlegt sind.
- Nebenwirkungen: Autorensysteme und Lernplattformen schaffen neue Lernchancen, aber auch neue Gefahren und Nebenwirkungen, wenn sie z. B. nur als Ablagesystem genutzt ohne ein anderes Lehr-Lern-Verständnis werden.

Sprachbildung in der digitalen Schule

Das SAMR Modell zeigt die stufenweise Entwicklung von der analogen zur digitalen Schule. Schulen laufen dabei Gefahr, in der Gedankenwelt der analogen Schule zu verbleiben und diese digital zu dekorieren. Kritiker bezeichnen das als »palliative Didaktik« (Krommer, 2018a, 2019), da es das Sterben der analogen Schule verlängernd begleitet. Sie fordern einen sofortigen radikalen Wechsel in die neue digitale Schule mit digitaler Lernkultur. Das SAMR-Modell fokussiert nämlich nicht auf den Erwerb der Kompetenzen in einer digitalen Welt. Folgerichtig muss Sprachbildung in der digitalen Schule auf die zu entwickelnden Kompetenzen in einer digitalen Welt ausgerichtet sein.

Die Paradigmen der analogen Schule sind Sprechen, Hören, Lesen, Schreiben. Es ist die Welt der Buchkultur. Die analoge Schule fördert entsprechende Kompetenzen. Die Paradigmen der digitalen Schule lauten nach Stalder und Wampfler (Stalder, 2016; Wampfler, 2020):

- Referenzialität: Texte verweisen auf Texte
- Gemeinschaftlichkeit: Menschen kollaborieren
- Algorithmizität: Programme werden genutzt

Damit ist die digitale Schule einer digitalen Didaktik verpflichtet, die eine Lernumgebung schafft, in der Lernen mit digitalen Medien so möglich ist, dass Kompetenzen für eine Kultur der Digitalität erworben werden. Die Kompetenzen für eine Kultur der Digitalität sind im 4-K-Modell gefasst.

Abb. 5.4: Vier Kernkompetenzen für das 21. Jahrhundert (nach Muuß-Merholz, Birr & Bölling, 2017 unter: https://www.joeran.de/die-4k-skills-was-meint-kreativitaet-kritisches-denken-kollaboration-kommunikation/)

Das 4K-Modell geht auf das »Framework for 21st Century Learning« zurück, das im Jahre 2002 in den USA von Experten, politischen Entscheidern, Gewerkschaften und

Tech-Unternehmen erarbeitet wurde. Durch die verkürzte Rezeption im deutschsprachigen Bereich unterblieb nach Muuß-Merholz die »konzeptionelle Einbettung in einen größeren Rahmen als auch die Ausgestaltungen der einzelnen Skills« (Muuß-Merholz 2021, S. 10) und es blieb bei Schlagworten. Fadel, Bialik und Trilling legten 2015 und 2017 in deutscher Übersetzung ein Rahmenkonzept für Bildungsziele und Lerninhalte vor, in denen die 4Ks eingebettet und verortet sind: »Unterschieden werden die Dimensionen

1. Wissen (was Lernende kennen und verstehen)
2. Skills (wie sie ihr Wissen anwenden)
3. Charakter (wie sie sich in der Welt verhalten)
4. Meta-Lernen (wie sie sich selbst reflektieren und anpassen können, indem sie kontinuierlich weiter lernen und auf ihre Ziele hinarbeiten)

Die zweite Dimension »Skills« umfasst die 4Ks.« (ebd. S. 10). Nach Muuß-Merholz besteht die pädagogische Kunst darin, »die Lernziele unterschiedlicher Dimensionen zu einem Zopf zu verflechten« (ebd. S. 11).

Abgesehen von der Schwierigkeit diese pädagogische Kunst im Unterricht auszuüben, ruft das 4K-Modell Kritik hervor. So kritisiert Heymann:

- »Bei dem 4K-Ansatz handelt es sich um kein in sich stimmiges pädagogisches und curriculares Konzept.
- Dem 4K-Ansatz liegt weder eine zeitgemäße Vorstellung von menschlicher Bildung zugrunde noch berücksichtigt er den Stand der empirischen Forschung zu Schule und Unterricht.
- Die Kennzeichnung der ausgewählten Leitbegriffe als »Skills« weckt falsche Vorstellungen und Hoffnungen, wie sich wünschenswerte Haltungen und Kompetenzen, die sich in den betreffenden Kompetenzfeldern verorten lassen, durch unterrichtliche Bemühungen herausbilden lassen.
- Als zukunftsweisende Leitidee für die allgemeinbildende Schule ist der 4K-Ansatz ungeeignet, weil er sich einseitig auf nur wenige Ziele beschränkt und die Bedingungen, unter denen sich diese Ziele erreichen lassen könnten, ungenügend reflektiert.« (Heymann, 2021, S. 42)

Sollte die konzeptionelle Einbettung in einen größeren Rahmen und die unterrichtliche Ausgestaltung nach Fadel, Bialik und Trilling gelingen, dann bereiten diese Kompetenzen auf die VUCA-Welt (siehe https://usawc.libanswers.com/faq/84869) des 21. Jahrhunderts vor. Die Welt der Zukunft ist geprägt durch

- Unbeständigkeit (Volatility),
- Unsicherheit (Uncertainty),
- Komplexität (Complexity) und
- Mehrdeutigkeit (Ambiguity).

Daraus werden Paradigma einer Kultur der Digitalität abgeleitet. Die Aufgabenstellungen 1 bis 4 zeigen, dass es nicht nur mit einer anderen Aufgabenstellung getan ist, sondern dass sich das didaktische Koordinatensystem mit einem Paradigmenwechsel verschiebt. Die Aufgabenstellungen in einer Schule mit digitaler Lernkultur müssen demnach den 4 Kernkompetenzen gerecht werden und sind somit der Projektarbeit verpflichtet. Eine digitale Lernkultur in der Schule zu etablieren und die digitale Transformation durchzuführen, ist eine Aufgabe der Schulentwicklung und kann nicht von einer einzelnen Lehrkraft geschultert werden.

Sprachbildung in einer digitalen Schule ist gleichermaßen nötig und möglich wie in der analogen Schule. Die Kompetenzbereiche Kollaboration und Kommunikation sind dafür prädestiniert mit entsprechenden Aufgabenstellungen sprachbildend zu wirken. Digitale Medien bieten vielfältige Sprachbäder und Möglichkeiten des sprachlichen Handelns verbunden mit Risiken und Nebenwirkungen. Die Didaktik und Methodik einer digitalen Schule ist noch in der Entwicklung.

> **Exkurs: Unterschied Information und Wissen**
>
> Nie zuvor in der Geschichte der Menschheit war es so einfach an Informationen zu gelangen. Die Informationsmenge in der digitalen Welt erfordert Kompetenzen, um aus Metadaten weitere Informationen zu erlangen über deren Nutzen, Glaubwürdigkeit, Hintergrund, Zuverlässigkeit, ... und diese dann zu bewerten. Die Informationen allein sind noch kein Wissen:
>
> - Wissen etwas Selbsterarbeitetes und deutlich von reiner Information zu unterscheiden.
> - Um Wissen zu erwerben und im semantischen Gedächtnis zu speichern, müssen die Wissenselemente in kognitiven Schleifen das Gehirn durchlaufen haben.
> - Wer viel weiß, kann leicht neues mit altem Wissen in vielfältiger Art und Weise verknüpfen.
> - Wer wenig weiß, muss jedes Mal wieder ganze Netzwerke zusammenschalten, anstatt nur neue Verknüpfungen in bestehende zu ziehen.

5.4 Empfehlungen zur Unterrichtsplanung

Die Unterrichtsplanung ist ein Standardthema in der 1. Phase und in der 2. Phase der Lehrerausbildung. Es gibt unzählige Planungsraster und Empfehlungen. Jede Lehrkraft in der Ausbildung verwendet für Hospitationen, Unterrichtsbesuche, Lehrproben entsprechende Raster, die in teils umfangreichen Entwürfen eingebettet sind. Dieses Vorgehen mag in der Ausbildung noch gerechtfertigt werden können, jedoch sind die Ausarbeitungen in der täglichen Unterrichtspraxis realitätsfern. Von den vielen Beispielen sei exemplarisch eines skizziert:

Die Unterrichtsplanung und -steuerung durchläuft einen Zyklus von 6 Schritten:

1. Bedürfnisse der Lernenden erfassen;
2. Lernziele definieren;
3. Sequenz von Unterrichtseinheiten mit Materialien und Methoden entwerfen;
4. Unterrichten;
5. Evaluation während und nach dem Unterricht;
6. Ergebnisse der Evaluation zur Verbesserung der nächsten Planung und Steuerung nutzen. (Grimm, Meyer & Volkmann 2015, S. 228)

Die Unterrichtsplanung von berufserfahrenen Lehrkräften zeigt:

- Berufserfahrene Lehrkräfte orientieren sich nicht an vorgegebenen Schemata oder didaktischen Theorien.
- Ihre Unterrichtsplanung ist in einen didaktischen Rahmen eingebettet, in den die eigenen Erfahrungen mit Unterricht eingegangen sind.
- Die ›eigene Didaktik‹ ist eine Mischung curricular-fachlichen und pädagogisch-psychologischen Wissens mit eigenen Erfahrungen aus der Praxis.
- Viele Planungsentscheidungen werden eher gefühlsmäßig getroffen – Experten können ›gekonnt‹ und ›intelligent‹ handeln, häufig aber das Wissen, das sie dazu benötigen, nicht angeben.
- Routinen als »hochverdichtete Wissensstrukturen« spielen beim Planungshandeln eine erhebliche Rolle.
- Knappes Zeitbudget und Überlastung verkürzen die Vorbereitung, während die subjektive Vorliebe für ein Fach oder ein Thema die Vorbereitung intensiviert.

Es handelt sich bei den Planungsrastern fast immer um Top-Down-Modelle. Aus den Zielen werden die Inhalte abgeleitet, diese bestimmen die Methode und diese wiederum bestimmen die Medien. Alles das erfolgt unter Berücksichtigung der kognitiv-affektiven und den sozio-kulturellen Voraussetzungen der Lernenden.

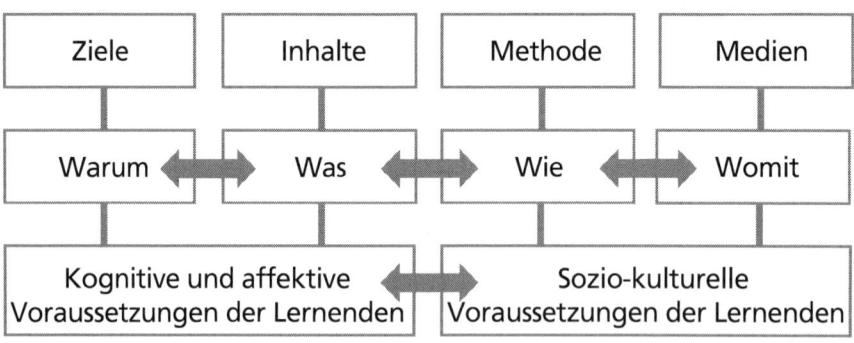

Abb. 5.5: Interdependenz der Unterrichtsvariablen

Planungsschemata dieser Art erzeugen ein schlechtes Gewissen, da keine Lehrkraft das alles zu überblicken und dem gerecht zu werden vermag. Planungsschemata

5.4 Empfehlungen zur Unterrichtsplanung

dieser Art sind nicht nur unrealistisch in der Umsetzung, sondern sind aus mehreren Gründen schlichtweg falsch, wie die folgende unvollständige Liste zeigt:

- Aus den Zielen lassen sich nicht zwingend und keinesfalls eindeutig Inhalte ableiten.
- Inhalte können unterrichtlich nach verschiedenen Zielen ausgerichtet werden.
- Die Methode stellt die Inhalte so oder anders dar und verändert damit die Ziele.
- Die Methodenwahl richtet sich möglicherweise nach den zu erwerbenden Kompetenzen und damit bieten sich verschiedene Inhalte zur Konkretisierung an.
- Die Medien bestimmen und verändern den Unterricht, sind Teil der Methode oder gar Methode selbst.
- Die Heterogenität der Lernenden in den Voraussetzungen verbietet ein derartiges lineares Vorgehen.

Somit verbieten sich derartige starre Schemata. Daraus darf nicht gefolgert werden, dass der Unterricht strukturlos sein solle. Ganz im Gegenteil: Lernen im Unterricht muss strukturiert sein. Die Struktur muss sich am Lernen, nicht am Lehren orientieren (vgl. Lehr-Lern-Modell, ▶ Kap. 5.1).

Steht das Lernen im Mittelpunkt der Unterrichtsplanung, stellt sich die Frage nach den Lernprodukten, die von den Lernenden interaktiv erstellt werden. Die erste und zentrale Frage der Unterrichtsplanung lautet:

> Welches Lern- bzw. Sprachprodukt (Schreibprodukt, Leseprodukt, Sprechprodukt) können und sollen erstellt werden?

Der Charme dieser Frage liegt darin, dass sie in Kenntnis der Lerngruppe und deren Lernstand leicht zu beantworten ist, dass es nicht nur eine Antwort gibt und dass es verschiedene Methoden und Medien gibt, diese unterrichtlich umzusetzen. Die Methode und das Medium bestimmen oft auch das Lern- bzw. Sprachprodukt. Die Frage ist nicht, wem der Primat zukommt, sondern die Frage lautet immer nur: Wie und womit und an was lernen die Lernenden am meisten? Es gibt viele Wege dahin, aber nicht jeder Weg führt zum Ziel. Wer jedoch die erste und zentrale Frage der Unterrichtsplanung stellt, kann nicht an dem Ziel voreigehen.

Berufserfahrene Lehrkräfte wissen, dass sich das zunächst manchmal vage imaginierte Lern- bzw. Sprachprodukt im Planungsprozess verändert. Beim Erstellen der Aufgabe, beim Suchen von Materialien etc. tun sich Seitenwege auf, die lernwirksamer sind. Dabei verschieben sich auch Ziele und Möglichkeiten des Kompetenzerwerbs. Das alles ist gut, sofern es gutes Lernen ermöglicht.

Die meisten Planungsschemata gehen in der Reihenfolge der Unterrichtsschritte vor. Dann jedoch steht das Lehren im Vordergrund, nicht das Lernen. Steht jedoch das Lernen im Vordergrund muss von den Lernschritten ausgegangen werden. Im Folgenden wird ein Planungsschema in nur drei Schritten vorgeschlagen (▶ Abb. 5.6). Die drei Planungsschritte der Lehrkraft folgen jedoch einer anderen

Reihenfolge als die Lernschritte. Es empfiehlt sich, mit dem »Herzstück« des Unterrichts, nämlich der Erstellung von Lern- und Sprachprodukten zu beginnen und anschließend nach vorne und nach hinten zu planen.

Nur wenn man als Lehrkraft weiß, was als Sprachprodukt erstellt werden soll, kann man abschätzen,

- was an Vor- und Sprachwissen gebraucht wird und was vorentlastet oder eingeführt werden muss;
- wie die Sprachprodukte präsentiert, diskutiert, verhandelt werden und wie sie moderiert, rückmeldend bewertet und geübt werden.

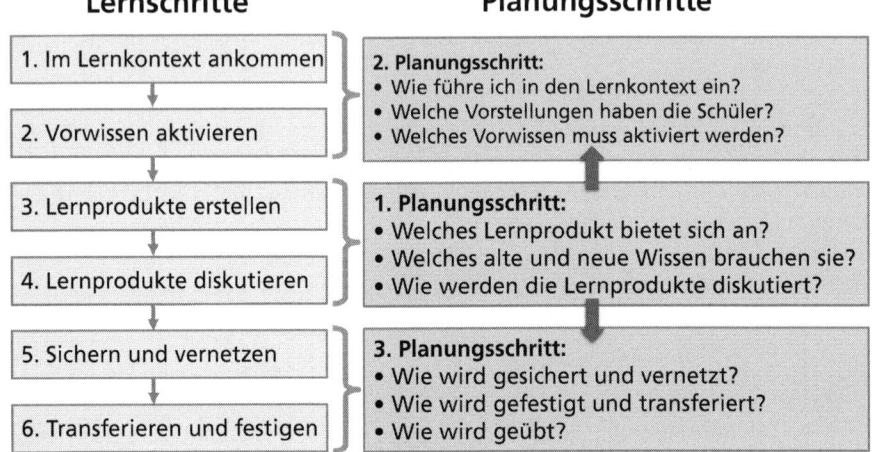

Abb. 5.6: Lernschritte und Planungsschritte

Die erste und wichtigste Frage bei der Planung lautet: Welche Sprachprodukte können und sollen erstellt werden? Alles Weitere ergibt sich aus der Antwort auf diese Frage.

Anschließend wird eine Aufgabenstellung mit Materialien und Methoden-Werkzeugen zusammengestellt. In der folgenden ▶ Tab. 5.7 werden mustergültige Formulierungen zur Auswahl angeboten und erläutert. Dabei ist jeder Lernschritt in zwei Lernschritte aufgespalten, um die Aufgabenteile kleiner und übersichtlicher zu gestalten. Nachfolgend wird ein Planungsschema mit Aufgabenstellungen skizziert, die in fast allen Lernsequenzen adaptiert werden können. (Man beachte, dass die Reihenfolge der Planungsschritte in der rechten Spalte eine andere ist als die Lernschritte in der linken Spalte.)

Tab. 5.7: Erstellung von Aufgabenstellungen und Methoden-Werkzeugen

Erstellung von Aufgabenstellungen mit Materialien und Methoden-Werkzeugen	
Lernschritte	**Planungsschritte**
1 Ankommen Wiederholen Reaktivieren • Wiederhole … • Lies noch einmal … • Reaktiviere dein Wissen über … • Tauscht euch aus über … • Erkläre wiederholend deinem Partner … • Schreibe deine Ideen und Vorstellungen über … auf • Wiederhole dein Vorwissen … mit dem Erklärvideo/ mit …	3 Vorwissensaktivierung • Wissend, was die Lernenden erstellen sollen, erstellen Sie Aufgabenteile, die der Wiederholung von Vorwissen dienen. • Aktivieren Sie mit Aufgabenstellungen das Vorwissen und Sprachwissen. • Legen Sie fest, was die Lernenden vorbereitend wissen und können müssen.
2 Informieren und Vorbereiten • Informiere dich mit … über … • Fülle vorbereitend die Tabelle aus … • Notiere die Begriffe an … • Ordne die Begriffe in das Bild/ … • Informiere dich über … mit dem Erklärvideo/ der Webseite/ dem Text/ …	2 Vorentlasten • Überlegen Sie Aufgabenteile, zur sprachlichen Vorentlastung und zum Einspeisen neuen Fach-/Sprachwissens. • Erstellen Sie Aufgabenteile, zur niederschwelligen Heranführung an die Erstellung der Sprachprodukte.
3 Lern- und Sprachprodukte erstellen • Erstelle (einen Text, eine Erklärung, eine Erläuterung, eine Beschreibung, eine Tabelle, eine Bildfolge, einen Kommentar, ein Beispiel, eine Mindmap, … • Nutze als Hilfe (die Wortliste, das Wortgeländer, die Bildfolge, die Redemittel, …	1 Lern- und Sprachprodukte festlegen • Legen Sie erst fest, welches Lern- bzw. Sprachprodukt (Schreibprodukt, Leseprodukt, Sprechprodukt) erstellt werden soll. • Entwickeln Sie binnendifferenzierte Unterstützungen mit Methoden-Werkzeugen, damit die Lernenden mit Anstrengung erfolgreich Sprachprodukte erstellen.
4 Lern- und Sprachprodukte diskutieren • Präsentiert euer Lernprodukt (Text, Erklärung, Beschreibung, Tabelle, Bildfolge, Beispiel, …) und nutzt … • Vergleicht euer Lernprodukt mit der Partnergruppe und … • Bewertet … und gebt Rückmeldung an … über …	4 Präsentation und Diskussion festlegen • Überlegen Sie Medien und Methoden zur Präsentation der Produkte. • Legen Sie eine Reihenfolge der Präsentationen fest, die den fach- und sprachdidaktischen Mehrwert nutzt. • Überlegen Sie Moderations- und Rückmeldestrategien.

Tab. 5.7: Erstellung von Aufgabenstellungen und Methoden-Werkzeugen – Fortsetzung

Erstellung von Aufgabenstellungen mit Materialien und Methoden-Werkzeugen	
Lernschritte	**Planungsschritte**
5 Sichern und vernetzen • Erstellt (ein Begriffsnetz/ Glossar/ Merkliste/ ...) zu ... • Erweitert euer bisheriges ... (Glossar/ Begriffsnetz/ Merkliste/ ...) mit den neuen Begriffen/ dem neuen Wissen • Vergleiche dein(e) ... mit ...	**5 Sicherungen und Vernetzungen festlegen** • Zur Sicherung und Festigung des neuen Sprachwissens überlegen Sie passende Aufgabenteile mit Methoden-Werkzeugen.
6 Transferieren, anwenden und üben • Übt mit ... und nutzt die Redemittel/ das Strukturdiagramm/ die ... • Erstellt ein ähnliches Beispiel/ einen Fall/ eine Geschichte/ ... für ... • Wendet ... und ... an auf ...	**6 Anwendungen und Übungen festlegen** • Trennen Sie ggf. Fachübungen von Sprachübungen. • Achten Sie darauf, dass der Transfer nah und nicht zu weit ist.

Das von Tajmel vorgestellte Planungsschema fokussiert auf die Sprachbildung in den Fächern, setzt erfreulicherweise die Aktivitäten in das Zentrum, jedoch stehen die Sprachstrukturen und die vier allgemeinen Bereiche (Hören, Sprechen, Lesen, Schreiben) im Blickfeld und nicht die sprachbezogenen Standardsituationen mit den Sprachprodukten (Tajmel, 2012; Tajmel & Hägi-Mead, 2017).

Tab. 5.8: Planungsrahmen zur sprachsensiblen Unterrichtsplanung nach Tajmel (2012)

Thema	Aktivitäten				Sprachstrukturen	Vokabular
	Hören	Sprechen	Lesen	Schreiben		

5.5 Exkurs: Umgang mit Subjektiven Theorien im sprachsensiblen Unterricht

Das Lehrerhandeln im Unterricht ist hochkomplex und es muss situativ und spontan im Hier und Jetzt reagiert werden, ohne Möglichkeit, das Handeln vorab zu reflektieren. Die Lehrperson greift auf Subjektive Theorien (Beliefs) zurück, um handlungsfähig zu sein. Subjektive Theorien enthalten Annahmen darüber, wie man selbst und wie andere Personen denken, fühlen und handeln; sie beziehen sich auf Wissensbereiche, die einer Person Orientierung geben, indem sie das eigene Verhalten sowie das anderer Personen erklären.

Auf der Grundlage ihrer Subjektiven Theorien (Beliefs) folgen Lehrkräfte i. d. R. unbewusst Hypothesen über die Lernprozesse der Lernenden, deren Lernstand, über die Lernhürden, Verstehensleistungen oder über störendes Verhalten während des Unterrichts. Insbesondere in schlecht definierten und komplexen Situationen haben Subjektive Theorien einen großen Wert um mit den alltäglichen Situationen im Schulalltag schnell und kompetent umgehen zu können, denn sie helfen, die Situation zu vereinfachen, zu interpretieren und relevante Ziele zu identifizieren, an denen man sich orientieren kann. Subjektive Theorien sind oft gleichzeitig Helfer und Verhinderer. Eingefahrene Routinen helfen in der Situation handlungsfähig zu sein, sie verhindern jedoch bessere Alternativen zu nutzen. So entsteht eine Kluft zwischen didaktischen Maximen und deren Verwirklichung.

Die folgende Liste Subjektiver Theorien ist zusammengestellt aus dem Erfahrungsschatz vieler Unterrichtshospitationen, aus diversen Unterrichtstranskripten (vgl. u. a. Beispiele zum Kreislauf des Wassers) und aus der Literatur zu Subjektiven Theorien (Fischler, 2004; Fussangel, 2008).

- **Angst vor der Fossilierung**: Die Lehrkraft interveniert nach einem Reiz-Reaktions-Schema umgehend differenzierungslos bei Sprachfehlern, aufgrund der subjektiven Vorstellung, dass sich Fehler einschleifen und fossilieren.

> Empfehlung: Nicht jeder Sprachfehler fossiliert. Gleichwohl nimmt die Sprachbildung den Kampf gegen die Fossilierung auf. Dazu ist ein modellhaftes Sprachbad wichtig, um das prozedurale Gedächtnis anzusprechen und phonologische Bewusstheit (vgl. ▶ Kap. 3.2) zu schaffen. Sprachkorrekturen, die sich an das semantische Gedächtnis richten, sind geeignet, um Wortbewusstheit, syntaktische oder Formbewusstheit und pragmatische Bewusstheit zu schulen.

- **Unterricht-Muss-Laufen-Vorstellung**: Die Lehrkraft erwartet auf eine gestellte Frage eine umgehende Antwort, nimmt den ersten sich meldenden Schüler dran.

> Empfehlung: Nach einer Fragestellung Zeit zum Nachdenken geben, ggf. ein Murmelgespräch einbauen und mindestens drei Sekunden nach der Fragestellung warten.

- **Ablauforientierung und Lehr-Lern-Kurzschluss**: Die Lehrkraft nimmt die erstbeste »richtige« Antwort bestärkend entgegen und fährt ohne Rückfragen fort.

> Empfehlung: Gelehrt heißt nicht gelernt. Eine Rückversicherung des Verstehens durch eine Wiederholung oder weitere Fragen/ Impulse/ Aufgaben ist geboten.

- **Formales Sicherungsbedürfnis**: Die Lehrkraft nutzt die Schülerbeiträge lediglich, um ihre eigene Formulierung zu notieren und von den Lernenden ohne Verständnisrückversicherung abschreiben zu lassen.

> Empfehlung: Eine Sicherung des Gelernten ist zwingend; abschreiben alleine reicht jedoch nicht. Die Fremdsprachendidaktik stellt viele kommunikative Übungsformen bereit.

- **Habitualisierte Unterrichts- und Gesprächsroutinen**: Die Lehrkraft moderiert jede Lernphase, jede Sprachhandlung (z. B. begleitendes, berichtendes, fachsprachliches Sprechen) undifferenziert auf dieselbe Art und Weise.

> Empfehlung: Nach dem Variationsprinzip erfordern unterschiedliche Situationen sprachlichen Handelns unterschiedliche sprachliche Mittel und eine situationsangemessene Moderation.

- **Habitualisierte Rückmeldung**: Die Lehrkraft meldet uniform jeden Schülerbeitrag mit höchstem Lob (»Super«, »Toll«, »Sehr gut«, …) zurück.

> Empfehlung: Lob und Kritik, Hinweise und Empfehlungen, Rückmeldungen und Feedback müssen dem Beitrag und der Leistung differenziert angepasst sein. Höchstes Lob für besondere Leistungen aufsparen, wertschätzendes anerkennendes Nicken reicht meistens als Rückmeldung und erhält den Redefluss.

- **Fokus auf dem Wort**: Die Lehrkraft lässt ein Fachvokabelheft führen.

> Empfehlung: Nach dem Gebrauchs- und Situativitätsprinzip sollten Fachbegriffe möglichst mit einer fachlichen Sprachverwendung notiert werden.

- **Defizitsicht statt Suche nach Verstehensinseln**: Die Frage der Lehrkraft nach der Erstlektüre eines Textes lautet »Was habt ihr nicht verstanden?«

> Empfehlung: Nach dem Prinzip der Verstehensinseln ist es ratsam Verstandenes als Ausgangspunkt der Texterschließung zu nutzen. Erwartungsgemäß unbekannte Begriffe sollten vorentlastet werden.

- **Vorstellung von Sprachübungen**: Die Lehrkraft lässt in langen Übungen beschreiben, was das Kind sieht, z. B. Stift ist rot. Auf dem Bild ist eine Kuh.

5.5 Exkurs: Umgang mit Subjektiven Theorien im sprachsensiblen Unterricht

> Empfehlung: Nach dem Relevanzprinzip sollten authentische und sinnstiftende Anlässe für Sprachübungen genutzt werden, die auch bei der Sprachanwendung im Fach Relevanz haben.

- **Angst vor der Fehlerdiffusion**: Die Lehrkraft unterbindet das unbeaufsichtigte Sprechen der Kinder untereinander.

> Empfehlung: Die Motivation zur persönlichen angstfreien Erprobung kann durch (Murmel)gespräche der Kinder untereinander gefördert werden.

- **Fehlvorstellung von Sprachkompetenzen und Vorstellungen von Gedächtnissystemen**: Die Lehrkraft erwartet gleichzeitig die Sprachrichtigkeit, Sprachflüssigkeit und Sprachkomplexität und moniert Fehler in allen drei Bereichen.

> Empfehlung: Da Sprachlerner nicht gleichzeitig die Sprachrichtigkeit, Sprachflüssigkeit und Sprachkomplexität zu kontrollieren vermögen, sollte signalisiert werden, welche Teilkompetenz ansteht. Motivierend und effektiv für den Spracherwerb ist handelndes Lernen mit Redeanlässen und Themen aus der Erfahrungswelt der Lerner unter Inkaufnahme von Sprachfehlern. Sprachrichtigkeit ist wichtig, aber nicht das ausschließliche Gütekriterium.

- **Vorstellungen zur Fehlerkorrektur**: Beim Aussprachefehler und bei fehlerhaften Begriffen korrigiert die Lehrkraft nur das einzelne Wort, statt dieses in den Kontext eines Satzes zu binden.

> Empfehlung: Ein Begriff steht nicht allein, sondern ist im semantischen Lexikon in ein Begriffs- und Bedeutungsnetz eingebunden. Deshalb ist eine Einbindung von Aussprache- und Begriffsfehlern in einen Satz wichtig, um Sprachbewusstheit (phonologische Bewusstheit, Wortbewusstheit, syntaktische oder Formbewusstheit, pragmatische Bewusstheit) zu schulen.

- **Vorstellung von Übungen und Übungsformen**: Die Lehrkraft übt ein grammatisches Phänomen nach dessen Einführung an vielen Übungen zu ausschließlich diesem Phänomen.

> Empfehlung: Die Lerner wissen in der Übungsphase, worauf es ankommt und das führt zu richtigen Lösungen. In einem anderen Zusammenhang erkennen sie das grammatische Phänomen nicht mehr. Lerneradäquates Üben sprachlicher Strukturen, Partner-, Gruppen- und Gemeinschaftsspiele fördern den Spracherwerb in lebensnahen Situationen. Die Fremdsprachendidaktik kennt viele Übungsformen, mit Übertragungspotenzial in den Fachunterricht.

5.6 Wirksamkeit eines sprachsensiblen Unterrichts

Zunehmend gibt es mehr Studien über den Effekt und die Wirksamkeit des sprachsensiblen Fachunterrichts. Für den sprachsensiblen Chemieunterricht liegen etliche Studien vor.

In einer Studie von Öszan »Zum Einfluss der Fachsprache auf die Leistung im Fach Chemie - Eine Förderstudie zur Fachsprache im Chemieunterricht« wurde gezeigt,

- »dass eine chemiebezogene Sprachförderung eine positive Wirkung auf das Zusammenhangsverständnis der Schülerinnen und Schüler hat.
- dass die Beherrschung der Unterrichtssprache und der Fachsprache eine positive Wirkung auf die Ergebnisse der Unterrichts- und Fachsprachentests hat.
- dass die Unterrichtssprache eine mediierende [vermittelnde, J.L.] Wirkung auf die Fachsprache hat.

Eine chemiebezogene Sprachförderung zeigt bzgl. des Erwerbs der Fachsprache, der Unterrichtssprache und der Chemieleistung eine höhere Lernwirksamkeit als eine reine Bearbeitung von Chemieübungsaufgaben« (Öszan, 2012, S. 68).

An der Gesamtschule Walsum wurde ein einstündiger Sprachforscherkurs für sprachlich schwache Schüler auf der Basis von Schülerexperimenten durchgeführt, indem gezielt schulische naturwissenschaftliche Fachsprache gefördert wurde. Trotz der anfänglich großen Sprachdefizite erreichten die Schüler am Ende des Kurses im geförderten Bereich den Klassendurchschnitt. In einigen Bereichen lagen sie sogar darüber:

> Der einstündige Sprachforscherkurs hat damit sogar die Erwartungen seiner Initiatoren übertroffen. Er hat die Schüler in allen geförderten fachsprachlichen Bereichen auf oder über das Klassenniveau gebracht. Obendrein konnte kombiniert Bewusstsein für sprachliche und fachliche Strukturen und Konzepte entwickelt werden. Dies alles lässt ein großes Potential von effektiver Sprachförderung im naturwissenschaftlichen Unterricht vermuten. Umgekehrt zeigen die Ergebnisse der empirischen Studie auch, dass eine solche bewusste, fachbezogene und durchgehende Sprachförderung unbedingt notwendig ist. (Agel, Beese & Krämer, 2011, S. 43)

Franke-Braun beschreibt den Einsatz gestufter Lernhilfen zur Förderung der kommunikativen Bearbeitung von Aufgaben mit dem Ergebnis, dass der Prozess des Wissenserwerbs in der Lerngruppe durch Kommunikation und die dadurch ausgelösten spezifischen Lernmechanismen dann gefördert werden, wenn die Lernenden in der Gruppe ihre Denkprozesse sichtbar machen und sprachlich ausformulieren (Franke-Braun, 2008).

Eine Studie von Sumfleth, Emden & Özcan untersuchte die Wirksamkeit von sprachunterstützenden Materialien:

> Um die fachsprachlichen Fähigkeiten im Chemieunterricht zu fördern, wurden in Anlehnung an die Empfehlungen von Leisen Materialien entwickelt, die sowohl die fachlichen als auch die fachsprachlichen Kompetenzen unterstützen. Das Ergebnis einer Evaluationsstudie zeigt für Schülerinnen und Schüler, die mit diesen Materialien gelernt haben, einen höheren

sprachlichen und inhaltlichen Lernzuwachs als für die Schülerinnen und Schüler, die mit herkömmlichen Übungsaufgaben gefördert worden sind. Allerdings zeigte sich in weiteren Ergebnissen, dass der Lernerfolg in der Fachsprache von der vorherigen Beherrschung der Unterrichtssprache abhängt. Somit wird Sprachförderung, insbesondere für Zweitsprachlerner, zur Gemeinschaftsaufgabe des gesamten Kollegiums einer Schule. (Sumfleth, Emden & Özcan, 2013, S. 35)

Studien zur Wirksamkeit sind, wenn sich diese auf die Langzeitwirkung beziehen, aufwändig. Wenn auch die Wirkung durch Daten nicht eindeutig belegbar ist, so sprechen die Lehrkräfte übereinstimmend von positiven Auswirkungen, die sich in den Schülerreaktionen zeigen:

> Als Gesamtbilanz lässt sich ziehen, dass eine Fachvermittlung effizienter bei sprachsensiblem Fachunterricht erfolgt. Dies führt jedoch nicht zu einer Verbesserung der C-Test-Daten. Effekte sind in den Ergebnissen schwer zu erfassen und mit der Datenlage nicht statistisch belegbar. Es gibt hingegen eine deutliche subjektive Wahrnehmung und Erfahrungswerte seitens der Lehrkraft über positive Auswirkungen eines sprachsensiblen Unterrichts, der sich in den Schülerreaktionen gezeigt hat. (Eberhardt & Brand, 2019, S. 7)

Hinsichtlich einer Förderung in Deutsch als Zweitsprache identifiziert Ralle folgende fachdidaktisch relevanten Befunde:

> So ist eine Förderung in der Bildungssprache (Academic Language) des Einwanderungslandes entscheidend für den Schul- und Bildungserfolg in allen Fächern (Cummings, 2010). Als problematisch ist anzusehen, dass Sprachkompetenz in der Regel in allen Fächern erwartet wird (Röhner, 2013, S. 9), obwohl der Fachunterricht in der Regel nicht sprachsensibel ausgerichtet ist. Somit werden oft Sprachkompetenzen in die Leistungsbeurteilung einbezogen, ohne dass diese geschult werden. Es fehlen zudem weithin diagnostische Kompetenzen und entsprechende Einstellungen zu dem Thema Sprachförderung (Rösch, 2013, Beese & Benholz, 2013). Neben additiven Ansätzen der Sprachförderung (Sprachkurse, Theaterprojekte Schreib- und Lesewerkstätten etc.) erhält die integrative Sprachbildung als Ansatz der Durchgängigen Sprachbildung seit Beginn des Jahrtausends eine zunehmende Bedeutung im Rahmen eines sprachsensiblen Fachunterrichts oder auch des bilingualen Sach-Fachunterrichts (Stoddard, et al., 2002; Rösch, 2013; Beese & Benholz, 2013). [...] Desiderate bestehen insbesondere in fachlichen Perspektiven auf spezifische Erwerbsstrategien von DaZ-Lernern im Übergang von der Bildungssprache zur Fachsprache. Hier sind Fachdidaktiken gefragt, da die Aufgaben nicht an eine allgemeine Sprachförderung delegiert werden können (Ahrenholz, 2010). Auch fehlen Wirksamkeitsstudien zu Unterstützungsmaßnahmen für fachspezifische Sprachhandlungen wie Benennen, Beschreiben, Erklären, Argumentieren etc. (Ralle, 2015, S. 12)

Die Bildungsdirektion des Kantons Zürich gab eine umfangreiche Expertise über die Wirksamkeit von Sprachförderung in Auftrag, woraus der folgende Auszug stammt:

> Eine integrierte Sprachförderung scheint dringend angeraten. Dies bezieht sich einerseits auf die Integration der Sprachförderung in den (sprachsensiblen) Fachunterricht (Becker-Mrotzek, 2006; Leisen, 2010), die sich nach Leisen (2010, S. 4–6) dadurch auszeichnet, dass sie die Lernenden in fachlich authentische, aber bewältigbare Situationen bringt, sprachliche Anforderungen knapp über dem individuellen Sprachvermögen stellt und so wenig Sprachhilfen wie möglich, aber so viele, wie individuell zum Bewältigen der Situation nötig, gibt. Solch ein sprachsensibler Unterricht verzeichne insbesondere bei LernerInnen mit Migrationshintergrund nachweislich grosse Erfolge. [...] Solch eine Integration der Sprachförderung in das fachliche Lernen in Sachfächern und Lernfeldern ermöglicht ein sprachliches Lernen anhand von berufsnahen Lernsituationen, die Verzahnung berufsfachlicher und sprachlicher Inhalte und fördert damit die Handlungskompetenz und das selbstständige Lernen sowie die Anerkennung des Faches Deutsch durch die Einsicht in die

berufliche Relevanz sprachlicher Fähigkeiten (Staatliches Berufsbildendes Schulzentrum Jena / Lehrstuhl für Berufspädagogik Universität Dortmund n. d., S. 86–91). Das spricht zugleich für eine berufs- bzw. fachspezifische Sprachförderung, bei der alle Lerninhalte auf die Fachinhalte und die Fachsprache des jeweiligen Faches bezogen werden (vgl. Badel, Mewes & Niederhaus, 2007; Keimes et al., 2011; Niederhaus, 2008). Die hierdurch ermöglichten Sprachlernprozesse in realen Situationen / authentischen Handlungszusammenhängen sorgen für die Einbettung des Gelernten in vorhandene Szenarien, sichern damit einen höheren Behaltenseffekt und kommen insbesondere Lernschwächeren entgegen, da die abstrakte Ebene verlassen und das konkret-anschauliche Denken unterstützt wird und die LernerInnen einen nachvollziehbaren Einblick in die Verwertbarkeit des sprachlichen Wissens und Könnens erhalten (Badel et al., 2007, S. 71). (Schneider & Becker-Mrotzek & Sturm, 2013, S. 78-80)

Alle bisherigen Untersuchungen zur Sprachbildung im sprachsensiblen Unterricht belegen dessen Wirksamkeit.

Zusammenfassung

Das Kapitel widmet sich der Planung und Gestaltung eines sprachsensiblen Unterrichts. Da Lehrende nie modelllos unterrichten, ist ein reflektiertes Lehr-Lern-Modell für den sprachsensiblen Unterricht vonnöten. Im Zentrum des Lernens stehen die sprachlichen Handlungen (= Standardsituationen) in einem lernförderlichen Bildungssprachbad. Das zu gestalten, ist die Aufgabe der Lehrperson. Sie initiiert die sprachlichen Handlungen der Lernenden durch Aufgabenstellungen und unterstützt durch Materialien und Methoden-Werkzeuge. Neben dieser materialen Gestaltung ist die personale Gestaltung durch eine professionelle Moderation und Rückmeldung/Fehlerkorrektur für die Sprachbildung entscheidend. Anhand von Beispielen wird in dem Kapitel die Unterstützung durch analoge und digitale Methoden-Werkzeuge gezeigt. Das Lehr-Lern-Modell legt nahe, bei der Unterrichtsplanung von der Frage auszugehen, welche Lern- und Sprachprodukte erstellt werden können. Anschließend denke man nach vorne und überlege, welches Vorwissen benötigt und wie es aktiviert wird. Anschließend denke man nach hinten mit Überlegungen zur Präsentation der Lernprodukte und zur Sicherung und Nutzung. Ein kurzer Abriss zu Studien über die Wirksamkeit des sprachsensiblen Unterrichts schließt das Kapitel ab.

6 Lesen analoger und digitaler Sachtexte im naturwissenschaftlichen Unterricht

6.1 Lesen analoger Sachtexte

Verstehendes Lesen ist im hermeneutischen Sinn ein »Herauslesen« und ein »Hineinlesen«. Der Leser geht mit einem Wissensnetz, einem sogenannten semantischen Lexikon, an den Text heran und liest Informationen, Daten, Fakten etc. heraus, und integriert diese in sein Wissensnetz, das dadurch erweitert und ausgebaut wird. Gleichzeitig liest der Leser in den Text etwas hinein. Jeder Leser sucht in einem Text Sinn und konstruiert sich seinen »eigenen Sinn« auf der Basis seines momentanen Sprach- und Weltwissens. Dieser hermeneutische Prozess des Hinein- und Herauslesens, gilt für jedes Lesen, seien es literarische Texte oder seien es Sachtexte.

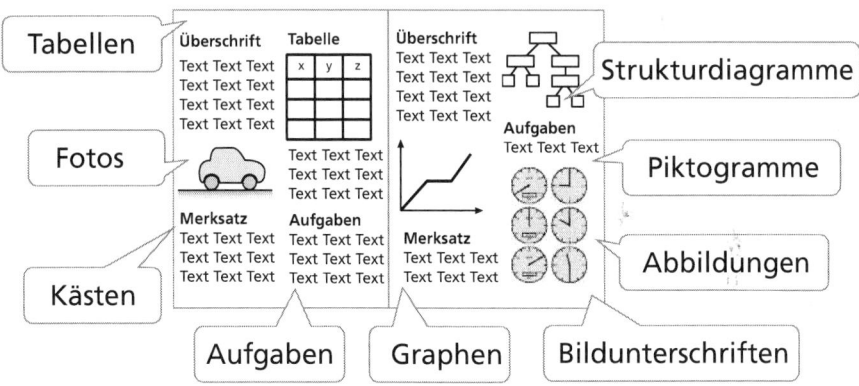

Abb. 6.1: Multimodalität analoger Sachtexte

Sachtexte sind multimodal, d. h. die Informationen werden in verschiedenen Modi (Darstellungsformen) repräsentiert (▶ Abb. 6.1). Alle multimodalen Darstellungen sind Teil des Textes. Diese Texte werden auch *diskontinuierliche Texte* genannt. Das Verstehen diskontinuierlicher Texte erfordert das parallele Mitlesen der Darstellungsformen. Das erfordert häufig Blicksprünge, die einen kontinuierlichen Leseprozess unterbrechen.

Die Multimodalität – verschiedenste Darstellungsformen - erschwert und erleichtert das Textverstehen gleichermaßen. Erschwerend ist die Tatsache, dass die Lesenden über die Kompetenzen im Umgang mit multimodalen Darstellungen verfügen müssen. Andererseits wird das Textverstehen jedoch dadurch erleichtert, dass die Darstellungsformen einander wechselseitig zuspielen: Eine Skizze ergänzt den Text, eine synoptische Tabelle kategorisiert und schafft Übersicht, Fotos und Bilder veranschaulichen Textpassagen, Hervorhebungen lenken den Leseprozess usw.

Verstehendes Lesen von Sachtexten setzt Flüssiglesen voraus. Flüssiglesen umfasst:

- die Automatisierung, das autonome, unbewusste, mühelose Dekodieren
- die Lesegenauigkeit, das exakte Dekodieren ohne Verlesungen bzw. mit umgehender Korrektur
- eine angemessen schnelle Lesegeschwindigkeit
- ein ausdrucksstarkes Vorlesen (vorzugsweise bei narrativen Texten), eine sinnvolle Betonung, Intonation, Pausengestaltung, im angemessenen Rhythmus (vgl. Rosebrock & Nix, 2017, S. 36)

Das Arbeitsgedächtnis einer lesenden Person, die nicht flüssig lesen kann, ist mit der Dekodierung der Wörter bereits derart überlastet, dass keine Kapazitäten mehr für die inhaltliche Auseinandersetzung vorhanden sind. Folglich ist ein verstehendes Lesen ausgeschlossen, zumindest sehr erschwert. Nicht Flüssiglesende wissen nicht, was sie gelesen haben und haben keine Ressourcen zur Sinnkonstruktion.

Lesende müssen beim *verstehenden Lesen* mentale Rekonstruktionen von sprachlichen Verknüpfungen - sogenannte mentale Modellierung - vornehmen und genau die bereiten den Lesenden die Schwierigkeiten (vgl. ▶ Kap. 2.4). Der logisch-inhaltliche Zusammenhang eines Textes wird gut erschlossen, wenn die Sätze sinnvoll miteinander verbunden sind und sich folgerichtig aufeinander beziehen. Fehlt dieser innere Zusammenhang (lokale Kohärenz), dann gilt der Text als unverständlich. Hier sind sprachliche Mittel wichtig, die den erforderlichen logisch-inhaltlichen Zusammenhang erzeugen. Mittels Konnektoren werden Sätze und Satzteile miteinander verbunden. Die textuellen Merkmale tragen somit entscheidend dazu bei, ob ein Text vom Lesenden als verständlich eingestuft wird oder nicht.

Lesestile – Wie wird der Text gelesen?

Die Lesedidaktik hat für Sachtexte verschiedene Lesestile definiert, die einem verstehenden Lesen zugrunde liegen. Verstehendes Lesen erfolgt nicht in einem einzigen Leseschritt, sondern in einer Abfolge mehrerer Leseschritte nach verschiedenen Lesestilen.

- *Orientierendes Lesen* (überfliegendes Lesen, skimming): den Text zur Orientierung im eigenen Tempo zügig lesen, ohne alles verstehen zu wollen und zu müssen.
- *Selektives Lesen* (scanning): gewünschte Daten, Fakten, Informationen, Begriffe, Sätze, … gezielt heraussuchen, markieren, herausschreiben.
- *Intensives* (totales, detailliertes) *Lesen*: den Text intensiv, total, Wort für Wort, Satz für Satz, mit Bildern, Tabellen, Zeichnungen, Zwischenüberschriften, … bearbeiten und verstehen.

- *Extensives Lesen*: Vergleichstexte zum Thema lesen, um möglichst schnell ein gewisses Wissen zu einem Thema zu erreichen, um das Textverständnis zu überprüfen und zu sichern, um Wissen zu erweitern und zu vertiefen.

Für den Unterricht ergeben sich folgende Empfehlungen:

- Die Lernenden sollten die Leseabsicht kennen, da sie den Lesestil bestimmt.
- Dem intensiven Lesen sollte ein orientierendes und selektives Lesen vorausgehen und ein extensives Lesen kann zur Textsicherung, zur Wissenserweiterung nachfolgen.

Offensives und defensives Vorgehen – Welche Wege im Umgang mit Sachtexten gibt es?

Im Umgang mit Sachtexten im Unterricht eröffnen sich zwei Wege (vgl. Leisen, 2020, S. 43).

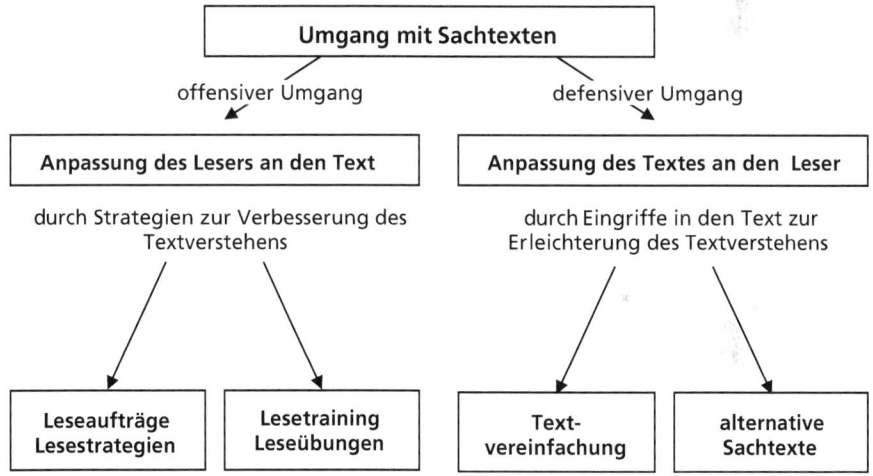

Abb. 6.2: Einsatz von Sachtexten im Unterricht bei Flüssiglesern (vgl. auch Leisen, 2020, S. 40)

Beim *offensiven Umgang* (vgl. ▶ Kap. 3.2) mit Sachtexten zielt die Lehrkraft darauf ab,

- das Vorwissen und das vorausgesetzte Weltwissen passend zu aktivieren (eventuell durch Vorentlastungen);
- Wörter, Sätze und Textteile kontextuell zu erschließen;
- Strategien des Lesens und Erschließens einzusetzen;
- sprachliche und fachliche Stolpersteine zu identifizieren und Bewältigungshilfen anzubieten;

- Verstandenes zu artikulieren, dabei andere Darstellungsformen zu nutzen und Leseprodukte zu erstellen;
- mentale Modelle zu bilden und ein Bewusstsein für den Leseprozess zu entwickeln.

Beim *defensiven Umgang* (vgl. ▸ Kap. 3.1) mit Sachtexten zielt die Lehrkraft darauf ab,

- den Text an das Leseniveau des Lesers anzupassen;
- die Fachsprache zu reduzieren;
- die Übersicht und Struktur zu verbessern (z. B. durch klare Gliederung und entsprechendes Layout);
- Bilder als Semantisierungshilfen einzubinden;
- Vorwissen und das vorausgesetzte Weltwissen bereitzustellen;
- sprachliche Erschließungsmittel beizufügen (z. B. ein Begriffslexikon);
- sprachliche und fachliche Stolpersteine im Vorfeld zu entfernen.

Grundsätzlich hat der offensive Umgang mit Texten Vorrang. Sachtexte können jedoch tatsächlich so schwer sein, dass sie die Lerner demotivieren; auch kann es vorkommen, dass die Bewältigung der Texte einen so hohen Begleitaufwand erfordert, dass dies den Rahmen des Unterrichts sprengen würde. Der Text muss dann vereinfacht oder komplett neu verfasst oder eventuell ein alternativer Text gesucht werden. Lehrbuchtexte sind oft schon für muttersprachig deutsche Lerner sehr schwer; fremdsprachige Leser sind häufig von ihnen schlicht sprachlich überfordert. Dann ist ein defensiver Umgang sinnvoll und angemessen.

Lesestrategien – Welche Strategien helfen beim Verstehen?

Verstehendes Lesen von Sachtexten erfordert ein strategisches Vorgehen (vgl. Rosebrock & Nix 2017, S. 73). Eine Lesestrategie ist ein Handlungsplan, um einen Text gut zu verstehen. Es gibt eine Vielzahl von Lesestrategien für Texte. Sie unterscheiden sich in Umfang, Anspruchsniveau und Unterstützungsgrad. Lesestrategien zielen auf einen eigenständigen Umgang mit Texten und unterstützen die globale Kohärenzbildung, strukturieren und organisieren dabei den Verstehensprozess. Lesestrategien erlauben Informationen effektiv zu erschließen, auftretende Verständnisschwierigkeiten zu meistern, Gelesenes mit dem eigenen Vorwissen zu verbinden und ein mentales Modell zu bilden (Leisen, 2020, S. 67-68). Dieses mehrgliedrige strategische Vorgehen wird im Unterricht in einem langwierigen Lernprozess gelernt.

Lesestrategie 1:

Fragen zum Text beantworten:
Das ist eine herkömmliche und oft eingesetzte Strategie. Dem Text sind Fragen beigefügt, die den Leser anleiten, sich mit dem Text intensiver zu beschäftigen.

Lesestrategie 2:

Fragen an den Text stellen:
Bei dieser Strategie stellt der Leser (ggf. nach einem Vorbild) selbst Fragen an den Text und beantwortet diese auch (teilweise) selbst.

Lesestrategie 3:

Den Text strukturieren:
Die Strategie 3 leitet den Leser dazu an, den Text in Sinnabschnitte einzuteilen und Überschriften zu formulieren.

Lesestrategie 4:

Den Text mit dem Bild lesen:
Die Strategie 4 leitet den Leser zur vergleichenden Text-Bild-Lektüre an; diese Strategie hat sich bei nicht kontinuierlichen Sachtexten mit Bildern, Tabellen, Grafiken oder Zeichnungen sehr bewährt.

Lesestrategie 5:

Den Text farborientiert markieren:
Sachtexte sind gekennzeichnet durch Fachbegriffe, Objekte und Personen sowie Gegenstände, die an verschiedenen Orten und zu verschiedenen Zeiten in vielfältigen Relationen zueinanderstehen. Um Ordnung und Übersicht zu erhalten, markiert der Leser die Begriffe verschiedener Kategorien in unterschiedlichen Farben. Dadurch entsteht ein übersichtliches Beziehungsgefüge im Text, das zur weiteren Arbeit einlädt.

Lesestrategie 6:

Den Text in eine andere Darstellungsform übertragen:
Die Übertragung in eine andere Darstellungsform ist gleichermaßen Prinzip und Strategie. Bei dieser sehr effizienten und oft einsetzbaren Strategie überträgt der Leser den Text in eine andere Darstellungsform (Skizze, Bild, Tabelle, Strukturdiagramm, Prozessdiagramm, Mind-Map, Graph, ...)

Lesestrategie 7:

Den Text expandieren:
Viele Fachtexte sind derart verdichtet, dass man sie kaum zusammenfassen kann. In diesen Fällen ist Strategie 7 – das Expandieren des Textes durch Beispiele und Erläuterungen – die angemessene Strategie.

Lesestrategie 8:

Verschiedene Texte zum Thema vergleichen: In den Lehrbüchern der verschiedenen Verlage finden sich zu den gängigen Unterrichtsthemen Texte, die sich im Hinblick auf das Anspruchs- und Sprachniveau, den Textumfang, die Gestaltung, Textverständlichkeit und didaktische Absicht deutlich unterscheiden. Darüber hinaus bietet das Internet unzählig viele Texte. Die vergleichende Bearbeitung verschiedener Texte zum selben Thema bringt einen lernfördernden Mehrwert.

Lesestrategie 9:

Schlüsselwörter suchen und den Text zusammenfassen:
Diese Strategie ist zwar fester Bestandteil im Repertoire vieler Lehrkräfte muss aber mit Bedacht eingesetzt werden: Wenn Fachtexte viele Fachbegriffe enthalten, die alle als Schlüsselwörter markiert werden könnten, ist diese Strategie unergiebig. Darüber hinaus lassen sich derartige Texte dann meist auch kaum weiter zusammenfassen. Strategie 9 bietet sich somit vorzugsweise bei breit angelegten und expandierten Texten an.

Lesestrategie 10:

Die Fünf-Schritt-Methode anwenden:
Das Fünf-Phasen-Schema ist ein bewährtes Texterschließungsverfahren und nutzt viele der vorangehenden Strategien als Teilstrategien. Es ist ein umfangreiches Erschließungsverfahren, das komplett auf die eigenständige Erschließung abzielt. Dazu werden den Lernenden Lesehilfen in Form einer Anleitung bereitgestellt. Es sei darauf hingewiesen, dass die Fünf-Schritt-Methode sehr anspruchsvoll ist und die Lesenden fast immer überfordert. Es setzt bereits eine hohe Lesekompetenz voraus.

> Für den Unterricht ergeben sich folgende Empfehlungen:
>
> - Lesestrategien müssen so gewählt werden, dass sie den aktiv-konstruierenden Prozess des Lesens anstoßen und in Gang halten, sodass ein Diskurs über den Text entsteht.
> - Der Text und das Leseziel entscheiden darüber welche Lesestrategien sich anbieten und zum Einsatz kommen.
> - Leseaufträge sind so formuliert, dass Lesestrategien zur Anwendung kommen (vgl. ▶ Abb. 6.3). Dieser Einsatz hat für die Lesenden Modellcharakter und führt langfristig vom angeleiteten Einsatz zur selbstständigen Auswahl und Einsatz passender Lesestrategien.
> - Eine Metareflexion über das strategische Vorgehen erhöht nachweislich die Nachhaltigkeit.

Leseschritte – Wie wird das verstehende Lesen im Unterricht gestaltet?

Im folgenden Kapitel wird der offensive Umgang mit Sachtexten mittels Strategien zur Verbesserung des Textverstehens ausgeführt. Es geht darum, Schülerinnen und Schüler modellhaft in das verstehende Lesen einzuführen und anzuleiten. Selbstredend gibt es Schülerinnen und Schüler, die sich selbstständig erfolgreiche Lesestrategien aneignen und so Sachtexte verstehend zu lesen vermögen. Viele andere Lernende benötigen jedoch die Unterstützung von Lehrpersonen, müssen schrittweise an das verstehende Lesen herangeführt werden (vgl. Leisen, 2020, S. 71 ff.).

Das ausgeführte Vorgehen im Unterricht erfolgt in sechs Schritten, die je nach Text, Leseziele und Textkompetenz der Lerngruppe angepasst werden müssen. Die ersten drei Schritte sind vorbereitend. Entfallen diese vermeintlich aus Zeitgründen, so werden die Schülerinnen und Schüler unvermittelt mit dem intensiven Lesen konfrontiert und scheitern erfahrungsgemäß. Der rasche unvorbereitete Schritt in das intensive, kognitiv wie sprachlich anspruchsvolle Lesen mit dem Ziel des Verstehens, erfolgt abrupt und ist überfordernd. Das Scheitern für zu viele Lesende ist vorhersehbar. Nachfolgend werden die Unterrichtsschritte detailliert beschrieben.

Tab. 6.1: Erläuterte Unterrichtsschritte beim Einsatz eines Textes als zentrales Medium

1. Unterrichtsschritt Problemstellung: Hinführung zum Thema – Vorwissensaktivierung – Vorentlastung – Vorsemantisierung	• Vor dem Einsatz des Sachtextes als zentrales Lernmedium erfolgt eine Hinführung. Die Lerner kommen im Lernkontext an oder werden zur Problemstellung hingeführt. • Im Wissen um sprachliche Verstehenshürden findet eine sprachliche Vorentlastung, z. B. Wortschatzeinführung, Begriffserklärung, statt. (Nicht alle unbekannten Begriffe werden erklärt, sondern nur diejenigen, die aus dem Kontext heraus nicht selbst erschlossen werden können.) • Im Wissen um fachliche Verstehenshürden wird Vorwissen aktiviert oder wiederholt. • Mögliche Leseaufträge vgl. Aufträge zur Vorentlastung (▶ Auswahlliste weiter unten).
2. Unterrichtsschritt Erstrezeption: Leseauftrag zum orientierenden Lesen – Wirkungsgespräch	• Ein Sachtext auf einem Materialblatt wird mit der Schrift nach unten ausgeteilt. Ist der Text im Lehrbuch abgedruckt, wird nur die entsprechende Seitenzahl genannt. • Auf ein Signal hin wird der Text orientierend/überfliegend gelesen. • Ein entsprechender Leseauftrag wird erteilt. • Es schließt sich ein Wirkungsgespräch an. (Nicht fragen: »Was habt ihr nicht verstanden?«, sondern nach dem »Prinzip der Verstehensinseln« vorgehen: die Lernenden erläutern, was sie verstanden haben.) • Mögliche Leseaufträge vgl. Aufträge zum orientierenden Lesen (▶ Auswahlliste).
3. Unterrichtsschritt Detailrezeption: Leseaufträge zum	• Im zeitaufwendigen dritten Schritt erfolgt das selektive und intensive Lesen nach Leseaufträgen. • Ein oder mehrere Leseaufträge werden erteilt.

Tab. 6.1: Erläuterte Unterrichtsschritte beim Einsatz eines Textes als zentrales Medium – Fortsetzung

selektiven und intensiven Lesen – ggf. Lesehilfen – Lesestrategien – Leseprodukte	• Die Leseaufträge enthalten Lesestrategien, und die Lerner bearbeiten den Text erfolgreich, das heißt, sie bearbeiten die Leseaufträge gemäß Auftrag, aber nicht zwingend fehlerfrei. • DaZ-Lerner oder Schwachleser erhalten zusätzliche Lesehilfen. • Mögliche Leseaufträge vgl. Aufträge zum selektiven Lesen und Aufträge zum orientierenden Lesen (▶ Auswahlliste).
4. Unterrichtsschritt Anschlussarbeit und -kommunikation: Vergleich und Bearbeitung der Leseprodukt	• Diese Phase ermöglicht ein tieferes Verstehen des Textes. Die mehrfache Bearbeitung des Textes mit Leseaufträgen führt zu Leseprodukten unterschiedlicher Quantität und Qualität. • Die Leseprodukte werden verglichen, überarbeitet und diskutiert (»Lesen ist einsam, aber der Austausch über den Text ist kollektiv!«). • Im Vergleich der Leseprodukte steckt ein Mehrwert, der gehoben wird.
5. Unterrichtsschritt Verständnisüberprüfung: Leseaufträge zum Überprüfen und Sichern des Textverständnisses	• Die Leser erhalten neue Leseaufträge auf unterschiedlichem Anspruchsniveau zur Überprüfung und Sicherung des Textverständnisses. • Diese Aufgaben dienen der vertieften Auseinandersetzung mit dem Text. • Mögliche Leseaufträge vgl. Aufträge zum extensiven Lesen, Überprüfen, Sichern und Transferieren (▶ Auswahlliste).
6. Unterrichtsschritt Textnutzung: Erstellung von Lernprodukten und Transfer	• Im abschließenden Lernschritt wird der Text zum Weiterlernen genutzt. • Diese Aufgabenstellungen dienen der Textnutzung im ggf. anderen Kontext oder dem Transfer auf einen ähnlichen Sachverhalt. • Der Text wird gegebenenfalls als Informationsquelle genutzt, um Lernprodukte zu erstellen. • Dieser Unterrichtsschritt findet meistens in darauffolgenden Unterrichtsstunden statt. • Mögliche Leseaufträge vgl. Aufträge zur Textnutzung (▶ Auswahlliste).

Für den Unterricht ergeben sich folgende Empfehlungen

- Wer den naheliegenden Einwand vorbringt, dass das geschilderte Vorgehen doch sehr zeitintensiv sei, möge eine Alternative aufzeigen. Den Sachtext zeitsparend schnell zu lesen, ohne intensiv in den Text einzudringen, ist keine Alternative.
- Verstehen ist ein langwieriger, mühsamer, anstrengender und intensiver kognitiver Prozess, der nur um den Preis des Nichtverstehens abgekürzt werden kann.
- Verstehensprozesse sind immer individuell und folglich müssen Lesende dazu ermuntert werden, ihren individuellen Umgang mit Sachtexten zu entwickeln.

Leseaufträge – Wie gelingt verstehendes Lesen mit Leseaufträgen

Nach dem Lehr-Lern-Modell (▶ Kap. 5.1) initiieren Aufgabenstellungen das Lernen im Unterricht. Aufgabenstellungen bestehen in der Regel aus einer kontextuellen Rahmung (Setting) mit einer Folge von Arbeitsaufträgen mit begleitenden Materialien. Auf einen Unterricht mit einem Sachtext als zentralem Lernmaterial bezogen, bestehen die Aufgabenstellungen aus einer Folge von Leseaufträgen. In der nachfolgenden Auswahlliste sind Leseaufträge zu den einzelnen Leseschritten zusammengestellt.

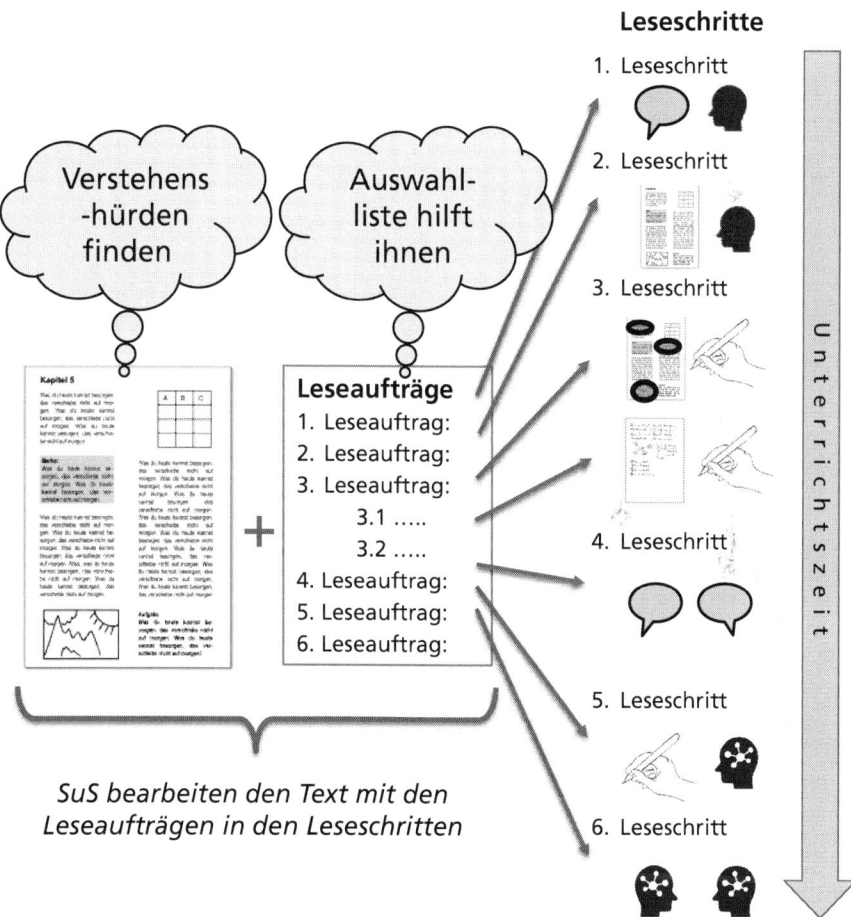

Abb. 6.3 Vorgehensweise beim verstehenden Lesen mit Leseaufträgen

Leseaufträge zur Auswahl (Auswahlliste)

1. **Aufträge zur Vorentlastung**
   1.1. Vergleicht ... mit ...
   1.2. Formuliert eine Fragestellung zu ...
   1.3. Nehmt Stellung zu ...
   1.4. Welche Problemstellung findet sich in ...
   1.5. Wiederholt euer Vorwissen zu ...
   1.6. Formuliert Vermutungen/ Hypothesen/Fragen .... zu ...
   1.7. Im Text wird der Begriff ... vorkommen, den ich vorab erkläre ...
   1.8. Im Text kommen unbekannte Begriffe vor, die im Glossar vorab erklärt werden.
   1.9. Im dem Erklärvideo erfahrt ihr vorbereitendes Wissen für den Text.
2. **Leseaufträge zum orientierenden Lesen**
   2.1. Lies den Text ohne Stift und Marker in deinem eigenen Tempo orientierend durch. (Du orientierst dich und brauchst noch nicht alles zu verstehen.) Drehe das Blatt um/ Schließe das Buch, wenn du fertig bist und warte absolut ruhig bis mein Signal kommt.
   2.2. Sage in der Meldekette einen Satz, an den du dich erinnerst/ den du behalten hast.
   2.3. Sage deinem Partner abwechselnd einen Satz, den du behalten hast.
   2.4. Schreibe alle Begriffe untereinander, die du behalten hast und vergleiche mit deinem Partner.
   2.5. Schreibe das auf, was dich erstaunt hat/ für dich neu war/ dich interessiert/ du fragen möchtest.
   2.6. Sage in einem Satz/ mit einem Begriff, wie der Text auf dich wirkt.
3. **Leseaufträge zum selektiven Lesen**
   3.1. Beantworte folgende Fragen. (Die Antworten findest du im Text.)
   3.2. Finde im Text alle Begriffe zu ... und markiere sie rot und alle Begriffe zu ... blau.
   3.3. Finde im Text alle Begriffe zu ... und schreibe sie in das Bild/ die Tabelle/ das Diagramm/ ...
   3.4. Markiere im Text die Begriffe, die im Bild eingetragen sind und hake sie im Bild ab.
   3.5. Unterstreiche im Text die Begriffe, die nicht im Bild eingetragen sind und trage sie ein.
   3.6. Schreibe aus dem Text passende Begriffe in das Bild/ die Tabelle/ das Diagramm/ ....
   3.7. Ordne mit Pfeilen die Informationen/ Textpassagen den passenden Bildteilen zu.
4. **Leseaufträge zum intensiven Lesen**
   4.1. Lies den Text mit den beigefügten Sprachhilfen/ Begriffserklärungen.
   4.2. Lies den Text mit dem vereinfachten Begleittext.
   4.3. Fülle die beigefügte Tabelle/ das Bild/ die Skizze/ Zeitstrahl/ ... aus.
   4.4. Erstelle eine Skizze/ Zeitleiste/ ... zum Abschnitt.

4.5. Erstelle zu den Abschnitten ... mit Pfeilen eine Argumentationslinie.
4.6. Übertrage den Abschnitt/ den Text in eine geeignete Darstellungsform.
4.7. Nutze das Material ... und fülle die Lücken aus.
4.8. Notiere zu jedem Abschnitt eine Überschrift.
4.9. Erstelle zu den markierten Begriffen ein Glossar.
4.10. Erläutere den Begriff/ Satz/ Abschnitt ... mit einem Beispiel.
4.11. Schreibe/Erkläre den Satz ... in verständlichen Worten für einen Mitschüler/ für einen Laien/ für ...
4.12. Beantworte folgende Fragen. (Die Antworten findest du nicht wörtlich im Text.)
4.13. Stelle x Fragen an den Text, davon eine anspruchsvolle.
4.14. Markiere die Fachnomen (Fachhauptwörter) und erstelle ein Wirkungsdiagramm.
4.15. Erkläre die markierten Begriffe.
4.16. Interpretiere den Satz ... mit ...
4.17. Bilde eine Hypothese/ Stelle eine Vermutung auf zu ...
4.18. Suche die Sätze im Text, die zu den folgenden Sätzen passen. Lies beide Texte vergleichend und schreibe Wörter aus dem vereinfachten Text in den Originaltext.

5. **Leseaufträge zum extensiven Lesen, Überprüfen, Sichern und Transferieren**
    5.1. Schreibe zu dem Abschnitt ... eine eigene Geschichte.
    5.2. Zeichne zu jedem Abschnitt ein eigenes Bild.
    5.3. Erstelle eine passende Darstellungsform zu dem Abschnitt ...
    5.4. Schreibe mit den (abstrakten) Begriffen aus der Tabelle/ der Wortliste/ ... über ...
    5.5. Schreibe den ... Abschnitt in einer Sprache, die für Schüler gut verständlich ist.
    5.6. Lies den Text 2 und vergleiche mit Text 1 (Infos, Verständlichkeit, Bilder, Niveau, ...).
    5.7. Bereite einen Vortrag vor. Erstelle dazu eine Hilfe mit maximal x Begriffen.
    5.8. Beantworte folgende Fragen. (Die Antworten findest du nicht im Text.)
    5.9. Erklärt euch in Partnerarbeit wechselseitig was ... bedeutet, so dass es ein Laie versteht.

6. **Leseaufträge zur Textnutzung**
    6.1. Erstellt in Gruppenarbeit zu dem Text ein Erklärvideo.
    6.2. Informiere dich über ... und vergleiche den Text mit ...
    6.3. Übertrage ... auf ...
    6.4. Schreibe einen Bericht aus der Perspektive eines Kindes/ eines Arbeiters/ eines Bauers, ...
    6.5. Erstelle ein Modell zu ...
    6.6. Schreibe einen Kommentar/ eine Glosse/ eine Empfehlung/ ... zu ... an ...

Die Auswahlliste ist so gehalten, dass die Lehrkraft für jeden Sachtext fündig wird und Leseaufträge zusammenstellen kann.

Textvereinfachung – Wie können Texte an die Leser angepasst werden?

Der Kern des Leseprozesses besteht darin, dass die Leserin/ der Leser die kognitive und sprachliche Lücke zwischen sich und dem Text schließt. Das geschieht normalerweise durch wiederholte Beschäftigung mit dem Text in verschiedenen Lesestilen. Durch Leseaufträge, Lesehilfen und Leseübungen kann die Lehrkraft das für die Schülerinnen und Schüler steuern. Es kann jedoch der Fall sein, dass die Leserin/ der Leser die kognitive und sprachliche Lücke aus eigener Kraft nicht zu schließen vermag. Das kann zwei Gründe haben:

- Das Wissensnetz des Lesers ist zu gering.
- Der Text ist kognitiv und/oder sprachlich zu anspruchsvoll.

Im ersten Fall kann das erforderliche Welt- und Sprachwissen über einen Wissensinput oder durch eine Vorentlastung eingespeist werden. Im zweiten Fall kann der Text kognitiv und/oder sprachlich vereinfacht werden oder es wird ein alternativer, passenderer Text ausgewählt. Eine Textvereinfachung – der sogenannte *defensive Ansatz* – hat den Nachteil, dass den Schülerinnen und Schülern Texte vorgelegt werden, die in ihrer Komplexität nicht den fach- und jahrgangsspezifischen Anforderungen entsprechen. Der *offensive Ansatz,* bei dem die kognitiven und/oder sprachlichen Kompetenzen der Lernenden auf das Niveau der Texte angehoben werden, ist das Ziel, das Fachlehrkräfte längerfristig verfolgen müssen.

Das Vorgehen nach dem defensiven Ansatz hat aber durchaus seine Berechtigung bei sprach- und leseschwachen Schülerinnen und Schülern. Lehrkräfte müssen im Blick behalten, wie ihre Schülerinnen und Schüler die besten Lernerfolge erzielen können. Daher sollen nachfolgende Möglichkeiten der Textvereinfachung dargestellt werden.

Die kognitive und/oder sprachliche Lücke kann verschiedene Ursachen haben. Sie beginnen sprachlich auf der Ebene von Grammatik und Wortschatz (Morphologie, Syntax, Semantik). Die einzelnen Wörter eines Satzes müssen verstanden werden und richtig zu komplexeren Einheiten (z. B. Nominalphrasen mit Artikeln und Attributen, Nebensätzen) konstruiert werden. Die Wörter müssen richtig entschlüsselt werden, was nicht trivial ist, weil Wörter mehrere Bedeutungen haben können und oft auch zu mehr als einer Wortart gehören.

Die Konstruktionsleistung des Lesenden besteht darin, dass Wissen über Wörter, Grammatik, textsortenspezifische Konventionen und die reale Welt, über die etwas ausgesagt wird, zusammen benutzt werden müssen, damit die Zusammenhänge im Text in ein angemessenes mentales Modell überführt werden.

Vereinfachte Texte müssen die morphologischen, syntaktischen und semantischen Hürden berücksichtigen, sodass das Sprach- und Weltwissen des Lesenden ausreicht, um den Text mit Anstrengung erfolgreich zu bearbeiten. Vereinfachte Texte zeichnen sich durch folgende Merkmale aus:

- wenige neue Begriffe, nur Fachbegriffe von hoher Relevanz, mehrfache Wiederholung der Begriffe im Text, beigefügte Worterklärungen;

- einfacher Satzbau mit Subjekt, Prädikat, Objekt; kurze Sätze; Verzicht auf Nebensatzkonstruktionen; Verwendung von Relativsätzen statt komplexer Nominalphrasen mit Artikeln und Attributen;
- sichtbar gegliederte Struktur des Textes (Zwischenüberschriften); sichtbarer logisch-inhaltlicher Zusammenhang (lokale und globale Kohärenz) durch Herstellung von Zusammenhängen zwischen den Sätzen und Beifügung einer Argumentationslinie, die den »roten Faden« darstellt; Reduktion der Komplexität durch Weglassen und Zerlegen, Beifügung von Weltwissen, Beifügung von Lesehilfen, z. B. Bilder, Zeichnungen, Erklärvideos.

Zur Textvereinfachung bietet die Literatur Prinzipien, Regeln, Verfahren, Vorgehensweisen und Empfehlungen an (vgl. Leisen, 2013a, S. 153 ff.).
Die wichtigsten Prinzipien zur Textvereinfachung:

- Als wichtigstes Prinzip gilt eine kognitive Gliederung zur Herstellung einer globalen Kohärenz, das heißt einer inhaltlichen Strukturierung und Organisation des Textes. Dazu zählen vorangestellte Kurztexte, Hinweise zu Themenwechseln, vorangestellte Hinweise zum Verlauf der Darstellung (Advance Organizer), Zusammenfassungen, Beispiele und Analogien.
- Unter das Prinzip der sprachlichen Einfachheit fallen z. B. bekannte, anschauliche Wörter sowie ergänzende sinnvolle Illustrationen zur besseren Anschaulichkeit.
- Eine überschaubare Informationsmenge erleichtert das Textverstehen, wenn nicht zu viele Informationen angeboten werden, sondern durch Wiederholungen und Synonyme Inhalte wiederaufgegriffen werden.
- Eine interessante Darbietung oder das Angebot interessanter Informationen erhöht das Textverständnis, weil ungewöhnliche, ansprechende, lebensweltlich relevante Darstellungen bzw. Inhalte präsentiert werden.

Sprachliche Empfehlungen zur Textvereinfachung:

- Kontext aus der Lebenswelt der Schülerinnen und Schüler wählen;
- kurze Sätze bilden, Nebensätze und Verschachtelungen von Sätzen vermeiden;
- Verben in Aktiv- statt Passivkonstruktionen verwenden;
- unpersönliche oder abstrakte Ausdrücke vermeiden;
- Textfluss durch sinnvolle Absätze optisch strukturieren;
- Wichtiges farblich oder durch Fettdruck hervorheben;
- Genitiv- und Partizipialkonstruktionen vermeiden;
- kaum Bezugsformen *(dies, Letzteres, hierfür)* verwenden und stattdessen Wiederholungen wählen;
- bei Fachwörtern oder schwierigen Wörtern Erklärungen in Klammern oder als Fußnoten mitliefern;
- wenig zusammengesetzte Wörter (Komposita wie *Funktionsschritte*) verwenden;
- bei Arbeitsaufträgen bereits bekannte Operatoren einsetzen;
- Unterstützung durch informative Abbildungen anbieten;
- keine Redewendungen *(zum Besten geben)* verwenden;
- komplizierte Sachverhalte wiederholen

Leseprinzipien – Welche Haltung begünstigt das verstehende Lesen?

Wer als Lehrperson die Lernenden erfolgreich auf dem Weg zum verstehenden Lesen unterstützen möchte, muss die passende Haltung einnehmen, muss Prinzipien berücksichtigen, welche von der Leseforschung erforscht und beforscht wurden und in der Lesedidaktik formuliert sind (vgl. Leisen 2020).

Tab. 6.2: Leseprinzipien

1. Leseprinzip Das Prinzip der Verstehensinseln	Die Texterschließung geht von dem aus, was bereits verstanden wird (sog. Verstehensinseln), und fragt nicht umgekehrt zuerst nach dem, was noch nicht verstanden ist.
2. Leseprinzip Das Prinzip des Lesens nach mehreren Lesestilen	Der Text wird erst orientierend, dann selektiv, intensiv und extensiv gelesen, um eine zunehmende Vertrautheit mit dem Text und ein tieferes Eindringen zu erreichen.
3. Leseprinzip Das Prinzip der kalkulierten Herausforderung	Der Leser bearbeitet den Text mit zunächst niederschwelligen bis zu hochschwelligen Leseaufträgen, wobei die sprachlichen und kognitiven Anforderungen knapp über dem individuellen Leistungsvermögen des Lesers liegen.
4. Leseprinzip Das Prinzip der eigenständigen Auseinandersetzung	Der Leser wird durch geeignete Lesestrategien und gute Arbeitsaufträge zur eigenständigen Bearbeitung des Textes angeleitet.
5. Leseprinzip Das Prinzip der Erstellung von Leseprodukten	Der Leser erzeugt mit Erfolg möglichst viele kleine Leseprodukte, z. B. eine andere Darstellungsform. Die Leseprodukte müssen nicht zwingend fehlerfrei sein.
6. Leseprinzip Das Prinzip der Anschluss- und Begleitkommunikation	Lesen ist einsam, aber der Austausch ist kollektiv. Die Leseprodukte werden präsentiert und diskutiert und dienen der Weiterarbeit am Text und an den Inhalten.

> **Für den Unterricht ergeben sich folgende Empfehlungen**
>
> - Die Leseprinzipien sollten das Handeln der Lehrkraft derart prägen, dass sie nicht mehr darüber nachdenken muss. Leseprinzipien müssen »in Fleisch und Blut« übergehen und intuitiv alle lesemethodischen Schritte bestimmen.
> - Die Leseprinzipien genügen als didaktische Prinzipien dem Primat der Didaktik vor der Methodik.
> - Leseaufträge müssen dahingehend geprüft werden, ob diese den Leseprinzipien gerecht werden oder gegen dieselben verstoßen.

6.2 Lesen digitaler Sachtexte

Was unterscheidet digitale Texte von analogen Texten?

Analoge Sachtexte sind multimodal. Beim Lesen schweift der Blick über die verschiedenen Darstellungsformen mal orientierend, mal selektiv, mal intensiv und hin und her, vor und zurück. Dabei werden einige Darstellungsformen sehr intensiv gelesen, andere hingegen oberflächlich betrachtet. Bei längerer Beschäftigung mit dem Text vertieft sich die lesende Person intensiv in relevante Textabschnitte und Darstellungsformen.

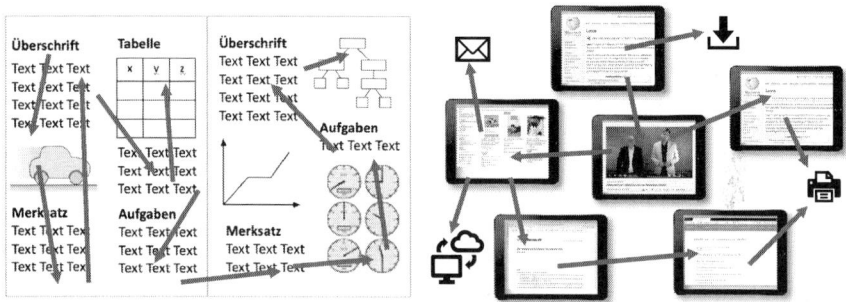

Abb. 6.4: Multimodale analoge Texte (links) und multiple vernetzte, multimodale digitale Texte (rechts)

Analoge Sachtexte sind multimodal, denn sie enthalten diskontinuierliche Texte wie Fotos, Schaubilder oder Tabellen. Beim Lesen bleiben die Schülerinnen und Schüler innerhalb dieses einen Textes.

In der digitalen Welt benutzen wir hingegen multiple vernetzte multimodale Texte, die durch Links miteinander verbunden werden können. Die Schülerinnen und Schüler folgen einzelnen Links und gehen damit über den Einzeltext hinaus. Digitale Sachtexte sind wie analoge Sachtexte multimodal, aber darüber hinaus sind sie multipel, d. h. es können mediale Formen integriert sein, die auf Papier nicht möglich sind, wie Erklärvideos, Hörtexte, Flashanimationen, Social-Media-Formate usw.: »Digitale Sachtexte beziehen sich auf die Wirklichkeit und vermitteln Informationen, schaffen aber Kohärenz über Geschichten. So vermischen sich Unterhaltungs- und Informationsfunktion. [...] Die Rezeption vermischt sich zudem mit der Produktion von Texten« (Wampfler, 2019, S. 162). Entscheidendes Merkmal digitaler Texte ist deren Vernetzung, d. h. sie sind z. B. über Hyperlinks miteinander vernetzt. Die Vernetzung ermöglicht ein kollaboratives Arbeiten an und mit digitalen Texten.

Analoge Texte liefern durch ihren Aufbau, Umfang, Anfang und Ende potenzielle Kohärenz und Geschlossenheit. Multimodale Texte in digitalen Medien haben weder Anfang noch Ende, was Konsequenzen für das Sinnversprechen hat. Bei Netzrecherchen müssen Zielsetzung, Aufgabenmanagement und Monitoring des Leseprozesses seitens des Lesers verfolgt werden und erfordern entsprechende Kompetenzen (▶ Tab. 6.3).

Was unterscheidet digitales Lesen vom analogen Lesen?

Beim Lesen digitaler Texte schweift der Blick nicht nur über die verschiedenen Darstellungsformen mal orientierend, mal selektiv, mal intensiv und hin und her, vor und zurück eines einzigen Dokuments, sondern in rascher Folge über multiple multimodale Texte. Das geschieht oft in einer derart hohen Frequenz, dass man nach einiger Zeit die Übersicht über die bereits besuchten Seiten verloren hat. Dabei werden einige Seiten lediglich angeklickt und nach kurzem Blick weggeklickt. Die verschiedenen Darstellungsformen werden meist oberflächlich betrachtet, mit dem selektiven Blick nach der gesuchten Information. Das selektive Lesen geht hin und wieder, wenn man fündig wurde, in das intensive Lesen einiger Abschnitte oder Darstellungsformen über, um anschließend wieder das orientierende und selektive Lesen aufzunehmen. Zwischendurch werden Dokumente abgespeichert, Passagen herauskopiert, in Dokumente eingesetzt, neue Ordner angelegt, Dateien per E-Mail versandt, über Social-Media weiterempfohlen, in einer Cloud abgelegt, in einem Blog kommentiert etc. Auf diese Weise werden diverse Dokumente zu dem Thema gesichtet und auf Ihre Brauchbarkeit und Weiterverwendung hin bewertet. Damit ist beim digitalen Lesen das extensive Lesen (vgl. ▶ Kap. 6.1) vorherrschend.

Verstehendes Lesen analoger Sachtexte ist ein hermeneutischer Prozess des mehrfachen »Herauslesens« und »Hineinlesens« nach verschiedenen Lesestilen, um die kognitiven und sprachlichen Verstehenslücken zwischen dem Wissensnetz des Lesers und dem Text zu schließen. Vorrangig ist das intensive Lesen mit Zeit und Anstrengung und die Erstellung von Leseprodukten. Das intensive Lesen wird vorbereitet durch orientierendes und selektives Lesen. Analoges Lesen ist einsam, aber der Austausch über das Gelesene und über die Leseprodukte ist kollektiv. Analoges Lesen führt in die Tiefe.

Offensichtlich unterscheidet sich das Lesen analoger Sachtexte vom Lesen digitaler Sachtexte fundamental. Der analoge Text als knappes Gut verpflichtet zum intensiven Lesen, wenn der Text verstanden werden soll und geht damit in die Tiefe. Die »verführerische Kraft des Hyperlinks« verführt zum Anklicken und damit zum Springen von einem Hypertext zum anderen, also in der Summe herrscht das extensive Lesen vor und das führt nicht in die Tiefe, sondern in die Breite. (Selbstredend werden auch digitale Textpassagen genauso intensiv gelesen wie analoge Texte.) Und analoge Texte werden auch oft ausschließlich orientierend und selektiv in verschiedenen Quellen gelesen. Es geht um die Eigentümlichkeiten des jeweiligen Mediums:

> Besteht bei der Lektüre eines Schulbuchtextes Konzentration darin, die Wahrnehmung während möglichst langer Zeit linear auf einen Primärreiz zu richten, so kann bei digitaler Lektüre Konzentration bedeuten, im richtigen Moment die Aufmerksamkeit auf einen Nebenreiz zu lenken und Filter, Suchen und andere nicht-lineare Verfahren einzusetzen. (Wampfler & Krommer, 2019, S. 81)

Verstehendes Lesen digitaler Sachtexte bedeutet »Inhalte von Texten/Dokumenten gezielt mit ihren Metadaten [Informationen über den Text, die der Text selbst nicht hergibt, z. B. zur Einschätzung seiner Glaubwürdigkeit, J.L.] kognitiv zu kombinieren und für ein verstehendes Lesen zu nutzen« (Philipp, 2018, S. 26). Hyperlinks führen beim Lesen digitaler Text vorzugsweise zum orientierenden und selektiven Lesen und nur in geringerem Umfang zum intensiven Lesen. Die unzählige Menge zur Verfügung stehender Vergleichstexte verführt vorrangig zum zeitintensiven extensiven Lesen unter Nutzung der Konnektivität der Texte und der kollaborativen Erstellung digitaler Leseprodukte. Digitales Lesen ist gleichzeitig einsam und kollaborativ.

Tiefe und Breite haben je ihren Eigenwert und folglich ist es unredlich analoges Lesen gegen digitales Lesen auszuspielen oder die Frage nach einem Mehrwert des einen gegenüber dem andern zu stellen (Wampfler & Krommer, 2019). Das hieße Äpfel mit Birnen zu vergleichen.

In der folgenden Tabelle sind die Textkompetenzen beim Lesen analoger und digitaler Texte vergleichend gegenübergestellt.

Tab. 6.3: Analoge und digitale Textkompetenzen (nach Wampfler & Krommer, 2019, S. 77 – 79, mit ausführlichen Erläuterungen)

analoge Textkompetenzen	digitale Textkompetenzen
• Textkompetenz bezeichnet die individuelle Fähigkeit, Texte lesen, schreiben und zum Lernen nutzen zu können. • Lesekompetenz beinhaltet die Fähigkeit, mit passenden Lesestilen und geeigneten Lesestrategien, – relevante Informationen aus Texten zu ermitteln und wiederzugeben, – Texte vollständig und detailliert zu verstehen und zu interpretieren, – Text zu reflektieren, kritisch zu bewerten und zu nutzen. • Textkompetenz erfasst die Fähigkeit und Motivation, sich auf Texte einzulassen und sich mit deren Inhalten auseinanderzusetzen.	• Selbstgesteuerte Auswahl und Bewertung digitaler Texte inklusive derer Metadaten • Rezeptives Erfassen und produktive Nutzung der Multimodalität und Vielfalt (Multiplität) digitaler Texte • Kompetenter rezeptiver und produktiver Umgang mit der Vernetzung eines digitalen Textes (Hyperlinks) • Erfassen und Nutzen der Textsorte eines digitalen Textes und der damit verbundenen kommunikativen Funktionen • Rezeptives Erfassen und kompetentes produktives Gestalten aller mit der Intentionalität eines digitalen Textes verbundenen Herausforderungen • Umgang mit den ethisch-normativen Aspekten der in sozialen Netzwerken entstehenden digitalen Texte

> Die Ziele, die sich in einem ausschließlich auf Buch und Schrift basierenden Unterricht realistischerweise erreichen lassen, unterscheiden sich signifikant von den Zielen, die man mit Buch, Schrift, Tablet und Internetzugang ansteuern kann. Der wahre Mehrwert digitaler Medien besteht also nicht darin, alte Ziele schneller zu erreichen, sondern völlig neue Zieldimensionen erstmals zu erschließen, die im Idealfall gesellschaftlich und individuell bedeutsam sind. (Krommer, 2018a, S. 295)

Die Ziele verändern auch die Lesestrategien. Beim verstehenden Lesen analoger Sachtexte sind die Lesestrategien einerseits eng mit den Lesestilen verknüpft und andererseits mit den Eigentümlichkeiten des Textes. Der Text bestimmt, welche

Lesestrategie die angemessenste ist. Beim Lesen multimodaler multipler digitaler Texte besteht eine Strategie »beispielsweise darin, Quellenverweise bewusst wahrzunehmen, sie dazu auszuzeichnen, ihre Funktion zu benennen und die Quellen zu beurteilen. Die Strategie fördert die Fähigkeit, die Konnektivität eines Textes zu erfassen, hilft aber auch beim Verständnis der Intentionalität eines Textes« (Wampfler & Krommer, 2019, S. 81).

Das Medium ändert alles: die Art des Umgangs, die Lesestile, die Leseschritte, die Lesedauer, die Intensität, die Anstrengung, die erstellten Leseprodukte, die Textkompetenzen, die Lerneffekte hinsichtlich Tiefe und Breite und schließlich die mit dem Medium verbundenen Ziele.

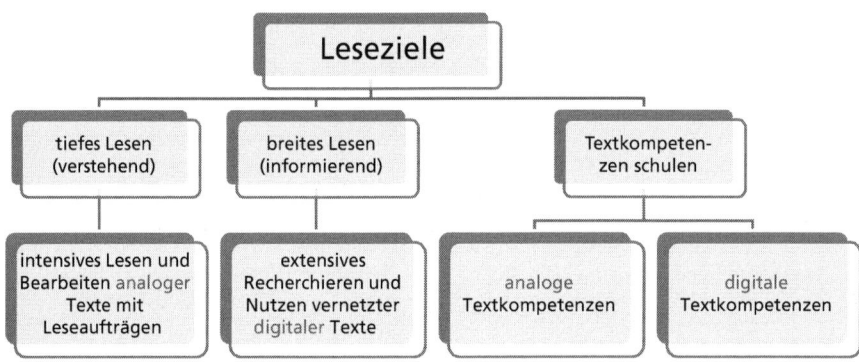

Abb. 6.5: Leseziele

Die entscheidende Frage lautet: Wie gehen die Lernenden mit den jeweiligen Texten um und welche Auswirkungen hat das auf die Wirksamkeit des Lernens, also auf die Lerneffekte. Anders formuliert: Können die Denkweisen der analogen Schule überhaupt auf die digitale Schule übertragen werden? Müssen und können sie angepasst werden oder müssen sie gar ersetzt werden? Die Lesedidaktik zum Lesen analoger Sachtexte ist umfangreich und ausgereift. Demgegenüber steht die Lesedidaktik zum Lesen digitaler Sachtexte und zur Beantwortung der oben gestellten Fragen noch aus.

Wie sieht der Weg vom analogen zum digitalen Lesen aus?

Sie beabsichtigen eine mehrwöchige Urlaubsreise quer durch den Kontinent durchzuführen. Sie benötigen eine Orientierung, einen Zeitplan, einen Kostenplan usw. Zur geografischen Orientierung verwenden Sie eine Landkarte, analog oder digital. Eine analoge Landkarte auf dem Tisch ausgebreitet zeigt den gesamten Kontinent in seiner riesigen Ausdehnung, seinen Gebirgszügen, seinen Straßenverbindungen usw. Zur Detailbetrachtung benötigen Sie weitere Karten mit anderen Maßstäben. Das mag zwar unhandlich sein, jedoch haben Sie jederzeit eine gute Übersicht. In digitalen Landkarten können Sie situativ sofort durch

Vergrößerungen heranzoomen und sich Details ansehen und darüber hinaus Fotos, Reisetipps, Empfehlungen, ... einblenden. Sie verfügen über multiple Informationsquellen auf engem Raum. Analog müssten Sie zeitraubend unhandliche Quellen zurate ziehen. Sie haben jedoch die Erfahrung gemacht, dass Sie beim Heranzoomen rasch die Orientierung verlieren und sich in der Landschaft verlieren.

Immer wenn ein neues Gebiet entwickelt wird, immer wenn das neue Gebiet gelehrt oder gelernt wird, brauchen Lehrpersonen wie Lernende eine Orientierung in dem neuen Gebiet, eine Art Landkarte. Das SAMR-Modell (vgl. ▶ Tab. 5.5) möge nachfolgend als eine Orientierungshilfe fungieren. Ausgehend von analogen Medien/ Texten wird stufenweise ein Weg zu digitalen Medien/ Texten gezeichnet.

Tab. 6.4: Digitales Lesen im SAMR-Modell

Ebene	Stufe	Beschreibung
Verbesserung	1	**S**ubstitution (Ersatz, Ersetzen): SuS lesen den Text digital als PDF nach verschiedenen Lesestilen.
Verbesserung	2	**A**ugmentation (Erweiterung, Erweitern): SuS lesen den Text digital mit Hyperlinks nach verschiedenen Lesestilen.
Umgestaltung	3	**M**odification (**Änderung, Umgestalten**): SuS bearbeiten den Text, erstellen digitale Leseprodukte, tauschen diese aus und geben einander Feedback.
Umgestaltung	4	**R**edefinition (**Transformation, Neugestalten**): SuS lesen viele multiple multimodale Texte zu einem Thema extensiv und erstellen kollaborativ ein adressiertes Medienarchiv.

Für das Lesen von analogen Sachtexten gibt es ausgereifte und erprobte Konzepte, Modelle und Vorschläge für Leseaufträge. Diese fehlen noch für das Lesen von digitalen Texten. Die Konzepte zum analogen Lesen lassen sich nicht einfach auf das Lesen von multiplen vernetzten multimodalen digitalen Texten übertragen – hier muss neu gedacht werden. Aus Mangel an Vorschlägen und Erfahrungen sind Lehrkräfte unsicher und ihnen stellen sich beim digitalen Lesen folgende Fragen:

- Welche Leseaufträge gebe ich?
- Welche Materialien/Medien/Strategien gebe ich?
- Wie unterstütze ich?
- Wie strukturiere ich den Lernprozess? Darf, muss oder soll er überhaupt strukturiert sein? Ist selbstorganisiertes Lernen zwingend und wie organisiere ich das?
- Wie und was diagnostiziere, bewerte und benote ich?

Diese Fragen der Lehrkräfte müssen mit konkreten unterrichtspraktischen Vorschlägen und Unterstützungen beantwortet werden. Andernfalls droht, dass die in der Digitalität liegenden Lerngelegenheiten ungenutzt verdampfen. Hier steht aber noch didaktische Entwicklungsarbeit an.

Weder digitales Lehren noch digitales Lernen sind Selbstläufer. Fraglos sind die Lernenden in der Regel den Lehrpersonen in der Handhabung digitaler Medien und Plattformen überlegen. Nicht die Handhabungskompetenz ist jedoch die Herausforderung, sondern die Nutzung zum gezielten expliziten und impliziten Lernen im Sinne der Wissenskonstruktion. Wissen ist etwas Selbsterarbeitetes und von reiner Information zu unterscheiden. Der Vorteil digitaler Medien liegt darin, einfach und jederzeit gezielt an Informationen zu gelangen. Um diese Informationen in Wissen zu transferieren und im semantischen und prozeduralen Gedächtnis zu speichern, müssen die Wissenselemente in kognitiven Schleifen das Gehirn durchlaufen haben, müssen mit Anstrengung und Zeit neue synaptische Verknüpfungen geschaffen werden.

Die Transformation von Informationen in Wissen ist die Herausforderung der digitalen Schule. Die digitalen Medien sind hier Segen und Fluch zugleich. Den Lernenden stellen sich folgenreiche Fragen:

- Welche Dokumente suche ich in welcher Modalität?
- Was wähle ich aus, wie verbinde ich die Teile?
- Welchen Dokumenten kann ich vertrauen?
- Wie strukturiere ich meinen Leseprozess?
- Welche Leseprodukte stelle ich her und wie gestalte ich sie?
- Wie kommuniziere und wie kollaboriere ich mit anderen?
- Wie gehe ich mit den ethisch-normativen Aspekten um?

In Anbetracht der Fragen mag die analoge Lernwelt im Vergleich übersichtlich und handlich erscheinen. Der eingeschränkte Umfang der analogen Texte, ihre Übersichtlichkeit, die geringe Anzahl der Verweise, die dauerhafte Präsenz der Texte fördert die Konzentration auf das intensive Lesen.

Die digitalen Texte hingegen sind unzählig durch die Vernetzung (multipel), vielfältig in der Darstellung (multimodal), unübersichtlich im Umfang und in der Struktur und in der Regel kurzfristig präsent (vernetzt). Hyperlinks verführen die Lernenden allzu leicht zum Weiterklicken, statt zum Verweilen. Intensives Arbeiten benötigt Zeit zum Verweilen und Anstrengung für die mentalen kognitiven Denkoperationen. Um die Lernenden an den Umgang mit digitalen Texten heranzuführen, könnte man die »weite Welt der Texte« im Sinne von WebQuests vorübergehend einschränken. Die Entwicklung einer praxistauglichen Didaktik des Lehrens und Lernens für die digitale Schule bleibt ein Desiderat. (Hinweis: Konkrete Praxisbeispiele zum Lesen analoger und digitaler Sachtexte finden sich in Leisen, 2020, S. 140-164).

> **Zusammenfassung**
>
> Analoge Sachtexte im naturwissenschaftlichen Unterricht sind multimodal, d. h. enthalten verschiedenste Darstellungsformen. Verstehendes Lesen der Sachtexte beinhaltet ein Hineinlesen auf der Basis des Vorwissens und ein Herauslesen von Informationen, um diese in das semantische Lexikon zu integrieren. Die ent-

scheidende Frage lautet: Wie schaffe ich es, dass meine Lesenden in Schleifen etwas hinein- und herauslesen? Das erfolgt im Unterricht in mehreren Leseschritten. Die Lesenden erhalten Leseaufträge, lesen und bearbeiten den Text nach verschiedenen Lesestilen und erstellen Leseprodukte, die Anlass zur Anschlusskommunikation geben. Dem Leseprozess sollte eine Aktivierung des Vorwissens vorangestellt werden. Das orientierende und das selektive Lesen dienen der Vorbereitung des intensiven Lesens. Hier entfaltet sich das verstehende Lesen in der Tiefe. Extensives Lesen von Vergleichstexten und Verstehensüberprüfung sichern das Leseverstehen ab. Als letzter Schritt schließt sich eine Textnutzung an. Durch integrierte Lesestrategien lernen die Lesenden modellhaft das strategische Lesen von analogen Sachtexten. Bei der Durchführung beachten die Lehrkräfte die Leseprinzipien. Es werden konkrete Empfehlungen und eine Auswahlliste zu Leseaufträgen angeboten.

Digitale Sachtexte sind ebenfalls multimodal, aber darüber hinaus vernetzt und multipel, d. h. enthalten verschiedene mediale Formate wie Webseiten, Erklärvideos, Chats, Blogs, Social-Media, ... und vermischen Unterhaltung und Information. Die entscheidende Frage lautet: Wie schaffe ich es, dass meine Lernenden mit den vernetzten digitalen Texten verantwortungsvoll Wissen generieren? Eine Lernaufgabe kann die Lernenden angeleitet durch die vernetze Welt multipler multimodaler digitaler Texte führen, wobei sie aus den Informationen auch kollaborativ Wissen generieren. Digitale Sachtexte begünstigen das extensive Lesen, das in die Breite geht. Digitales Lesen erfordert und fördert andere Kompetenzen als das analoge Lesen. Schulische Bildung braucht beides und muss beides in den Unterricht integrieren.

7 Schreiben im naturwissenschaftlichen Fachunterricht

7.1 Was ist das Besondere am Schreiben?

Lesen ist schon schwer genug, dann auch noch Schreiben? In der Tat gehört die Textproduktion zu dem Schwierigsten im Unterricht für die Lernenden überhaupt. Schreiben ist ein kreativer und produktiver Lernprozess im doppelten Sinne: Das Schreiben bringt fachliches und sprachliches Lernen zusammen. Wir lernen das Fach in der Sprache und mit der Sprache. Damit sind Sprachlernen und Fachlernen beim Schreiben untrennbar miteinander verbunden. Fachwissenserwerb ist gleichzeitig Spracherwerb und Sprachvermittlung. Sprache und damit auch das Schreiben im Unterricht ist wie ein Werkzeug, das man gebraucht, während man es noch schmiedet. Kommunizieren über Naturwissenschaften und das Kommunizieren-Lernen in den Naturwissenschaften fallen hier zusammen. Das Schreiben wird dabei als eine spezielle Form des Kommunizierens verstanden.

In jedem naturwissenschaftlichen Unterricht wird geschrieben, wie etwa Tafelabschrieb, Hefteinträge, Ausfüllen von Arbeitsblättern, Aufschreiben von Hypothesen, Beobachtungen, Erklärungen und Begründungen, Anfertigen von Versuchsbeschreibungen und Protokollen etc. Das Schreiben erfolgt analog oder digital.

Trotz der Nähe von Lesen, Sprechen und Schreiben gibt es am Schreiben etwas Besonderes. Schreiben und Sprechen als Kommunikationsformen verfolgen nämlich unterschiedliche Ziele und fördern unterschiedliche Kompetenzen. Das Sprechen ist situationsgebunden flüchtig und auf gelingende Kommunikation hin angelegt. Mimik, Gestik, persönliche Ausstrahlung, Sympathie u. a. unterstützen oder behindern das Gelingen der Kommunikation im Gespräch. Das Schreiben indes ist dauerhaft und auf gelingendes Interpretieren hin angelegt. Das Sprechen ist unmittelbar, das Schreiben mittelbar und damit hat der Schreiber andere Möglichkeiten. Bekanntlich ist ein guter Sprecher nicht zwangsläufig ein guter Schreiber und umgekehrt.

Das Schreiben als Kommunikationsform ist auf einen vorgestellten »Gesprächspartner« hin ausgerichtet, der nicht antworten, aber verstehen kann und soll. Die Verlangsamung der schriftlichen Kommunikation hat große Vorzüge für den Verfasser: Er kann die eigenen Gedanken ordnen, in einen logischen Zusammenhang bringen, bewusst und reflektiert argumentieren, überzeugend und gegliedert darstellen, präzise und sprachbewusst verbalisieren, ohne dem Zeitdruck der mündlichen Kommunikation ausgesetzt zu sein. Demgegenüber führt die »Endgültigkeit und Dauerhaftigkeit« der schriftlichen Kommunikation bei manchen Schreibenden zu Schreibhemmungen ebenso wie das Ringen um logische wie sprachliche »Eindeutigkeit« des Geschriebenen. Die Absicherung gegen Missverstehen durch akribische Arbeit an den Formulierungen läuft möglicherweise Gefahr, genau das Gegenteil zu bewirken. Das analoge Schreiben ohne rasche Korrekturen, ohne Rechtschreibprüfungen und ohne Copy-Paste-Möglichkeiten war deutlich langsamer und zeitintensiver als das digitale Schreiben. Das Besondere am Schreiben hat sich damit durch das Medium verändert.

7.2 Wie gelingt das materialgestützte Schreiben?

Im naturwissenschaftlichen Unterricht kommt das materialgestützte Schreiben besonders häufig vor. Beim materialgestützten Schreiben wird auf der Basis von Materialien ein Text mit informierendem und/oder argumentierendem und/oder bewertendem Charakter verfasst.

Es fördert Schreib-Lese-Kompetenzen mit unterschiedlichen Teilkompetenzen, z. B. Informieren, Erklären und Argumentieren, Begründen, Interpretieren, ... (Philipp, 2017, S. 17). Heterogene Informationen zu - u. U. kontroversen Sachthemen - werden produktiv verarbeitet, um eine kompetente eigene Meinung zu bilden. Dementsprechend werden sehr unterschiedliche Schreibprodukte erstellt (vgl. ▸ Abb. 1.1). Die Erstellung und die Reflexion derselben muss im Unterricht verankert und geübt werden.

Tab. 7.1: Schreibhandlungen und Schreibprodukte beim materialgestützten Schreiben

Schreibhandlungen in den Schreibaufträgen	Schreibprodukt
• benennen - definieren	• Definition
• erzählen - berichten	• Bericht
• beschreiben - darstellen	• Beschreibung
• verbalisieren - protokollieren	• Protokoll
• wiedergeben - zusammenfassen	• Zusammenfassung
• erläutern - erklären	• Erklärung
• begründen - beweisen	• Begründung
• diskutieren - verteidigen	• Verteidigung
• kommentieren – argumentieren	• Kommentar
• ...	• ...

Es handelt sich hier um die zum Schreiben gehörenden Standardsituationen (vgl. ▸ Tab. 5.3 und 5.4).

7 Schreiben im naturwissenschaftlichen Fachunterricht

Sprachliche Standardsituationen im naturwissenschaftlichen Unterricht
Kompetenzen und Wissen zeigen
1. Etwas (Gegenstand, Experiment, …) darstellen und beschreiben
2. Darstellungsformen (Tabelle, Diagramm, Skizze, …) verbalisieren
3. Fachtypische Sprachstrukturen anwenden
Kompetenzen und Wissen erwerben
4. Sachverhalte präsentieren und strukturiert vortragen
5. Hypothesen, Vorstellungen, Ideen, … äußern
6. Informationen nutzen und Fragen stellen
Kompetenzen und Wissen nutzen
7. Sachverhalte erklären und erläutern
8. Auf Fachliche Probleme lösen und mündlich/ schriftlich verbalisieren
9. Argumente eingehen und Sachverhalte diskursiv erörtern
Kompetenzen und Wissen sichern, üben, vertiefen
10. Einen Fachtext lesen
11. Einen Fachtext verfassen
12. Sprachkompetenz sichern und ausbauen

Diese Kategorisierung entspricht dem Vorschlag von Thürmann, Pertzel & Schütte (Schmölzer-Eibinger & Thürmann, 2015, S. 35 f.) eine neue Aufgabenkultur für das Schreiben im Fachunterricht auf fünf Säulen zu gründen:

1. Schreibaufgaben zur Aktivierung von Vorwissen
2. Schreibaufgaben zur Generierung neuen Wissens
3. Schreibaufgaben zur Sicherung erworbenen Wissens und Könnens
4. Schreibaufgaben zur Meta- und Selbstreflexion
5. Schreibaufgaben zum Aufbau (fachspezifischer) Diskurskompetenzen

Die folgenden Ausführungen präzisieren die Kategorisierung:

Kompetenzen und (Vor)Wissen zeigen

Zur Aktivierung von Vorwissen bieten sich grafische Darstellungsformen, Skizzen, Stichwortsammlungen, Ideennetze, Begriffsnetze, Gedankenprotokoll, Mind-Mapping und andere sprachlich niederschwellige Methoden an, um das individuelle Vorwissen zu aktivieren. Die sprachliche Korrektheit steht im Hintergrund und erfordert keine Aufmerksamkeit.

Kompetenzen und Wissen erwerben

Informationen sind die Basis für Wissen, indem alte Informationen (Vorwissen) mit neuen Informationen zu neuem Wissen kombiniert werden. Das ist ein anstrengender und oft zeitintensiver Prozess. Um Wissen zu erwerben und im semantischen Gedächtnis zu speichern, müssen die Wissenselemente in kognitiven Schleifen das Gehirn durchlaufen, ein Prozess, der durch das Schreiben unterstützt werden kann. Die Erweiterung von bereits erstellten Begriffsnetzen (Concept-Maps) ist eine Möglichkeit. Die Schreibaufgaben müssen als Lernaufgaben konzipiert sein. Eine Lernaufgabe als Schreibaufgabe ist eine material gesteuerte Lernumgebung, die den individuellen Schreibprozess durch eine Folge von gestuften Schreibaufgaben mit entsprechenden Schreibmaterialien steuert.

Kompetenzen und Wissen nutzen

In den Bildungsstandards der Naturwissenschaften werden im Kompetenzbereich »Kommunikation« explizit Diskurskompetenzen genannt: »Die Kommunikationskompetenz der Lernenden zeigt sich in der Kenntnis von Fachsprache, fachtypischen Darstellungen und Argumentationsstrukturen und in der Fähigkeit, diese zu nutzen, um fachbezogene Informationen zu erschließen, adressaten- und situationsgerecht darzustellen und auszutauschen.« (Kultusministerkonferenz, 2005, S. 15) Adressaten- und situationsgerechte Darstellung sind beim Schreiben zum Zwecke des tatsächlichen oder simulierten Veröffentlichens unabdingbar. Neben dem Adressaten- und Situationsbezug müssen die Textsorte und die Schreibkonventionen (Komplexität der Syntax, umgangssprachliche Grundierung, bebilderte Darstellung, Einbindung von Beispielen, erklärende Paraphrasierung von Begriffen, …) in der Diskursgemeinschaft berücksichtigt werden. Diese Fragen müssen beim Aufbau der Diskurskompetenzen beantwortet werden (vgl. Schmölzer-Eibinger & Thürmann, 2017, S. 38):

1. An welchen Adressaten richtet sich der Text?
2. In welchem situativen Kontext steht der Text?
3. Welchem Zweck dient der Text?
4. Welcher generischen Form soll der Text entsprechen?
5. Mit welchen kognitiv-sprachlichen Strategien kann der Zweck erreicht werden?
6. In welchem Medium und mit welchen Darstellungsformen werden die fachbezogenen Informationen transportiert?

Kompetenzen und Wissen sichern, üben, vertiefen

Kompetenzen und Wissen kann schreibend besonders gut durch Schreibübungen gesichert und vertieft werden. Eine Schreibübung ist eine Übung, in der bestimmte Schreibstrategien oder spezifische Schreibkompetenzen im Sinne eines Methoden- oder Kompetenztrainings geübt werden. Denn ebenso, wie in einem Fach Inhalte und Methoden geübt werden müssen, müssen auch Schreibstrategien und Schreibkompetenzen geübt werden. So erweitern beispielsweise Schreibübungen unter Rückgriff auf das Methoden-Werkzeug »Lückentext« den Wortschatz, Satzbaupläne fördern das strukturierte Schreiben, die Ergänzung von Satzanfängen fördert die Schreibroutinen etc. Redemittel als Schreibhilfen ermöglichen beim materialgestützten Schreiben den Start und entlasten das Arbeitsgedächtnis bei der Formulierung.

Redemittel zum materialgestützten Schreiben

Einleitung

- In diesem Aufsatz … werde ich untersuchen/ bewerten/ ermitteln/ analysieren …
- Es ist mit einer umfangreichen Betrachtung ….
- Zu Beginn/ als Einstieg …
- Diese Arbeit/ Untersuchung beschäftigt sich mit …
- Die Untersuchung setzt sich mit … auseinander
- Vor diesem Hintergrund beschäftigt sich die … mit …

Analyse/ Hauptteil

- Der Begriff … bezieht sich auf …
- … wird im Allgemeinen verstanden als …
- Ein Beispiel hilft dabei, … zu verdeutlichen,
- Die Erklärungen … ergänzen einander
- Grundsätzlich stimme ich … zu, da/ weil …
- Ihre/ Seine Sichtweise ist nachvollziehbar …
- Ich unterstütze die Meinung, dass …
- Ich widerspreche der Meinung/ Einstellung …
- Ich lehne die Idee des Autors ab, da …
- Im Unterschied zu … weist … auf …

Bewertung

- Im Gegensatz zu … ist …
- Ein großer Unterschied zwischen … und … besteht darin, dass ….
- Meiner Meinung nach …
- Es ist meine Überzeugung, dass …
- Ich bin der Ansicht, dass …
- Im Folgenden wird analysiert/ betrachtet/ erörtert …
- Zwar trifft … zu, dennoch bleibt die Tatsache, dass …
- Einerseits … andererseits ….
- Freilich … allerdings …
- Ungeachtet der Tatsache, dass …
- Im Übrigen/ Darüber hinaus ….

Schluss

- Zusammenfassend ...
- Abschließend ...
- Insgesamt ...
- ... führt uns zu der Schlussfolgerung, dass ...
- Die aufgeführten / genannten Argumente zeigen auf, dass ...

7.3 Warum fällt das Schreiben so schwer?

Die Antwort auf die Frage beinhaltet diverse Gründe:

- Das Schreiben erfolgt normgebunden in dem Register der Schriftlichkeit (Bildungssprache) (vgl. ▶ Tab. 1.2).
- Die sprachlichen Anforderungen beim gedehnten Schreiben sind höher als beim flüchtigen Sprechen.
- Fehler werden beim Schreiben augenfälliger und sind dauerhafter als beim Sprechen.
- Der Versuch gleichzeitig der Schreibrichtigkeit, -flüssigkeit und -komplexität gerecht zu werden, führt zu Schreibhemmungen.
- Es wird sehr viel verschiedenes Wissen benötigt.

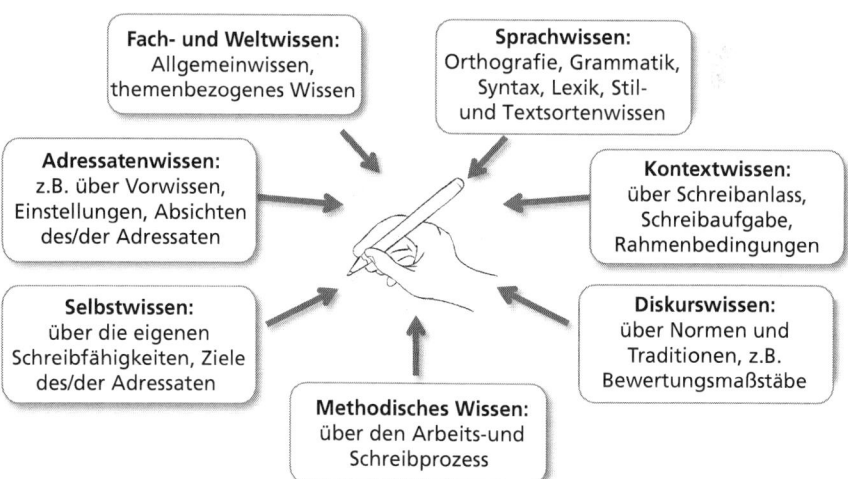

Abb. 7.1: Wissen, das beim Schreiben benötigt wird

7.4 Warum im naturwissenschaftlichen Unterricht schreiben?

Nach Thürmann, Pertzel & Schütte (2015) ist das Schreiben ein Riese, der geweckt werden muss. Die Metapher unterstreicht die Bedeutung des Schreibens im Unterricht.

Beim Schreiben kommen die Ideen

Beim Schreiben erlangt der Verfasser Erkenntnisse und entwickelt diese. Heinrich von Kleist hat dem Reden diese epistemische (erkenntnis- und wissensentwickelnde) und heuristische (findende) Funktion in seiner bekannten Schrift »Über die allmähliche Verfertigung der Gedanken beim Reden« zugeschrieben:

> Wenn du etwas wissen willst und es durch Meditation nicht finden kannst, so rate ich dir, mein lieber, sinnreicher Freund, mit dem nächsten Bekannten, der dir aufstößt, darüber zu sprechen. […] Der Franzose sagt, l'appétit vient en mangeant, und dieser Erfahrungssatz bleibt wahr, wenn man ihn parodiert, und sagt, l'idee vient en parlant. […] Ein solches Reden ist wahrhaft lautes Denken. (Kleist, 1982/1805, S. 1)

Was von Kleist hier über das Sprechen sagt gilt auch für das Schreiben, wenngleich unter anderen Bedingungen und mit anderen Wirkungen. G. C. Lichtenberg (Lichtenberg, 2009, Satz 135) bekräftigt diese Auffassung: »Zur Aufweckung des in jedem Menschen schlafenden Systems ist das Schreiben vortrefflich und jeder, der je geschrieben hat, wird gefunden haben, dass das Schreiben immer etwas erweckt, was man vorher nicht deutlich erkannte, ob es gleich in uns lag.«

Das Schreiben führt zur intensiven und vertieften Auseinandersetzung

Das Schreiben über eine naturwissenschaftliche Sache bewirkt die bewusste und tiefgehende Auseinandersetzung mit dieser Sache. Damit wird für den Lernenden, aber auch für den Lehrenden deutlich, ob die Sache wirklich verstanden wurde. Das Schreiben stellt dazu ein Labor von Denkinstrumenten zur Verfügung: »Ich schreibe, also denke ich.«

Das Schreiben schafft Bewusstheit

Das regelmäßige Schreiben von z. B. Versuchsbeobachtungen trainiert nicht nur das Schreiben, es hat auch Rückwirkungen auf das bewusste Aufnehmen, Beobachten, Beachten der Bedingungen, um es dann anschließend besser beschreiben zu können. Dadurch werden das Sprachbewusstsein und das Bewusstsein über das eigene Denken geschärft.

Das Schreiben schafft Präzision

Schreiben wird viel deutlicher als jede mündliche Darstellung, Rückschau auf das Geschriebene zu nehmen, den aufgeschriebenen Gedankengang nochmals Revue passieren zu lassen, notfalls Ergänzungen vornehmen zu können. In das Geschriebene kann der Schreibende bis zur Abgabe noch eingreifen.

Das Schreiben führt zur Konzentration auf das Wesentliche

Im Unterschied zum Sprechen ist der Verfasser durch die Verlangsamung beim Schreiben in der Regel zu höheren Abstraktionsleistungen fähig. Die Aufmerksamkeit richtet sich auf das Wesentliche, auf das logische Ordnen und Unterscheiden, auf das sprachliche Herausarbeiten des fachlichen Gegenstandes, auf die Sprache selbst und auf die Art und Weise, wie der Sachverhalt gegliedert und überzeugend dargestellt werden kann. Das Schreiben unterstützt das Denken.

Das Schreiben fördert den eigenen Stil

Nicht nur in literarischen Schreibprodukten, sondern auch in Sachtexten entwickeln die Schreibenden einen eigenen Stil. Die Schreibprodukte – auch die digital verfassten - tragen die »persönliche Handschrift« des Schreibenden. Wird die Palette der Schreibprodukte im naturwissenschaftlichen Unterricht über Versuchsbeschreibungen und Protokolle hinaus erweitert auf szenische Dialoge, naturwissenschaftliche Erzählungen, adressaten- und situationsgerechte Schreibprodukte, persönliche Bewertungen, Einträge in Blogs, Logbücher und Lerntagebücher etc. so gibt es reichlich Möglichkeiten den persönlichen Interessen nach Ausdruck und Stil nachzukommen. Das Schreiben wird damit auch einem bestimmten Lerntyp gerecht.

Schreiben wird von den Bildungsstandards gefordert

Schreiben ist ein Mittel, um Ideen zu generieren, Gedanken zu klären, das Nachdenken zu stützen, Sprachbewusstheit zu schaffen und darüber hinaus die Sprache zu fördern. Sowohl die Bildungsstandards in den naturwissenschaftlichen Fächern für den Mittleren Schulabschluss als auch die Einheitlichen Prüfungsanforderungen für die Abiturprüfung (Kultusministerkonferenz, 2004) weisen neben den Kompetenzbereichen Fachkenntnisse und Fachmethoden einen eigenen Kompetenzbereich Kommunikation aus: Informationen sach- und fachbezogen erschließen und austauschen. Das schließt die Schriftlichkeit der Kommunikation mit ein.

Schreiben bietet Differenzierungsmöglichkeiten

Schreiben kann auch als Instrument zur Differenzierung genutzt werden. Schülerinnen und Schüler, die gerne schreiben, können damit ermutigt und im Ausbau ihrer Schreibkompetenz gefördert werden. Solche, die ungern schreiben, können durch andere Schreibaufträge, die gezielt auf ihr Kompetenzniveau abgestimmt sind, insofern gefördert werden, dass sich durch die Erfolgserlebnisse möglicherweise ein Einstellungswechsel zum Schreiben einstellt.

Schreiben unterstützt selbstständiges Lernen

Im Zusammenhang mit allgemeinen Bestrebungen zur Verbesserung des naturwissenschaftlichen Unterrichts durch mehr selbstständiges Lernen unter Erstellung von Lernprodukten darf nicht unerwähnt bleiben, dass dadurch auch mehr eigene Texte der Lernenden erforderlich werden. Selbstständiges oder gar selbstorganisiertes Lernen erfordert und erzwingt in besonderem Maße das Lesen und Schreiben.

7.5 Wann im naturwissenschaftlichen Unterricht schreiben?

Schreibaufgaben und Schreibgelegenheiten

Im naturwissenschaftlichen Unterricht können unterschiedlichste Schreibaufgaben gestellt werden: Versuchsbeschreibung, Prozessbeschreibung, Diagrammbeschreibung, Beschreibung eines Ablaufs, einer Handlung, einer Beobachtung, eines Ergebnisses, eines Gedankenganges, Formulierung einer Hypothese, Erklärung, Schlussfolgerung, ... Meistens ist der Schreibauftrag Teil einer umfassenderen Aufgabe.

Der naturwissenschaftliche Unterricht bietet unterschiedlichste Schreibgelegenheiten: Schreiben zur Wiederholung, zur Vergewisserung über Zwischenstände oder Teilergebnisse, zur Vorbereitung auf ein Gespräch oder eine Diskussion, zur Vorbereitung auf kleinere und größere planvolle Redebeiträge, bei der Betrachtung von Bildern, Zeichnungen, Experimenten, beim Lösen von Problemen, Schreiben als Teil einer Präsentation und als Rückblick auf den Unterricht.

Typische Schreibsituationen auf unterschiedlichen Niveaus

Die folgenden Schreibsituationen auf den verschiedenen Kompetenzniveaus der Bildungsstandards sind typisch für den naturwissenschaftlichen Unterricht.

> **Kommunikation I - Darstellen von Sachverhalten in vorgegebenen Formen**
>
> - schriftliches Darstellen von Sachverhalten in verschiedenen Darstellungsformen (z. B. Tabelle, Graph, Skizze, Text, Bild, Diagramm, Mindmap, Formel)

- schriftliches Beantworten von Fragen zu einfachen physikalischen Sachverhalten
- schriftliches Präsentieren einfacher Sachverhalte
- fachsprachlich korrektes Fassen einfacher Sachverhalte
- schriftliches Kommunizieren einfacher Argumente und Beschreibungen

Kommunikation II – Situationsgerechtes Anwenden von Kommunikationsformen

- schriftliches Präsentieren komplexerer Sachverhalte
- adressatengerechtes Darstellen physikalischer Sachverhalte in schriftlich verständlicher Form
- fachsprachlich korrektes schriftliches Verfassen umgangssprachlich formulierter Sachverhalte
- präzises schriftliches Kommunizieren einfacher Argumente und Beschreibungen

Kommunikation III - Kommunikationsformen situationsgerecht auswählen und einsetzen

- schriftliches Beziehen einer Position zu einem physikalischen Sachverhalt, Begründen und Verteidigen dieser Position in einem fachlichen Diskurs
- schriftliches Darstellen eines eigenständig bearbeiteten komplexeren Sachverhaltes für ein Fachpublikum (z. B. in einer Facharbeit)
- präzises schriftliches Kommunizieren naturwissenschaftlicher Argumentationsketten

7.6 Was im naturwissenschaftlichen Unterricht schreiben?

Die oben genannten Schreibsituationen bestimmen auch die Schreibprodukte. Sie lassen sich in drei Kategorien einteilen.

1. Schreibprodukte mit Sachbezug

- Kurze eigene Formulierungen: Der Unterricht ist reich an Gelegenheiten für kurze eigene schriftliche Formulierungen im Umfang eines Satzes oder weniger kurzer Sätze. Beispiele dafür sind: Formulierung einer Hypothese, Vermutung, Überlegung, Idee etc.
- Beschreibung: Die Beschreibung eines Versuchsaufbaus, Experiments, Gerätes, Prozesses, Vorgangs, Bildes, Apparatur, Handlung etc. ist eine Standardsituation

im naturwissenschaftlichen Unterricht. Gütekriterien einer Beschreibung sind: klare Struktur, übersichtlicher Aufbau, passende Gliederung, präzise Sprache, ggf. Einbindung von Bildmaterial. Entsprechend den Vorerfahrungen und dem Leistungsvermögen der Lernenden, ist es hilfreich und förderlich, Schreibhilfen zu geben (z. B. Mindmap, Strukturdiagramm, Flussdiagramm, Filmleiste, Wortliste, Wortgeländer, Wortfeld etc.)
- Schriftliche Erklärung eines Sachverhaltes: Die schriftliche Erklärung eines Sachverhaltes unter Einbindung fachlichen Wissens ist ebenfalls eine Standardsituation. Meistens schließt sie sich an eine Beschreibung an. Gütekriterien einer guten Erklärung sind: fachliche Korrektheit, logischer Aufbau, argumentative Klarheit, überzeugende Darstellung. Die Unterstützung durch Schreibhilfen kann dienlich und förderlich sein.
- Facharbeit: Die Facharbeit ist eine umfangreichere kleine wissenschaftspropädeutische Arbeit entsprechenden Umfangs, die vorgegebenen Kriterien genügt.

2. *Schreibprodukte mit Adressaten-Bezug*

- Adressatengerechte Darstellung: In der Regel werden Sachtexte im Stil des Lehrbuches verfasst. Eine reizvolle und anspruchsvolle Aufgabe ist es, gelernte und verstandene Sachverhalte adressatengerecht für andere Personen darzustellen, z. B. für die jüngere Schwester, die Eltern, eine blinde Person, …
- Adressatengerechte Replik: Im Unterricht gilt es auch adressatengerecht, z. B. für einen Laien, für einen Mitschüler, für einen Fachmann Stellung zu beziehen.

3. *Schreibprodukte mit Ich-Bezug*

- Erfahrungsbericht: Lernende machen hinreichende Erfahrungen, über die sich zu berichten lohnt und die so in den Unterricht integriert werden können.
- Kreative Schreibformen: Anlass dazu ist ein naturwissenschaftlicher Sachverhalt, der in spielerisch kreative Schreibform gebracht wird. Beispiele sind: Szenische Dialoge, fiktive Erlebnisgeschichten, fiktive Begegnungen historischer Personen, fiktive naturwissenschaftliche Konferenzen, …

7.7 Wie lernt man das Schreiben im naturwissenschaftlichen Unterricht?

Schreiben lernt man durch Schreiben. Manche Schülerinnen und Schüler lernen das Schreiben ohne größere Anleitung. Viele indes müssen es unter Mühen erlernen. Das Schreibenlernen kann durch folgende Schreibstrategien unterstützt werden.

> **Schreibstrategien**
>
> Die folgenden Schreibstrategien sind dem Grad an Selbstständigkeit nach geordnet.
>
> 1. Schreiben nach Textmuster: Der Text wird analog zu einem Musterbeispiel strukturiert und verfasst.
> 2. Schreiben mit Schreibhilfe: Es liegt eine Schreibhilfe in Form einer anderen Darstellungsform (Tabelle, Diagramm, Mindmap, ...) vor, die als Strukturierungs- und Formulierungshilfe genutzt wird.
> 3. Systematisches Schreiben: Die Teilschritte des Schreibprozesses werden planvoll nacheinander nach Auftrag oder vorgegebener Gliederung ausgeführt.
> 4. Optimierendes Schreiben: Es wird eine erste Version verfasst, die vom Autor selbst, von einem Mitschüler oder der Lehrkraft mit Schreibempfehlungen begutachtet wird und anschließend werden verbesserte Versionen erstellt.
> 5. Zusammentragendes Schreiben: Aus verschiedenen Texten und Materialien wird ein eigener Gedankengang in einem eigenen Text dargestellt.
> 6. Kooperatives Schreiben: Der Text wird zunächst in Partner- oder Gruppenarbeit verfasst. In einer Schreibkonferenz wird über das Thema beraten und es werden Schreibaufgaben verteilt. Nach der Einzelarbeit werden die Texte in der Schreibkonferenz beraten und ein Schlusstext erstellt.
> 7. Assoziatives Schreiben: Aus nicht-linear notierten Assoziationen und Gedankennetzen, die assoziativ erstellt werden, wird ein gegliederter Text erstellt.
> 8. »Drauflosschreiben«: Nach einer kurzen Phase des Überlegens wird ein Text verfasst.

Schreibkompetenzen werden nicht in einem Akt gelernt, sondern entwickeln sich über die Jahre hinweg in einem gestuften Aufbau der Kompetenzentwicklung. Ohne Zweifel sind Schreibstrategien hierzu nützlich und hilfreich. Ein Schreibcurriculum baut die Schreibkompetenzen über die Jahre hinweg verteilt auf und geht hinsichtlich der Formate, des Anspruchsniveaus und des Umfangs an die Schreibprodukte gestuft und spiralig vor.

7.8 Wie lehrt man das Schreiben im naturwissenschaftlichen Unterricht?

Wer das Schreiben lehrt, sollte zwei didaktische Prinzipien kennen, die das Lehren und Lernen des Schreibens begründen:

- Schreiben lernt man durch Lesen, indem man vorbildliche Texte analysiert und reflektiert.

- Schreiben lernt man durch Schreiben, indem man zahlreiche kleinere Schreibaufgaben erfolgreich bewältigt.

Lernen und Lehren im Unterricht ist systematisches Lernen und Lehren. Das gilt auch für das Schreiben lernen und lehren. Ohne die einzelnen Schritte zur Entwicklung von Schreibstrategien im Unterricht immer explizit zu betonen, empfiehlt sich ein schrittweises Vorgehen (vgl. folgenden Kasten).

Systematisch Schreiben lernen

1. Schreibsituationen: Das Lehren von Schreiben braucht wie jedes Lernen günstige Situationen, in denen das Schreiben ein notwendiger Bestandteil des Unterrichts ist und wo sich das Schreiben aus der Sache heraus motiviert.
2. Modellbeobachtung: An gelungenen Beispielen werden Schreibstrategien vorgeführt und die Aufmerksamkeit auf die Merkmale des Schreibens gelenkt.
3. Anwendung: In ähnlichen Situationen wird in engem zeitlichem Zusammenhang das Schreiben mit Betonung auf dem methodischen Aspekt erneut ausgeführt.
4. Rückblick: Nach Abschluss des Schreibens wird in einem Rückblick das Produkt in einer metakognitiven Reflexion bewertet und die Schreibstrategie wird klar gekennzeichnet.
5. Festigung: Die gewählte Schreibstrategie wird als Lernwissen explizit festgehalten.
6. Transfer: In weiteren Schreibsituationen werden Schreibstrategien angewendet. Methodische Reflexionen begleiten den Lernprozess.

Der Schreibanlass bestimmt die Form des Schreibens. Es ist sinnvoll zwischen kleinen und großen Formen des Schreibens zu unterscheiden, weil sie unterschiedlich gelernt und geübt werden müssen. Es empfiehlt sich die Komplexität des Schreibprozesses zu reduzieren, indem dieser in Teilaufgaben herunter gebrochen und trainiert wird. Das Schreibenlernen ist ein langsamer Prozess der steten Verbesserung. Die Lernenden erfahren das Drehen und Wenden der Gedanken, das Ordnungschaffen und das Strukturieren, das probeweise Formulieren, gedankliche und sprachliche Schleifen mit hoffentlich erfolgreichen Schreibprodukten.

7.9 Beispiele zu Methoden-Werkzeugen als Schreibhilfen

Methoden-Werkzeuge sind lehrergesteuerte oder schüleraktive Verfahren, Materialien, Hilfsmittel zur Unterstützung von Lehr- und Lernprozessen (vgl. ▶ Kap. 5.2 und Tab. 5.2).

Methoden-Werkzeuge zum Schreiben von Sachtexten sind solche, die Schreibsituationen im Unterricht erzeugen, unterstützen und bewältigen helfen. Entsprechend der Schreibabsicht und dem Kompetenzstand werden die Schülerinnen und Schüler mit den Werkzeugen eng geführt oder sie können frei gestaltend damit umgehen.

Die Methoden-Werkzeuge müssen einerseits Freiraum für eigene Gedanken, Argumente und Wertungen bieten, andererseits eine angemessene Unterstützung anbieten, so dass das Schreiben im Fluss bleibt. Orientierende Raster und Schreibhilfen können hier nützliche Dienste tun. Schüleraktive Werkzeuge mit Wiederholungseffekten sind empfehlenswert, um die Nachhaltigkeit des Schreibenlernens zu unterstützen.

Die für den Naturwissenschaftlichen Unterricht typischen Schreibsituationen können verschiedenen Kompetenzniveaus (= Anforderungsbereiche) zugeordnet werden. Dementsprechend können die Methoden-Werkzeuge klassifiziert werden, wenngleich manche Werkzeuge auf verschiedenen Niveaustufen genutzt werden können. Das zu Beschreibende bestimmt die Wahl der Methoden-Werkzeuge.

> **Kommunikation I - Darstellen von Sachverhalten in vorgegebenen Formen**
>
> Enge Werkzeuge, bei denen ein Sachverhalt in einer bestimmten Darstellungsform gegeben ist und vom Schüler verbalisiert und verschriftlicht werden muss, tun hier gute Dienste: Wortliste, Wortgeländer, Wortfeld, Sprechblasen, Satzmuster, Satzbaukasten, Bildsequenz, Filmleiste, Bildergeschichte, Strukturdiagramm, Flussdiagramm.
>
> **Kommunikation II – Situationsgerechtes Anwenden von Kommunikationsformen**
>
> Offenere Werkzeuge, die das situationsgerechte Schreiben im Anforderungsbereich II unterstützen sind: Mindmap, Begriffsnetz.
>
> **Kommunikation III - Kommunikationsformen situationsgerecht auswählen und einsetzen**
>
> Das kreativ-produktive Schreiben für anspruchsvolle Kommunikationssituationen im Anforderungsbereich III braucht offene Werkzeuge wie: Aushandeln, Archive, Dialog.

Etwas Statisches beschreiben

Zum erfolgreichen Schreiben von etwas Statischem benötigen die Lernenden:

a) **Sprachhilfen** (Wortliste, Wortfeld, Redemittel, Satzmuster, …, damit die **Sprache** beim Schreiben auf einen guten Weg kommt.

b) **Strukturierungshilfen** (Strukturdiagramm, Gliederung, Overlay, ...), damit die **Struktur** des Schreibens auf einen guten Weg kommt.

Beispiel

Schreibaufgabe: Beschreibe die Abbildung.

Abb. 7.2: Kreislauf des Wassers

Wortliste

1. das Meer
2. die Landschaft/das Gebirge
3. der Wald
4. die Wiesen
5. die Flüsse
6. der See
7. die Sonne
8. die Wolken
9. die Regenwolken
10. der Regen

Strukturierungshilfe zur Beschreibung einer Abbildung

Die folgende Folie wird über die Abbildung gelegt und hilft den Schreibenden bei der strukturierten Beschreibung der Abbildung.

Abb. 7.3: Strukturierungshilfe zur Bildüberblendung

Sprechmuster/ Redemittel zur Beschreibung einer Abbildung

Was sieht man?

- Auf der Abbildung/ dem Bild ist / sind ... / ... gibt es ... / ... kann man ... sehen. / ... kann / können ... gesehen werden.
- Die Abbildung/ das Bild/ das Foto/ die Szene zeigt ...
- Auf der Abbildung/ dem Bild/ dem Foto wird ... gezeigt.

Wie ist die Abbildung/ das Bild/ Foto aufgebaut?

- Im Vordergrund / Im Hintergrund / In der Bildmitte ... sieht man/ erkennt man/
- Hinten / Vorne ... / Oben / Unten ... / Rechts / Links ...
- Auf der rechten / linken Seite ... / In der rechten / linken Bildhälfte ...

Den Lehrkräften stellt sich die Frage, wie die Beschreibungen der Schülerinnen und Schüler überprüft werden und wie rückgemeldet wird. Dazu bieten sich folgende Verfahren an:

- alle oder ausgewählte die Schreibprodukte einsammeln korrigieren (analog zum Vorgehen im Deutschunterricht)
- zwei oder drei exemplarisch ausgewählte Schreibprodukte einblenden (Datenprojektor, Lernplattform, ...) und von den SuS bewerten lassen
- einen Modelltext der Lehrkraft einblenden/ austeilen und die SuS vergleichen lassen

- die Schreibprodukte in Partnergruppen gegenseitig austauschen und vergleichen lassen mit der Option Fragen in das Plenum einzubringen
- Die Beschreibung im Partnerdiktat überprüfen und verbessern lassen

Die letztgenannte Methode bindet alle SuS aktiv mit Rollenwechsel ein, ist motivierend und unterstützt die Metareflexion.

Die Beschreibung im Partnerdiktat überprüfen

1. Suche dir einen Partner in der Gruppe mit einer anderen Abbildung. Setzt euch Rücken an Rücken.
2. Lies dem Partner deine Beschreibung Schritt für Schritt langsam vor. Der Partner zeichnet sie nach deiner Anleitung auf ein leeres Blatt.
(Dein Partner darf die Abbildung nie sehen und du darfst dem Partner beim Zeichnen nicht zusehen.)
3. Tauscht die Rollen.
4. Vergleicht Original und Zeichnung.
5. Verbessert eure Beschreibung

Etwas Dynamisches (Prozesse) beschreiben

Zum erfolgreichen Schreiben von etwas Dynamischem benötigen die Lernenden:

a) **Sprachhilfen** (Wortliste, Verbliste, Redemittel, Satzmuster, …), damit die **Sprache** beim Schreiben auf einen guten Weg kommt
b) **Strukturierungshilfen** (Bildfolge, Filmleiste, Zeitleiste, Storyboard, …), damit die **Struktur** des Schreibens auf einen guten Weg kommt

Naturwissenschaftliche Prozesse sind Abläufe in der Zeit, das bedeutet, dass die Schreibenden zusätzliche Verben benötigen.

Beispiel

Schreibaufgabe: Beschreibe den Prozess des Kreislaufs des Wassers.

Tab. 7.2: Abgestufte Verblisten zur Beschreibung des Kreislaufs des Wassers

Verbliste in der Reihenfolge	Verbliste ohne Reihenfolge	reduzierte Verbliste ohne Reihenfolge	überzählige Verbliste ohne Reihenfolge
1. verdunsten	… verdunsten	verdunsten	verdunsten
2. Wolken bilden	… Wolken bilden	Wolken bilden	Wolken bilden
3. regnen	… regnen	………..	regnen
4. sickern in	… sickern in	sickern in	sickern in
5. fließen in	… fließen in	………..	fließen in
6. fallen	… fallen	………..	fallen
	… bilden	bilden	bilden

Tab. 7.2: Abgestufte Verblisten zur Beschreibung des Kreislaufs des Wassers
– Fortsetzung

Verbliste in der Reihenfolge	Verbliste ohne Reihenfolge	reduzierte Verbliste ohne Reihenfolge	überzählige Verbliste ohne Reihenfolge
7. bilden	… treiben nach	treiben nach	treiben nach
8. treiben nach	… ab/kühlen	ab/kühlen	ab/kühlen
9. ab/kühlen	… auf/steigen	……….	auf/steigen
10. auf/steigen	… ab/fließen	ab/fließen	ab/fließen
11. ab/fließen	… driften nach	driften nach	driften nach
12. driften nach			ab/hauen
			weg/gehen
			schneien
			trocknen
			verschwinden
			verkleinern/ vergrößern

Aufgabe: Nummeriere und trage die Nummern der Prozessschritte im Bild ein.

☐ Die Niederschläge fließen ab.
☐ Die Wolken treiben in das Land.
☐ Die Sonne erwärmt das Wasser auf der Erde, in den Flüssen, in den Seen und in den Meeren.
☐ Das Wasser verdunstet. Das ist Wasserdampf.
☐ Der Wasserdampf steigt auf.
☐ Wenn die Wassertropfen in den Wolken weiter abkühlen, regnet oder schneit es.
☐ Wasser fließt in den Flüssen in das Meer und verdunstet wieder. Der Kreislauf schließt sich.
☐ Es bilden sich Wolken.
☐ Der Wasserdampf kühlt oben in der kalten Luft ab.
☐ Der Wasserdampf kondensiert und es entstehen kleine Wassertropfen.

Erklärungen schreiben

Erklärungen zu schreiben, ist für Lernende eine besonders große Herausforderung. Die Schreibenden müssen Wissen aus den verschiedensten Bereichen (▶ Abb. 7.1) einbringen.

Beispiel

Schülertext ohne Schreibhilfen

»Der Unterarm geht rauf. Deshalb zieht sich der Beugemuskel zusammen. Dadurch dehnt sich der Streckmuskel. Wenn der Unterarm runtergeht, zieht sich der

Streckmuskel zusammen und der Beugemuskel wird wieder dünn.« (aus Pertzel & Schütte, 2016, S. 32)

Der Schüler formuliert in der Alltagssprache, vertauscht Ursache und Wirkung, erklärt die Funktion nicht, verdeutlicht kausale oder finale Bezüge nicht.

»Wenn sich der Beugemuskel zusammenzieht, dann wird der Streckmuskel gedehnt. Somit hebt sich der Unterarm. Der Streckmuskel verkürzt sich. Dadurch wird der Beugemuskel gedehnt und demzufolge senkt sich der Unterarm.« (aus Pertzel & Schütte, 2016, S. 33)

Offensichtlich werden die Fachbegriffe richtig verwendet und vor allem sind die Bezüge hier korrekt. Neben einer Wortliste erhielt der Schüler Schreibhilfen für Bezüge: dadurch, deshalb, aufgrund dessen, somit, sodass, wenn … dann …

Definitionen, Formulierungen, Deutungen, Regeln, … schreibend aushandeln

Definitionen, Gesetze, Regeln, … sind häufiger Gegenstand eines naturwissenschaftlichen Unterrichts. Die Prägnanz, mit der diese in Lehrbüchern formuliert sind (vgl. ▶ Abb. 7.1), stellt für die Lernenden eine sehr große Sprach- und Verstehenshürde dar. Die Wissenschaftsgeschichte zeigt, dass Definitionen, Gesetze, Regeln über einen Zeitraum hinweg in der wissenschaftlichen Gemeinschaft mühsam und oft über Irrwege hinweg ausgehandelt wurden (vgl. ▶ Kap. 2.1). Auch im naturwissenschaftlichen Unterricht ist der Weg zum Verstehen der Definitionen, Gesetze, Regeln mühsam und zeitintensiv. Die Methode »Aushandeln« oder »Ich-Du-Wir« oder »Think-Pair-Share« eignet sich, um den Prozess des Definierens und Formulierens in der Lerngruppe zu üben und zu reflektieren.

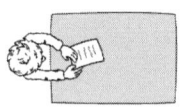  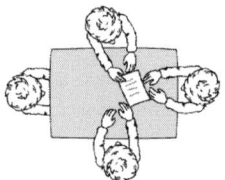

1
Bearbeite die Aufgabe alleine.

2
Vergleiche mit dem Partner und einigt euch auf eine gemeinsame Lösung.

3
Vergleiche mit einer Partnergruppe und einigt euch auf eine gemeinsame Lösung.

Abb. 7.4: Methode »Aushandeln« oder »Think – Pair – Share«

Beispiel

Schreibaufgabe: Jede/jeder schreibt selbst einen Merksatz/ eine Regel/ eine Definition/ einen Text/ eine Formulierung/ … ins Heft und dann nach der Methode »Aushandeln« oder »Think – Pair – Share«.

Gelerntes Wissen schriftlich wiedergeben

Beispiel

Die SuS haben in einem Lehrbuchtext Wissen über »Stoffen und ihre Eigenschaften« gelernt und sollen das Wissen schriftlich ohne Nutzung des Lehrbuches wiedergeben. Dazu erhalten Sie eine Schreibaufgabe und ein Wortfeld als Schreibhilfe.

Schreibaufgabe

1. Erstelle mit dem bearbeiteten Text ein Wortfeld.
2. Tausche dein Wortfeld mit dem deines Partners.
3. Schreibe mit dem Wortfeld deines Partners einen eigenen Text.

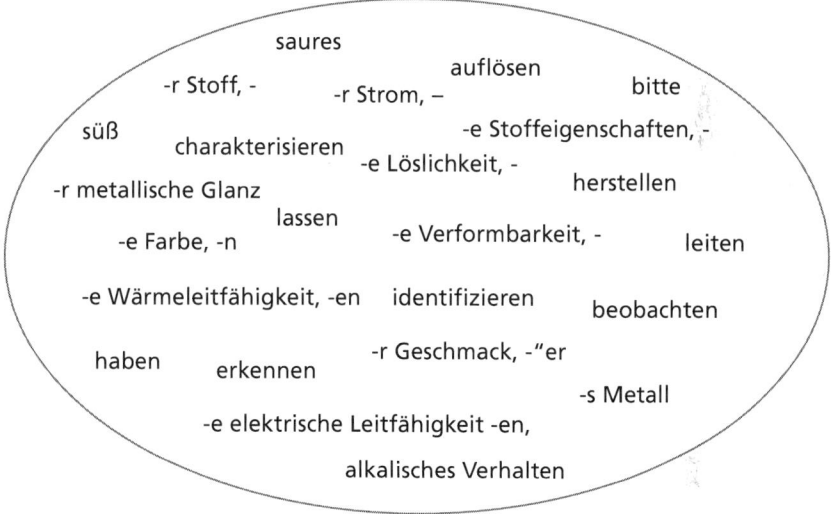

Abb. 7.5: Wortfeld (geändert nach: Sumfleth, Emden & Özcan, 2013, S. 32)

Zusammenhänge schriftlich formulieren

Beispiel

Die SuS haben die »Welt der Dreiecke« kennengelernt und sollen möglichst viele Zusammenhänge schriftlich formulieren. Dazu erhalten sie Schreibhilfen.

Schreibaufgabe

Schreibe mindestens 6 Sätze über die Zusammenhänge der verschiedenen Dreiecke.

7 Schreiben im naturwissenschaftlichen Fachunterricht

Sprachhilfen

- Jedes .... ist ein ...
- Alle .... sind ...
- Wenn ein ... ist, dann ist es ...
- Ein ... Dreieck kann niemals ein ... sein
- .... Dreiecke sind ...
- In einem .... ist jede Seite/ jeder Winkel ...
- Aus ... kann man ... Dreiecke ...

Fachwortliste

- rechtwinklig
- gleichschenklig
- gleichseitig
- stumpfwinklig
- spitzwinklig
- gleichseitig
- gleichwinklig
- achsensymmetrisch
- punktsymmetrisch

Fachwortliste:	Dreiecke:	Sprachhilfen:
• rechtwinklig • gleichschenklig • gleichseitig • stumpfwinklig • spitzwinklig • gleichseitig • gleichwinklig • achsensymmetrisch • punktsymmetrisch	1 2 3 4 5 6	• Jedes .... ist ein .... • Alle .... sind ... • Wenn ein ... ist, dann ist es .... • Ein ... Dreieck kann niemals ein .... sein • .... Dreiecke sind .... • In einem .... ist jede Seite/ jeder Winkel ... • Aus ... kann man ... Dreiecke

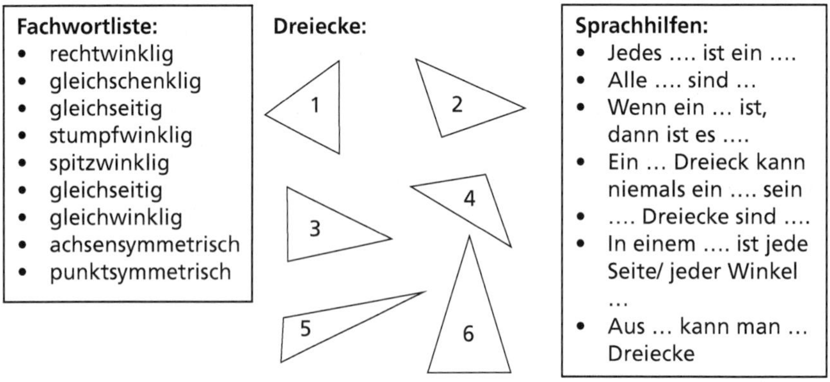

Abb. 7.6: Beispielaufgabe für die Beschreibung von Zusammenhängen anhand von Dreiecken

Aus einem Text einen eigenen Text erstellen

Ein oft gestellter Schreibauftrag lautet: Erstelle aus dem vorgegebenen Text einen eigenen Text. Das Schreibprodukt erweist sich sehr oft als ein leicht veränderter Abschrieb des Originaltextes. Die Schreibenden haften am Originaltext und sind außerstande, einen Text mit eigenen Formulierungen zu produzieren. Ohne Unterstützung, ohne Umweg ist die Schreibaufgabe eine Überforderung. Den Schreibenden muss beim Vorliegen eines Textes die Gelegenheit gegeben werden, sich erst einmal von dem Originaltext zu lösen. Der Umweg ist in diesem Fall der kürzeste Weg zum eigenen Text. Hier spielt der Wechsel der Darstellungsformen (vgl. ▶ Kap. 1.6) die wichtigste Rolle.

Das Grundprinzip ist denkbar einfach: Man gibt den Schreibenden einen Text 1, den sie in der Bearbeitung in eine andere Darstellungsform überführen. Anschließend erstellen sie mit Hilfe dieser Darstellungsform einen eigenen Text 2, ohne dabei auf den Text 1 zurückzugreifen. Das Verfahren ist in der folgenden Abbildung dargestellt.

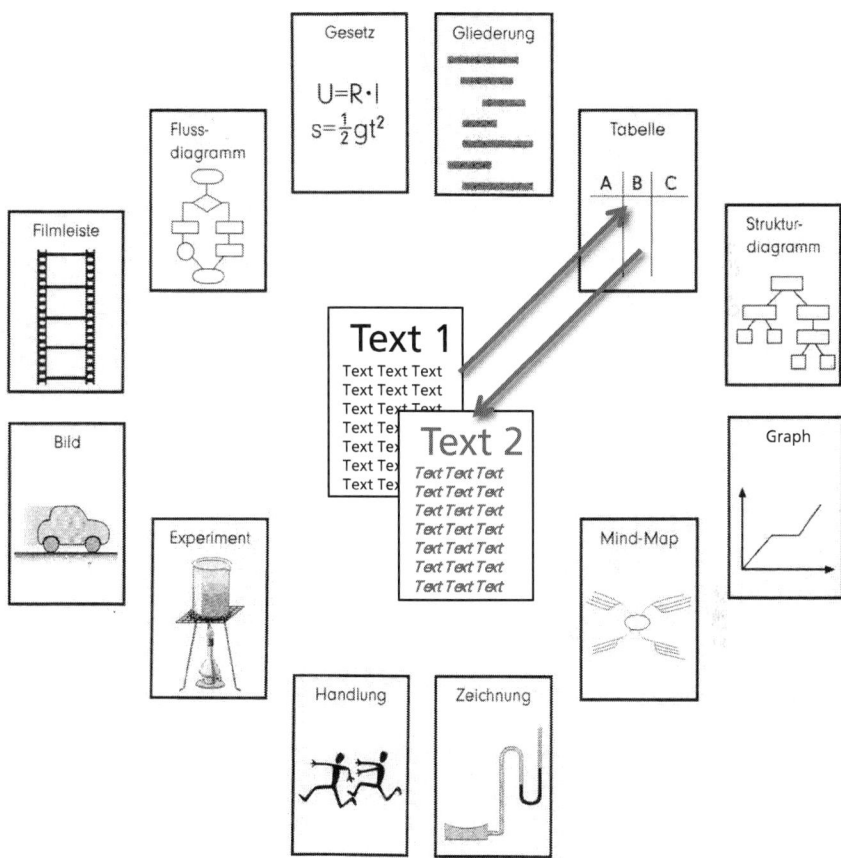

Abb. 7.7: Wechsel der Darstellungsform beim Schreiben eines eigenen Textes (vgl. auch Leisen, 2013b, Bd. 1, S. 133)

Die Überführung in andere Darstellungsformen zwingt den Leser dazu, von einer anderen Seite an den Text heranzugehen. Viele Texterschließungsverfahren greifen in irgendeiner Form auf den Wechsel der Darstellungsform zurück (vgl. ▶ Kap. 1.6). Der Originaltext kann nun weggelegt werden und die neue Darstellungsform ermöglicht nun eine eigenständige Textproduktion. (Beispiele dazu findet sich in Leisen 2005a, 2010, 2020.)

7.10 Schreibhilfen für DaZ-Lernende

Wenn das Schreiben von Texten den muttersprachig deutschen Schülern schon Probleme bereitet, um wie viel mehr den Schülern, deren Muttersprache nicht Deutsch ist. Schüler, die Deutsch als Zweitsprache lernen, brauchen bei der Textproduktion eine besondere Unterstützung und Förderung.

DaZ-Lernende erwerben die deutsche Alltagssprache relativ schnell, da sie im deutschen »Sprachbad« leben. Sie haben jedoch einen relativ geringen Wortschatz und verwenden weitgehend einfache Syntax und Lexik. Das Schreiben in anspruchsvolleren Situationen bringt diese Schwächen zutage. Erfahrungen aus dem Unterricht mit DaZ-Lernenden belegen beim Schreiben Schwierigkeiten bzgl. der sprachlichen Richtigkeit (z. B. falsche Artikel, falscher Plural, Dativfehler, fehlende oder falsche Modalverben, …) und der sprachlichen Komplexität (fehlender Wortschatz, undifferenzierte Ausdrucksweise, einfachster Satzbau, …)

Im Folgenden werden einige einfache und elementare Methoden-Werkzeuge zur Förderung der Sprach- und Lesekompetenz für Schüler, die die deutsche Sprache nur rudimentär und unzureichend beherrschen, vorgestellt. Hier ist auch seitens des Fachlehrers eine intensive begleitende Spracharbeit erforderlich. Viele dieser Methoden und Werkzeuge sind aus dem Fremdsprachenlernen adaptiert. Es muss darauf hingewiesen werden, dass Sprachübungen im naturwissenschaftlichen Unterricht niemals Selbstzweck werden dürfen. Sie dienen dem Fachlernen und der Kommunikation im Fach und über das Fach. Kontextlose Sprachübungen verkommen zur reinen Beschäftigung.

Die sprachliche Richtigkeit wird durch Methoden und Aufgaben gefördert, die stark strukturiert sind und zum strukturierten Bearbeiten herausfordern. Solche Methoden-Werkzeuge sind:

- Wortliste
- Worterklärungen
- Wortfeld
- Wortgeländer
- Satzmuster
- Lückentext
- Kreuzworträtsel
- Textpuzzle
- Multiple Choice

Diese Materialien und Methoden leiten eng und vorschreibend, haben oft den Charakter von »drill and practice«, führen aber zu Sprachprodukten mit hoher sprachlicher

Richtigkeit. Es gilt hier sprachliche Erfolge zu garantieren und sprachliche Misserfolge zu vermeiden. Mit zunehmender Sicherheit muss das sprachliche Korsett gelockert werden. Die Fehlerforschung mahnt zu einem »aufgeklärten Umgang mit Fehlern«. Etliche Fehlerarten wachsen mit der Zeit von selbst aus.

Die sprachliche Komplexität wird gesteigert, wenn die Schüler angehalten werden, sprachlich schwierigere Sprachstrukturen oder alternative Ausdrucksformen zu verwenden. Solche Methoden-Werkzeuge sind:

- Satzbaukasten
- Begriffsnetz
- Mindmap

Es muss beachtet werden, dass das Verhältnis von produktiv-kreativer Tätigkeit und übend-festigender Tätigkeit zueinander passend ist. Die kognitive Spracherwerbsforschung lehrt uns, dass Lernende bei schwierigen fachlichen Aufgaben, neue sprachliche Strukturen nicht bemerken und damit auch nicht erwerben. Bei der Sprachproduktion (Sprechen, Schreiben) zu fachlich schwierigen Aufgaben neigen Lernende dazu, sprachliche Probleme zu umgehen, indem sie einfache Strukturen und ein reduziertes Vokabular verwenden (Vermeidungsstrategie). Wenn sie sich der sprachlichen Komplexität stellen, dann verzichten die Schüler auf die sprachliche Richtigkeit.

Gleichzeitig hohe fachliche und hohe sprachliche Komplexität stellt somit eine Überforderung dar, die der Lernende durch Umgehen einer der beiden löst. Dies wird auch durch Kognitionsforschung erklärt: Sprachprozesse und Problemlösungsprozesse finden in verschiedenen Gehirnregionen statt. Die Lehrkraft muss sich danach für eins von beiden entscheiden.

Entscheidend ist, dass sich die Lernenden mit Sprachmaterial auseinandersetzen, dass knapp über ihrem jeweiligen sprachlichen Entwicklungsstand liegt. Im klassischen Fremdsprachenunterricht befindet sich die gesamte Lerngruppe auf einem dem Lehrer bekannten weitgehend gleichen Sprachniveau. Die Tatsache, dass im Fachunterricht DaZ-Lernende mit vielen verschiedenen Sprachniveaus lernen, macht eine gemeinsame einheitliche Problembearbeitung schwer. Hier ist eine individualisierte Behandlung durch Binnendifferenzierung das probate Mittel.

Zusammenfassung

Schreiben im naturwissenschaftlichen Unterricht ist meistens materialgestütztes Schreiben, d. h. auf der Basis von Materialien in verschiedensten Darstellungsformen wird ein Text mit informierendem und/oder argumentierendem und/oder bewertenden Charakter verfasst. Aufgabenstellungen führen zu den Schreibhandlungen und dabei werden Schreibprodukte erstellt. Das Schreiben ist besonders anspruchsvoll, da sehr viel verschiedenes Wissen benötigt wird. In dem Kapitel werden die Fragen beantwortet warum, was, wann und wie im naturwissenschaftlichen Unterricht geschrieben wird. Schreiben lernt man durch Schreiben mittels Schreibstrategien. Lehrende unterstützen das Schreibenlernen durch Methoden-Werkzeuge als Schreibhilfen. Besondere Unterstützung benötigen die DaZ-Lernenden. Das wird an einem konkreten Beispiel praxisnah gezeigt. Bei Verfassen eines eigenen Textes aus einem vorgegebenen Text empfiehlt sich der Umweg über eine andere Darstellungsform, damit sich die Schreibenden von den Ursprungstext lösen können.

8 Literatur

Agel, C., Beese M. & Krämer, S. (2010). Ein erfolgreiches Konzept naturwissenschaftlicher Sprachförderung. Ergebnisse einer empirischen Studie an der Gesamtschule Walsum. *Der mathematische und naturwissenschaftliche Unterricht/ MNU – Journal 65/1*, 36–44.

Ahrenholz, B. (2010). Bildungssprache im Sachunterricht der Grundschule. In B. Ahrenholz, (Hrsg.), *Fachunterricht und Deutsch als Zweitsprache*. Tübingen: Narr, S. 15–36.

Berkemeier, A. (2010). Das Schreiben von Sachtextzusammenfassungen lernen, lehren und testen. In Pohl, T. & Steinhoff, T. (Hrsg.), *Textformen als Lernformen. Kölner Beiträge zur Sprachdidaktik* (S. 211–231). Köln: Gilles & Francke Verlag.

Bickes, H. (2019): Romantische Anmerkungen zur Bildungssprache. Ein Essay. In R. Natarajan (Hrsg.), *Sprache, Flucht, Migration. Kritische, historische und pädagogische Annäherungen* (S. 493-510). Wiesbaden: Springer.

Bleichroth, W., Draeger, P. & Merzyn, G. (1987). Schüler äußern sich zu ihrem Physikbuch. *Naturwissenschaften im Unterricht, 35*, 32–34.

Bruner, J. S., Oliver, R. S. & Greenfield, P. M. (1971). *Studien zur kognitiven Entwicklung*. Stuttgart: Kohlhammer.

Butzkamm, W. (1989). *Psycholinguistik des Fremdsprachenunterrichts. Natürliche Künstlichkeit: Von der Muttersprache zur Fremdsprache*. Tübingen: Francke.

Coyle, D. (2008). *Content and language integrated learning: motivating learners and teachers*. Zugriff am 28.12.2020 unter http://blocs.xtec.cat/clilpractiques1/files/2008/11/slrcoyle.pdf.

Dalton-Puffer, C. (2017). *CLIL in der Praxis: Was sagt die Forschung?* Zugriff am 28.12.2020 unter https://www.goethe.de/de/spr/unt/kum/clg/20984546.html.

Eberhardt, A. & Brand, R. (2019). Deutsch im Beruf: sprachsensibler Fachunterricht in der beruflichen Bildung. *SPRIB Sprache im Beruf. Kommunikation in der Aus- und Weiterbildung – Forschung und Praxis, 2/1*, 21–33.

Ehlich, K. (1999). Alltägliche Wissenschaftssprache. *Info Deutsch als Fremdsprache, 26*, 3–24.

European Commission Eurydice (2006). *Content and Language Integrated Learning (CLIL) at school in Europe*. Zugriff am 24.6.2020 unter https://op.europa.eu/en/publication-detail/-/publication/756ebdaa-f694-44e4-8409-21eef02c9b9b.

Fadel, C., Bialik, M. & Trilling, B. (2017). *Die vier Dimensionen der Bildung. Was Schülerinnen und Schüler im 21. Jahrhundert lernen müssen*. Hamburg: ZLL21.

Feige, E. M.; Lembens A. (2020). Concept Cartoons im naturwissenschaftlichen Unterricht einsetzen. In *MNU-Journal 5*, 370–376.

Feilke, H. (2012). Bildungssprachliche Kompetenzen – fördern und entwickeln. *Praxis Deutsch, 233*, 4–13.

Feilke, H. (2017). Materialgestütztes Schreiben. In J. Baurmann; Kammler, C. & Müller, A. (Hrsg.), *Handbuch Deutschunterricht. Theorie und Praxis des Lehrens und Lernens* (S. 92–96). Seelze: Klett-Kallmeyer.

Feilke, H. (2019). *Bildungssprache*. Zugriff am 24.6.2020 unter https://epub.ub.uni-muenchen.de/61963/1/Feilke_Bildungssprache.pdf.

Fischler, H. (2004). Lehrervorstellungen zum Lehren und Lernen in den Naturwissenschaften – Konsequenzen für die Lehrerbildung. In M. Looß; Höner, K.; Müller, R.; Theuerkauf, W. E. (Hrsg.), *Naturwissenschaftlich-technischer Unterricht auf dem Weg in die Zukunft. Neue Ansätze aus Theorie und Praxis* (S. 123–132). Frankfurt a. M., Berlin, Bern, Brüssel, New York, Oxford, Wien: Peter Lang.

Fluck, H.-R. (1996). *Fachsprachen: Einführung und Bibliographie* (Vol. 5). Tübingen: Francke.

Franke-Braun, G. (2008). Sprache und Verständnis – Schülerkommunikation bei der Bearbeitung von Aufgaben. *Unterricht Chemie 19*, 25-29.
Fürstenau, S., Lange, I. (2011). Schulerfolg und sprachliche Bildung. Perspektiven für eine Unterrichtsstudie. In: P. Hüttis-Graff, P. Wieler (Hrsg). *Übergänge zwischen Mündlichkeit und Schriftlichkeit im Vor- und Grundschulalter* (S. 39-56). Freiburg: Fillibach bei Klett.
Fussangel, K. (2008). *Subjektive Theorien von Lehrkräften zur Kooperation - Eine Analyse der Zusammenarbeit von Lehrerinnen und Lehrern in Lerngemeinschaften*. Dissertation Universität Wuppertal. Zugriff am 20.12.2020 unter http://elpub.bib.uni-wuppertal.de/edocs/dokumente/fbg/paedagogik/diss2008/fussangel/.
Gallin, P. & Ruf, U. (1999): *Dialogisches Lernen in Sprache und Mathematik. Band 1 und 2*. Seelze-Velber: Kallmeyersche Verlagsbuchhandlung.
Goethe-Institut (2011). *MINT – Lernen mit CLIL. Deutsch integriert in den Sach- und Fachunterricht*. Zugriff am 28.12.2020 unter https://www.goethe.de/de/spr/unt/kum/clg.html.
Goethe-Institut (2018). *MINT und CLIL im DaF-Unterricht. Ein Leitfaden*. Zugriff am 28.12.2020 unter https://www.goethe.de/resources/files/pdf167/2018-leitfaden-clil-final.pdf.
Gogolin, I. (2009). Zweisprachigkeit und die Entwicklung bildungssprachlicher Fähigkeiten. In I. Gogolin, U. Neumann (Hrsg.), *Streitfall Zweisprachigkeit – The Bilingualism Controversy* (S. 263–280). Wiesbaden: Springer.
Gogolin, I. & Lange, I. (2011). Bildungssprache und Durchgängige Sprachbildung. In Fürstenau, S. & Gomolla, M. (Hrsg.), *Migration und schulischer Wandel: Mehrsprachigkeit* (S. 107–129). Wiesbaden: VS-Verlag.
Graf, D. (1989). *Begriffslernen im Biologieunterricht der Sekundarstufe I - Empirische Untersuchungen und Häufigkeitsanalysen*. Frankfurt am Main: Peter Lang.
Graf, D. (2015). Über den Umgang mit Fachsprache im Biologieunterricht. *Der mathematische und naturwissenschaftliche Unterricht/ MNU – Journal, 68/3*, 165-171.
Graf, D. & Berck, K.-H. (1993). Begriffslernen im Biologieunterricht - mangelhaft. *Spiegel der Forschung, 2*, 24- 28.
Grimm, N., Meyer, M. & Volkmann, L. (2015). Lesson Planning and Classroom Management. In Grimm, Nancy/Meyer, Michael/Volkmann, Laurenz (Hrsg.), *Teaching English* (S. 219–243). Tübingen: Narr.
Haataja, K. (2005). *Integriert, intensiviert oder nach »alt-bewährten« Rezepten? Auswirkungen der Lernumgebung und Unterrichtsmethodik auf den Lernerfolg beim schulischen Fremdsprachenerwerb*. Dissertation Heidelberg. Marburg: Tectum.
Habermas, J. (1977). Umgangssprache, Wissenschaftssprache, Bildungssprache. In *Jahrbuch der Max-Planck-Gesellschaft zur Förderung der Wissenschaften* (S. 36–51). Göttingen: Vandenhoeck & Ruprecht.
Habermas, J. (1981). Umgangssprache, Wissenschaftssprache, Bildungssprache. In Ders., *Kleine politische Schriften I–IV* (S. 340 – 363). Frankfurt am Main: Suhrkamp.
Härtig, H.; Kohnen, N. (2017). Die Rolle der Termini beim Lernen mit Physikschulbüchern. In Hövelbrinks, B. Schmellentin, C. (Hrsg.), *Fachunterricht und Sprache in schulischen Lehr-/Lernprozessen* (S. 55-72). Tübingen: Narr Francke.
Herrmann, F. (2003). Verschleiernde Sprache. *Praxis der Naturwissenschaft-Physik in der Schule, 8*, S. 47.
Herrmann, F. (2020): Der Karlsruher Physikkurs. Zugriff am 28.12.2020 http://www.physikdidaktik.uni-karlsruhe.de/Parkordner/altlast/index.html.
Herrmann, F. & Job, G. (2002). *Altlasten der Physik. Band 2*. Köln: Aulis Verlag Deubner.
Heymann, H. W. (2021). Taugen die 4K als Leitidee für Schulen? In: *PÄDAGOGIK 73/12*, 39-42.
Hoffmann, L. (1985). *Kommunikationsmittel Fachsprache. Eine Einführung*. (Forum für Fachsprachenforschung 1) Tübingen: Narr.
Hoffmann, L. (2019). *Alltagssprache*. Zugriff am 24.6.2020 unter https://epub.ub.uni-muenchen.de/61747/1/Hoffmann_Alltagssprache.pdf.
Hoffmann, L., Kalverkämper, H. & Wiegand, H.E. (Hrsg.) (1989). *Fachsprachen / Languages for Special Purposes. Ein internationales Handbuch zur Fachsprachenforschung und Terminologiewissenschaft / An International Handbook of Special-Language and Terminology Research* (2 Bände). Berlin & New York: De Gruyter.

Job, G. (2002). *Das chemische Potenzial*. Altlasten der Physik 60. Zugriff am 28.12.2020 unter www.physikdidaktik.uni-karlsruhe.de/Parkordner/altlast/60.pdf.

Jung, W. (1979). *Aufsätze zur Didaktik der Physik und Wissenschaftstheorie. Beiträge zur Methodik und Didaktik der Physik*. Frankfurt am Main, Berlin, München: Diesterweg.

Kempert, S., Schalk, L. & Saalbach, H. (2018). *Sprache als Werkzeug des Lernens: Ein Überblick zu den kommunikativen und kognitiven Funktionen der Sprache und deren Bedeutung für den fachlichen Wissenserwerb*. Psychologie in Erziehung und Unterricht, München, Basel: Ernst Reinhardt Verlag.

Kleist, H. v. (1986/1805): Über die allmähliche Verfertigung der Gedanken beim Reden. In. Kleist, H. v., *Sämtliche Werke und Briefe in vier Bänden*, hrsg. von Streller, S. Anmerkungen von Goldammer, P., Frankfurt: Insel, Bd. 3, S. 722–723. Zugriff am 11.12.2021 unter https://www.projekt-gutenberg.org/kleist/gedanken/gedanken.html.

Koch, P. & Oesterreicher, W. (1985). Sprache der Nähe – Sprache der Distanz. Mündlichkeit und Schriftlichkeit im Spannungsfeld von Sprachtheorie und Sprachgeschichte. In O. Deutschmann, H. Flasche, B. König, M. Kruse, W. Pabst & W.-D. Stempel (Hrsg.), *Romanistisches Jahrbuch, Bd. 36* (S. 15–43). Berlin, New York: Walter de Gruyter.

Kong, S. (2009). Content-based instruction: What can we learn from content-trained teachers' and language-trained teachers' pedagogies? *Canadian Modern Language Review*, 66, 233–267.

Krommer, A. (2018a). Wider den Mehrwert. Argumente gegen einen überflüssigen Begriff. In *SchulVerwaltung Niedersachsen*, 28, 292–296.

Krommer, A. (2018b). *Digitale Medien im Unterricht. Warum der Grundsatz »Pädagogik vor Technik« bestenfalls trivial ist*. Zugriff am 28.12.2020 unter https://www.goethe.de/ins/cn/de/spr/mag/21451837.html.

Kultusministerkonferenz (2004). *Beschlüsse der Kultusministerkonferenz. Einheitliche Prüfungsanforderungen in der Abiturprüfung Physik*. Zugriff am 28.10.2020 http://www.kmk.org/fileadmin/veroeffentlichungen_beschluesse/1989/1989_12_01-EPA-Physik.pdf.

Kultusministerkonferenz (2005). *Beschlüsse der Kultusministerkonferenz. Bildungsstandards im Fach Physik für den Mittleren Schulabschluss (Jahrgangsstufe 10)*. Zugriff am 28.10.2020 unter http://www.kmk.org/fileadmin/veroeffentlichungen_beschluesse/2004/2004_12_16-Bildungsstandards-Physik-Mittleren-SA.pdf.

Kultusministerkonferenz (2019). *Bildungssprachliche Kompetenzen in der deutschen Sprache stärken. Beschluss der Kultusministerkonferenz vom 9.12.2019*. Zugriff am 28.12.2020 unter https://www.kmk.org/fileadmin/Dateien/pdf/PresseUndAktuelles/2019/2019-12-06_Bildungssprache/2019-368-KMK-Bildungssprache-Empfehlung.pdf.

Lange, I. & Gogolin, I. (2010). *Durchgängige Sprachbildung. Eine Handreichung*. Münster, New York, München, Berlin: Waxmann.

Leisen, J. (2003). Methoden-Werkzeuge. Neue Erfahrungen mit bekannten Materialien. *Naturwissenschaften im Unterricht Physik*. 3/4, 6–12.

Leisen, J. (2004). Konkret – Symbolisch – Abstrakt – Der Wechsel der Darstellungsformen, eine wichtige Strategie im Deutschsprachigen Fachunterricht. *Fremdsprache Deutsch*, 30, 15–21.

Leisen, Josef (Hrsg.) (2005a). Sprache. *Naturwissenschaften im Unterricht – Physik*, 87, 54 S.

Leisen, J. (2005b). Wechsel der Darstellungsformen – Ein Unterrichtsprinzip für alle Fächer. *Der Fremdsprachliche Unterricht Englisch*, 78, 9–11.

Leisen, J. (2010). *Handbuch Sprachförderung im Fach - Sprachsensibler Fachunterricht in der Praxis*. Bonn: Varus.

Leisen, J. (2013a). Darstellungs- und Symbolisierungsformen im Bilingualen Unterricht. In Hallet, W. & Königs, F. G. (Hrsg.), *Handbuch Bilingualer Unterricht. Content and Language Integrated Learning* (152-160). Seelze: Klett-Kallmeyer.

Leisen, J. (2013b). *Handbuch Sprachförderung im Fach - Sprachsensibler Fachunterricht in der Praxis*. 2 Bände. Band 1, Grundlagenteil, Band 2, Praxisteil. Stuttgart: Klett-Sprachen.

Leisen, J. (2015). Fachlernen und Sprachlernen! In Ralle, B. & Markic, S. (Hrsg.) *Fach und Sprache – Sprache und Fach. Der mathematische und naturwissenschaftliche Unterricht/ MNU – Journal*, 68/3, 132-137

Leisen, J. (2017). *Handbuch Fortbildung: Sprachbildung im sprachsensiblen Fachunterricht*. Stuttgart: Klett-Sprachen.

8 Literatur

Leisen, J.,& Sieve, B. (2020). Lernen aktivieren und zielgerichtet unterstützen. In Sieve, B., Hilker, F. & Sach, M. (Hrsg.), *Chemie unterrichten. Ein praktischer Leitfaden für Berufseinsteiger* (S. 119-124). Hannover: Friedrich-Verlag.

Leisen, J. (2020). *Handbuch Lesen im Fachunterricht. Sachtexte sprachsensibel bearbeiten – Verstehendes Lesen vermitteln.* Stuttgart: Klett-Sprachen.

Leseman, P. P. M., Scheele, A. F., Mayo, A. Y. & Messer, M. H. (2007). Home literacy as a special language environment to prepare children for school. *Zeitschrift für Erziehungswissenschaft, 10,* 334–355.

Lichtenberg, G. C. (2009): *Ein verkleinertes Bild seines Gedankenlebens. Essays und Aphorismen über Philosophie und die Naturgeschichte der Seele, Gelehrte und Schriftsteller, Theater und Politik.* Ausgewählt und mit einem Vorwort von E. Friedell. Zürich: Diogenes, 256 S. Zugriff am 5.12.2021 unter: https://www.projekt-gutenberg.org/lichtenb/denkmit/chap010.html

Lichtenberger, J. (2002): *Löwenzahn Kinderlexikon.* o.O.: Axel Juncker.

Maturana, H. & Varela, F. (1987). *Der Baum der Erkenntnis. Die biologischen Wurzeln des menschlichen Erkennens.* Bern, München, Wien: Scherz.

Merzyn, G. (1994). *Physikschulbücher, Physiklehrer und Physikunterricht.* Kiel: IPN.

Merzyn, G. (1998). Sprache im naturwissenschaftlichen Unterricht. *Physik in der Schule, 36,* 203–288.

Ministerium für Schule und Weiterbildung des Landes Nordrhein-Westfalen (2008). *Richtlinien und Lehrpläne für die Grundschule in Nordrhein-Westfalen.* Frechen: Ritterbach.

Morek, M. & Heller, V. (2012). Bildungssprache – Kommunikative, epistemische, soziale und interaktive Aspekte ihres Gebrauchs. *Zeitschrift für angewandte Linguistik, 57,* 67-101.

Morek, M. & Heller, V. (2019). *Bildungssprachliche Praktiken.* Zugriff am 1.7.2020 unter https://spracheimfach.de/bildungssprachliche-praktiken/.

Muckenfuss, H. (1995). *Lernen im sinnstiftenden Kontext. Entwurf einer zeitgemäßen Didaktik des Physikunterrichts.* Berlin: Cornelsen.

Muuß-Merholz, J. (2021). Beliebig oder bahnbrechend? In: *PÄDAGOGIK 73/12,* 9-14.

Muuß-Merholz, J.; Birr, H. & Bölling, M. (2017). *Die 4K-Skills: Was meint Kreativität, kritisches Denken, Kollaboration, Kommunikation?* Zugriff am 20.12.2021 unter https://www.joeran.de/die-4k-skills-was-meint-kreativitaet-kritisches-denken-kollaboration-kommunikation/

Nietzsche, F. (2018/1873). *Ueber Wahrheit und Lüge im außermoralischen Sinn.* Stuttgart: Reclam. Zugriff am 28.12.2020 unter https://www.textlog.de/456.html?print.

Nitz, S.; Nerdel, C. & Prechtl, H. (2012). Entwicklung eines Erhebungsinstruments zur Erfassung der Verwendung von Fachsprache im Biologieunterricht. *Zeitschrift für Didaktik der Naturwissenschaften, 18,* 117–139.

Ortner, Hanspeter (2019). *Merkmale der Bildungssprache.* Zugriff am 24.6.2020 unter https://epub.ub.uni-muenchen.de/61750/1/Ortner_Merkmale_Bildungssprache.pdf.

Özcan, Nermin (2012). *Zum Einfluss der Fachsprache auf die Leistung im Fach Chemie – Eine Förderstudie zur Fachsprache im Chemieunterricht.* Dissertation zum Erlangen des Doktorgrades. Universität Duisburg-Essen.

Pertzel, E. & Schütte, U. (2016). *Schreiben in Biologie, Geschichte und Mathematik Klasse 5/6. Schriftlichkeit im sprachsensiblen Fachunterricht. Beiträge zur Schulentwicklung/Praxis.* Münster: Waxmann.

Philipp, M. (2017). *Materialgestütztes Schreiben. Anforderungen, Grundlagen, Vermittlung.* Weinheim: Juventa.

Philipp, M. (2018). *Multiple Modelle des Leseverstehens multipler Texte - Eine Synopse aktueller kognitiver Modellierungen aus lesedidaktischer Perspektive.* Zugriff am 11.06.2020 unter https://www.leseforum.ch/sysModules/obxLeseforum/Artikel/646/2018_3_de_philipp.pdf.

Philipp, M. (2019). *Lesekompetenz bei multiplen Texten. Grundlagen, Prozesse, Didaktik.* Tübingen: Francke.

Pöschek, A. (2005). *Die Bedeutung in der Sprache Die Bedeutung der Semantik in Wittgensteins Sprachtheorien.* Zugriff am 24.12.2011 unter http://www.poeschek.at/files/publications/wittgenstein-bedeutung-semantik.pdf

Ralle, B (2015). Sprachliche Heterogenität und fachdidaktische Forschung. In Bernholt, S. (Hrsg.). *Heterogenität und Diversität – Vielfalt der Voraussetzungen im naturwissenschaftlichen Unterricht* (S. 4-18). Gesellschaft für Didaktik der Chemie und Physik. Kiel: IPN.

Riedl, R. (1987). *Begriff und Welt. Biologische Grundlagen des Erkennens und Begreifens.* Hamburg: Parey.
Rincke, K. (2010). Alltagssprache, Fachsprache und ihre besonderen Bedeutungen für das Lernen. *Zeitschrift für Didaktik der Naturwissenschaften, 16,* 235–260.
Rincke, K. & Leisen, J. (2015). Sprache im Physikunterricht. In: Kircher, E.; R. Girwidz; P. Häußler (Hrsg), *Physikdidaktik - Theorie und Praxis* (3. Auflage) (S. 635-655). Berlin, Heidelberg: Springer Spektrum.
Roelcke, T. (2005). *Fachsprachen* (Vol. 2). Berlin: Erich Schmidt Verlag.
Roelcke, T. (2019). *Fachsprache (Verbale und nonverbale) Kommunikation in spezialisierten menschlichen Tätigkeitsbereichen.* Zugriff am 24.6.2020 unter https://epub.ub.uni-muenchen.de/61967/1/Roelcke_Fachsprache.pdf.
Röttger, E. (2019). Sprachsensibler Fachunterricht: Versuch einer Standortbestimmung. *Zeitschrift für Interkulturellen Fremdsprachenunterricht 24: 1,* 87–105. Zugriff am 28.12.2020 unter http://tujournals.ulb.tu-darmstadt.de/index.php/zif/.
Rosebrock, C.; Nix, D. (2017). *Grundlagen der Lesedidaktik und der systematischen schulischen Leseförderung.* Baltmannsweiler: Schneider Hohengehren.
Rumlich, D. (2016). *Evaluating bilingual education in Germany: CLIL Students' General English Proficiency, EFL Self-Concept and Interest.* Frankfurt am Main u. A.: Peter Lang.
Rumlich, D. (2018). Ein empirisch-quantitativer Blick auf »typische« CLIL-Schüler(innen) und ihre Entwicklung. *Babylonia tema, 2,* 38–42.
Schaffner, E. & Schiefele, U. (2013). The prediction of reading comprehension by cognitive and motivational factors: Does text accessibility during comprehension testing make a difference? *Learning and Individual Differences, 26,* 42–54.
Schleppegrell, M. J. (2004). *The Language of Schooling. A Functional Linguistics Perspective.* New York: Lawrence Erlbaum Associates.
Schmellentin, Claudia (2018): Gedanken zur Implementierung. von Sprachbewusstem (Fach-) Unterricht. In Hövelbrinks, B.; Fuchs, I.; Maak, D.; Duan, T. & Lütke, B. (Hrsg.): *DER-DIE-DAZ- Forschungsbefunde zu Sprachgebrauch und Spracherwerb von Deutsch als Zweitsprache* (S. 121-136). Berlin: de Gruyter.
Schmölzer-Eibinger, S. & Thürmann, E. (Hrsg.) (2015). *Schreiben als Medium des Lernens - Kompetenzentwicklung durch Schreiben im Fachunterricht.* Münster: Waxmann.
Schneider, H.J. & Becker-Motzek, M. & Sturm, A. (2013): *Expertise - Wirksamkeit von Sprachförderung. Im Auftrag der Bildungsdirektion des Kantons Zürich.* Fachhochschule Nordwestschweiz & Mercator-Institut für Sprachförderung und Deutsch als Zweitsprache.
Sieve, B. & Hilker, F. (2020). Wie sag ich's meinem Kinde? Die Tücken (mit) der chemischen Fachsprache. *Chemie im Unterricht, 1,* 2–9.
Sumfleth, E., Emden, M. & Özcan, N. (2013). Kommunikative Standardsituationen – Förderung fachsprachlicher Kompetenzen im Chemieunterricht. *Unterricht Chemie, 24,* 30–35.
Stalder, F. (2016). *Kultur der Digitalität.* Berlin: Suhrkamp. 200 S.
Stern, E. & Neubauer, A. (2007). *Lernen macht intelligent - Warum Begabung gefördert werden muss.* München, Deutsche Verlagsanstalt.
Tajmel, T. (2012). *Von der Alltagssprache zur Bildungssprache. Vortrag in Kiel am 11.1.2012.* Zugriff am 28.12.2020 unter https://schulentwicklung.nrw.de/materialdatenbank/nutzersicht/getFile.php?id=5182.
Tajmel, T. (2013). Bildungssprache im Fach Physik. In Gogolin, I.; Michel, U. & Reich, H. H. (Hrsg.), *Herausforderung Bildungssprache.* FörMig-Edition (S. 239-256). Münster: Waxmann.
Tajmel, T. & Hägi-Mead, S. (2017). *Sprachbewusste Unterrichtsplanung. Prinzipien, Methoden und Beispiele für die Umsetzung.* FörMig Material, 9. Band. Münster & New York: Waxmann.
Thürmann, E.; Pertzel, E. & Schütte, A.U. (2015). Der schlafende Riese: Versuch eines Weckrufs zum Schreiben im Fachunterricht. In Schmölzer-Eibinger, S. & Thürmann, E. (Hrsg.), *Schreiben als Medium des Lernens - Kompetenzentwicklung durch Schreiben im Fachunterricht* (S. 17-46). Münster: Waxmann.
Thürmann, E.; Krabbe, H.; Platz, M. & Schumacher, (2017). *Sprachbildung als Aufgabe aller Fächer und Lernbereiche. Erfahrungen mit Sprachberatung an Ganz-In-Gymnasien.* Münster: Waxmann.

Ulrich, K. & Michalak, M. (2019). *Konzeptionelle Mündlichkeit – Konzeptionelle Schriftlichkeit.* Zugriff am 24.6.2020 unter https://spracheimfach.de/konzeptionelle-muendlichkeit-konzeptionelle-schriftlichkeit/.

Vollmer, H. J. & Thürmann, E. (2010). Zur Sprachlichkeit des Fachlernens: Modellierung eines Referenzrahmens für Deutsch als Zweitsprache. In Ahrenholz, B. (Hrsg.), *Fachunterricht und Deutsch als Zweitsprache* (2. Auflage) (S. 107-132). Tübingen: Narr.

Weizsäcker, C. F. von (1960). Die Sprache der Physik. In: *Sprache und Wissenschaft.* Vorträge, geh. auf der Tagung der Joachim-Jungius-Gesellschaft der Wissenschaften, Hamburg, v. 29.-30. 10. 1959. Göttingen: Vandenhoeck & Ruprecht, S. 137-153.

Weizsäcker, C. F. von (1986). *Aufbau der Physik.* München: Carl Hanser.

Wampfler, P. (2019): Digitale Sachtexte – eine Typologie. *Mitteilungen der Deutschen Germanistenverbandes, 66,* 155–166.

Wampfler, P. & Krommer, A. (2019). Lesen im digitalen Zeitalter. *Seminar, 3,* 73–84.

Wittgenstein, L. (1984/ 1953). *Philosophische Untersuchungen.* Frankfurt am Main: Suhrkamp.

Wittgenstein, L. (1998/ 1921). *Logisch-philosophische Abhandlung, Tractatus logico-philosophicus.* Kritische Edition. Frankfurt am Main: Suhrkamp.

Wode, H. (1999). Immersion teaching. A European perspective: In Ricci Garotti, F. (Hrsg.): L'immersione Linguistica: Una Nuova Prospettiva (S. 78-94). Mailand: Franco Angeli.

Wolff, D. (2011). Der bilinguale Sachfachunterricht (CLIL): Was dafür spricht, ihn als innovatives didaktisches Konzept zu bezeichnen. In *ForumSprache, 6,* S. 75-83.

Wygotski, L. S. (1969). *Denken und Sprechen.* Frankfurt am Main: Fischer.

Zentrum für Schulqualität und Lehrerbildung (o.J.). *Der Weg der Atemluft.* Zugriff am 5.12.2021 unter https://lehrerfortbildung-bw.de/u_matnatech/bio/gym/bp2016/fb8/2_atmung/1_ab/2_weg/202_ab_weg_der_atemluft.docx.